裕国济急

曲彦斌 ｜ 著

典当与
典当学杂俎

九州出版社
JIUZHOUPRESS

图书在版编目（CIP）数据

裕国济急：典当与典当学杂俎 / 曲彦斌著. -- 北京：九州出版社，2022.4
ISBN 978-7-5225-0879-5

Ⅰ．①裕… Ⅱ．①曲… Ⅲ．①典当业－经济史－中国 Ⅳ．①F832.38

中国版本图书馆CIP数据核字(2022)第053488号

裕国济急：典当与典当学杂俎

作　　者	曲彦斌　著
责任编辑	肖润楷
出版发行	九州出版社
地　　址	北京市西城区阜外大街甲 35 号（100037）
发行电话	(010)68992190/3/5/6
网　　址	www.jiuzhoupress.com
印　　刷	三河兴博印务有限公司
开　　本	880 毫米 ×1230 毫米　32 开
印　　张	13.5　彩插 16P
字　　数	340 千字
版　　次	2023 年 5 月第 1 版
印　　次	2023 年 5 月第 1 次印刷
书　　号	ISBN 978-7-5225-0879-5
定　　价	86.00 元

⊙ "2011 中国·大连首届国际典当论坛"会议现场。

⊙ 曲彦斌作主题演讲。

⊙《清明上河图》中的"解典铺"的
"解"字招牌。

⊙乌镇"汇原当"招牌。(曲彦斌摄)

⊙清末杨柳青木版年画北京前门《抢当铺》。

⊙ 曲彦斌主编的《中国典当手册》及副编《典当研究文献选汇》封面。

⊙ 曲彦斌主编《中国招幌辞典》中的典当铺面与招幌。

⊙ 曲彦斌手书中国典当史歌诀的江苏融汇典当行中国典当书籍展览馆发绣座屏。

⊙日本明信片《各种看板：当铺招牌》。

⊙清代民俗画家周培春绘的当铺门面图。

⊙曲彦斌主编的《中国典当学》封面。

⊙曲彦斌主编《中国典当手册》所载上海"永昌当"双"当"字壁招。

⊙ 明·仇英摹本《清明上河图》中与雨具铺近邻的典当行。

⊙ 清代《姑苏繁华图》中苏州一家两层楼五间门面的典当行。

⊙ 河南蔚县西合营镇夏源村关帝庙壁画《百工图》中的仁质义当（典当）行。

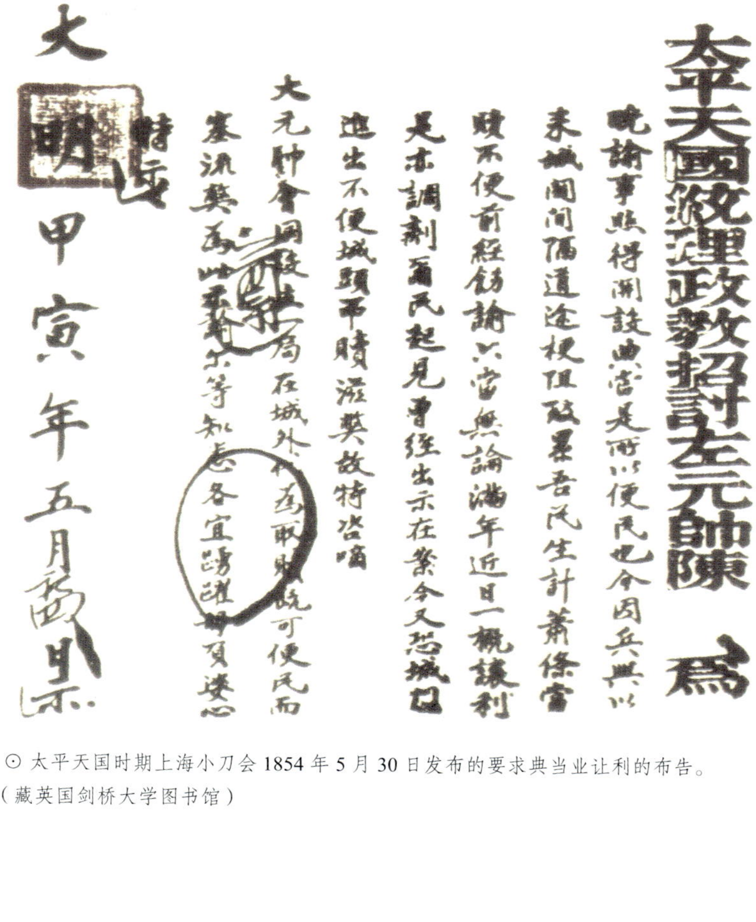

大明

特式

大元帥合同政事局在城外為取帳銀可便民而塞流弊為此喼示爾各等知悉各宜踴躍毋貽後悔

大明甲寅年五月吉日示

本天國總理政教招討左元帥陳　為

喼諭事照得開設典當是所以便民也今因兵燹以來城間隔道途梗阻致暴吾民生計蕭條當鋪不便前經飭諭以當無論滿年近日一概讓利是亦調劑貧民起見書經出示在案今又恐城口進出不便頭下賬滋�000故特喼諭

⊙ 太平天国时期上海小刀会 1854 年 5 月 30 日发布的要求典当业让利的布告。（藏英国剑桥大学图书馆）

⊙ 清光绪三十年（1904）上海典业公所的《公议章程十四则碑》碑文。
（藏上海历史博物馆）

⊙《中国典当史》初版封面。

题　记

今年，是本人从事典当学术研究四十年，这本小书，可算是一部纪念文集。

大约是 2012 年，应邀为中国人民大学财政金融学院的"全国典当行业高级管理人员研究生研修班"做"典当史学与典当文化"的专题讲座（这个讲座的文字稿和视频至今还能在网上看到）。在这次讲座的开场白中，我引用了记不得哪次媒体记者采访时问过我的一个自己想来也感到很有趣的问题。

他们说，您是位主要从事民俗学、语言学和社会生活史研究很有影响的学者，怎么一下子又成了"中国典当学""典当史学"理论的开山学者，成了名副其实的典当学家了呢？我打趣说，我也是"稀里糊涂"跑到典当研究"这条船"上来，还"一不小心"竟然成了典当学专家。说起来，是两个机遇造就了我这个典当学专家。一个是，二十世纪七十年代末，典当业复出中国经济生活舞台，引起了我作为中国风俗史、社会生活史学者的注意，随后我撰写、出版了中国学术史上第一部《中国典当史》学术专著，这部书不期在海内外引起很大关注。随之而来的就是第二个机遇。这第二个机遇又有两次机缘。一次是 1996 年，本人应邀出席"96 首届潍坊典当业务专题研讨会"，作主题报告，并与台湾大学国际金融研究所所长陈希炤教授作了学术交流。再一次是 1997 年 10 月，根据国务院秘书二局转发给中国人民银行的当时任国务院副总理的朱镕基同志的批示举办会议的函，本人首次以"典当专家"的身份应邀出席了中国人民银行非银行金融机构管理司在珠海召开的修订典当管理法规专家研讨会。当时，举行这次会议的背景是，中国人民银行作为当时国务院指定的典当监管机关于 1996 年颁发、实施了新中国第一部典当管理法规——《典当行管理暂行办法》。但"管理办法"实施的过程中，在全国各地典当行业引起了强烈反响，认为这个"管理办法"脱离国情实际，阻碍、遏制行业的发展。当时刚刚成立的二级行业组织——全国典当专业委员会立即做出反应，开展了一系列调查研究，举办了多次座谈会，并通过各种渠道和新华社内参等媒体积极反映行业意见、行业呼声。1996 年 10 月，李岚清副总理曾经作出批示，责成有关部门进行专题调研。不久，时任国务院副总理的朱镕基同志看到了国务院秘书二局的调研报告之后再次作出批示，要求进一步征求业内意见并请有关专家加以论证，尽快对已经颁行《典当行管理暂行办法》加以修订。能够有机会参加上述两项活动，究其由来，就是因为我最先出版了填补典当专项研究空白的《中国典当史》这部专著。事后了解到，上述两个单位，都是"按图索骥"似通过出版社寻找《中国典当史》的作者这条线索与我取得联系的。以此为开端，我们从社会风俗史、社会生活史视点切入的、属于基础性研究的典当史研究，开始进入了直接为现实社会发展服务的应用性理论研究。进而，我提出了"中国典当学""典当史学"等典当学理论。显然，对于研究者来说，这是一个很大的转型。期间，我与官方监管机关和业内的互动交流频繁，多次应邀参与典当管理法规的修订，做培训讲座或专题学术报告，以及应邀前往考察会并出席一些会议，更有的典当行风尘仆仆地前来咨询求解问题。这些，都为我的学术研究、实地调研提供了难得的机会，促生了我的典当学思想和建构。

　　我也曾与有些熟识的典当行朋友打趣说，这些年我不经意间"当"给了典当业，成了业界的外老"朝奉"。小结一下，自1991年发表《典当古今谈》（《百科知识》1991.7）从事典当学术研究约四十年里，围绕典当，算是做了几样差可告慰的事情。一是出版了《中国典当史》专著和撰写了《关于中国典当拍卖业复兴的社会学思考》《中国典当业复出十年的状况与发展对策》《中国典当业的起源与发展流变探析》等论文、研究报告，组织并主持编辑出版了《中国典当手册》《典当研究文献选汇》《中国典当学》《跨世纪的中国典当业——中国典当业复出十年纪念文集》，组织发表了《中国典当业的历史流程及社会作用》等研究报告。二是创办了全国第一个，也是迄今唯一的公益性典当专业研究机构——辽宁省社会科学院中国典当研究中心（1997年11月）。三是提出了"中国典当学""典当史学""典当文化"等典当学原创性的理论思想。四是倡导并主持了数次具有里程碑意义的全国性大型典当学术活动。主要有首开先河的两次典当大会，即中国典当史上首次全国大会——"中国典当业复出十年研讨会"（1998大连），世界典当史上的首次盛会——"2011中国·大连首届国际典当论坛"，以及"2002中国典当论坛——纪念中国典当业复出15周年研讨会（1987—2002）"等全国性的典当学术研讨会。

　　在我所从事的微观专题学术研究领域中，这是个与我的"锦语"

（隐语）研究一样发掘较深、拓展较宽、用力较勤、付出时间精力也较大的领域。尽管不敢预计此生在此领域还能做多少事情，小结如上述，似乎真的差可告慰了。

　　然而，此际未免感慨良多。诸多成绩，若非各种机构平台的支撑，若无诸多同道同仁的相助和协力，实在绝非某一个人单枪匹马所能成就，何况貌似非愚实则不谙世故愚钝如我者。"中国典当业复出十年研讨会"（1998 大连），若非辽宁兴业典当行兄弟和全国同业各方的诸多实质性的助力，主张再有意义亦难以成就此举。"2011 中国·大连首届国际典当论坛"，若无时在巴黎高校任教的刘文玲博士的多方联络，时任大连市人大委员会副主任兼大连大学校长的赵亚平先生关键环节的鼎力相助，谈何具有里程碑意义的这个世界典当史上的首次盛会能够在中国成功举办。凡此种种，事例多多，令人感叹的故事多多耶，皆铭刻在心，感恩不尽。

　　辑入这部文集的篇什，几乎是本人除那部在海内外先后有五种版本的《中国典当史》之外，一时可以找到的公开发表过的全部文章。因而，也就成为本人独自撰写的第二部典当研究学术专著。从《中国典当史》到这部《裕国济急：典当与典当学杂俎》，直接展示了我的典当学思想从起步切入迄今的学术探索轨迹。读者从本书可能会发现，我在多篇文章和多种场合反复引用了几幅典当业的传统经典楹联，何以如此？几十年的研究领悟，我认为这几幅典当业的传统经典楹联，深刻地体现了行业本质和行业文化的核心，确也经典。作为作者从事典当研究以来主要成果的一次集中展现和从事典当学术研究四十年的纪念，书名取意于典当业传统楹联"上裕国富，富时取物困时典；下济民急，急处当衣缓处赎"语句中的"裕国济急"，仍是对传承典当文化精神一种颂赞。

值此本人从事典当学术研究四十年之际，这部文集小书的出版可算是巧合和纪念。真的非常感谢王守兵、王宇等仁兄未必经意间的大智玉成。

2021 年 6 月 20 日作于沈阳北郊邮雅堂

目　录

典当古今谈

关于中国典当拍卖业复兴的社会学思考

发端于南北朝时的中国典当业，迄今已有 1600 多年历史。自古以来典当的质押物逾期不赎而死当后，都由典当行例行变卖抵本。这样变卖死当物品虽然具有拍卖的某些特点，但还不是专门的拍卖行业。中国最早的专营拍卖行，是 1874 年英国最大的一家拍卖行在上海开设的子公司——鲁意斯摩拍卖公司。自 1876 年第一家由中国人创办的拍卖行在上海注册开业，至今已有 120 年的历史。

中国典当业极盛的时代是清代。乾隆九年（1744）时，仅"京城内外，官民大小当铺"，即多达"六七百家"（据大学士鄂尔泰十月奏折）。嘉庆十七年（1812）全国有当铺 23139 家，总纳典税 115695 两。至 20 世纪 30 年代，全国仍有典当约 4500 家。

从 1847 年至 1945 年抗日战争胜利后，中国的拍卖行（包括英、法、日本、丹麦等外国资本设立的拍卖行），曾多达上千家。

20 世纪 50 年代初，中国的典当业被作为高利贷行业全部取缔，最后一家拍卖行也于 1958 年歇业。

在改革开放后的 20 世纪 80 年代末叶，经政府有关部门批准，广州率先于 1986 年重新成立了拍卖行，成都和温州又于 1987 年末和次年初率先恢复了古老的典当行业。随后，全国各地的典当行、拍卖行相继开办，仅 1988 年一年 21 个省市即开办典当行 170 余家。迄今近 10 年时间里，全国的典当行、拍卖行已发展到数千家。辽宁沈阳，上海及山东济南、济宁、枣庄等地，还出现了一批将属于非银行金融机构的典当行与属于商业机构的拍卖行合为一体的典当拍卖行。至此，典当、拍卖这两种互有联系的古老金融行业和旧有商业机构，在消失 20 多年或 30 多年之后，在中国各地复兴了。

经济体制改革和社会主义市场经济的发展需要，无疑是使中国典当拍卖行业得以复兴的契机和根本原因。经验证明，试图单纯以信托寄卖机构来替代典当、拍卖行业功能的做法行不通。

典当拍卖行业在中国当代的复兴，除了市场经济这一重要的杠杆因素而外，也是社会发展的综合因素作用的结果。在此，笔者试就其所引发的社会学思考，谈几点看法。

首先，关于典当拍卖的社会功能。

中国典当初兴于南朝广建佛寺之际，对外标榜为济贫救世的慈善之举，对内则在于"回转求利"使寺财增值，因而取名叫"长生库"。唐代以来，典当成为广泛设立一种有期有偿质押借贷性质的民间金融机构，其社会功能主要在于调剂缓急。

拍卖，是依法通过公开、平等的竞卖竞买交易方式，功能在于最大限度地实现所出卖物品的商品价值。

典当在调剂缓急时，要以压低质押物品的实有价值来降低质贷风险和保证经营利益，拍卖则在于通过最大限度地实现商品价值来获取效益，两者经营性质有别而功能互补。例如，典当行在收当某一质押物品时，它一定要适度压低它的评估价值，但当这一质押物品因逾期未赎变成死当转而拍卖时，则要尽可能地竞卖到最高的价格，从而获取更大利益。

实行改革开放以来，市场经济活跃，发展迅猛。在市场经济中，尽可能地实现商品的最大价值，是一种基本的价值取向；但在经济体制转轨时期的资金不足，又严重地制约着社会经济的发展。社会发展的客观规律需要，为典当和拍卖重新展现其社会功能，提供了历史契机。不过，由于时代的不同，社会环境已经发生了较大变化，现实市场经济条件下的典当、拍卖市场，为其社会功能以及经营运作赋予了新的特点。

以典当业为例，旧时代其调剂缓急客户对象主要是社会贫困层和个人。据 20 世纪 30 年代初的一项调查得知，当时全国农村和中小城市的约 3500 家典当每年向农民质押放贷约一亿零六百万元，而全国银行对农村的贷款总额仅为其 20% 左右。典当的质押物品以生活用品为主，少量为简陋的生产工具和资料。如今的典当恰恰相反，客户主要是为融通盘活资金的中小企业、私营或个体业户，典押物品主要为生产资料、设备、交通工具、库存产品乃至厂房等；城乡居民个人以生活用品如家电、贵重物品质贷应急者所占比例较小，大约仅占总营业额的 20%。在经营运作方面，也从旧时的半封闭乃至全封闭式变为公开化开放性经营，完全淘汰了旧时一直沿用的当字、隐语、高柜台、传统会计出纳制度，以及手工式的经验型评估质价方式，采取了现代金融企业的经营管理。清代曾国藩出任两江总督时，曾一度通令大小当铺一律禁用当字书写票以防欺诈，但由于当时社会条件限制而遭行业抵制没能行得通，落下一时笑柄，如今自然废弃，社会发展使之水到渠成。

再如拍卖，旧时的中国拍卖虽有数十年历史，但大都进行的是保本、降值的低价值廉价拍卖竞买，是发育不完全的拍卖。自

1985年10月上海海事法院依法扣押并裁定拍卖巴拿马籍轮船帕莫娜号以偿还其所欠债务、次年广州创办国营拍卖行之后，中国的拍卖行业随之复兴而得以迅速的全面发展，举凡国家执法机关罚没物资、土地使用权、企业经营权、房产、文物、汽车、商业摊位、广告、建筑物命名权、车牌号、电话号码、科技发明成果、文艺作品使用权等，都涌进了拍卖市场，几年里便在全国各地形成了日益繁荣的、全新的拍卖市场。　如果说典当业的复兴是传统非主流金融行业的推陈出新，那么借鉴国外做法的拍卖业的复兴实际上是一次全面的重建，都是顺应社会综合发展要求的结果。经济体制转轨时期复兴的典当与拍卖，有助于激活某些特殊商品和不经常流通商品的流通，完善市场体系，抵制不正常交易，保障市场竞争中的公民合法权益。

可以说，复兴的典当，拍卖业除以其固有的功能服务社会，活跃了市场竞争、繁荣了市场经济，更在促进社会稳定发展中发挥了特有的作用。

其次，典当拍卖复兴所牵动的社会观念转化。

社会观念的更新转化，是推动社会进步的重要因素之一。典当拍卖复兴所牵动的某些社会观念的转化的社会意义，事实上大大超过行业本身的社会功能。

典当高利贷盘剥的旧有形象，在人们的观念中可谓十分深刻。由于过去的典当一向同生活窘迫潦倒相联系，大都是穷窘无奈才进当铺变通一下。据说，旧时当铺门前的影壁，就是为体面人进当铺遮羞行的方便。究其实，无论过去还是现在，在以货币为普遍等价物的商品交换社会中，没有钱就解决不了衣食住行等基本生存需要，购取生活必需品大都是一手交钱、一手交货的即时买卖。即或你有赚钱的能力或已经付出了劳动但还未直接获得现金，而又急需钱用，典当的抵押贷款便可提供简便、及时的应急服务。无论对个人还是企业，都十分方便。现实的需要，社会的认可，牵动了观念的转化。从古至今，经营典当无不在于牟利，而且现行法规所允许的月利率"以国家规定的同档次流动资金贷款利率为基础上浮50%"，仍是"高利贷"，只不过是有法定的比例限制罢了。社会对它的接受认可，标志着对市场经济中价值观念的认同，有关旧典当乘人之危高利盘剥的影响，在现实观念中开始淡化。特殊的需求要付特殊的代价，这是价值规律决定了的。典当服务社会，但它不是社会福利设施，因其经营为用户提供了应急服务，所以国家允许它牟取有限的高利。

拍卖古玩、字画、特殊工艺精品，似乎在人们的观念中是很正常的事。一当有些土地使用权，一些亏损、微利或濒临破产的工商企业也被当作商品向社会公开拍卖时，一度曾引起社会各阶层的震惊、关注。一般被称作国家主人、企业主人的职工，一时说不清心里翻腾的是惊恐、耻辱、莫名其妙，还是失落、不知所措。经过一番复杂的运作之后，被拍卖的土地使用权展现了它的最大价值，被拍卖的企业起死回生焕发了活力，国家、集体和职工个人都从中获得了意想不到的回报，人们开始深切意识到在市场经济中商品所包括的范围和价值的作用。甚至，艺术家也试图通过拍卖来保护知识产权、实现作品的价值。

由于长期的自然经济和几十年计划经济的影响，社会观念中的商品意识和价值观念是滞后的，不利于经济体制转轨和社会进步。典当、拍卖行业的复兴，以其直观的赤裸裸的商品交换、市场竞争方式，生动、典型地向全社会展示着价值规律的现实性，牵动着社会观念的切实转化。促使人们清醒而深刻地认识到，商品意识与市场竞争是经济发展和社会进步的一种活力。对于每个人来说，这都是不可回避的社会现实。

第三，关于典当拍卖市场秩序的社会规范。

典当与拍卖的复兴，是中国现阶段社会变革中经济体制改革的产物，正值方兴未艾之际。其中经济建设中的作用和复兴本身所产生的社会意义，都是应予肯定的。但是，由于是在没有专项法律、法规约束规范的情况下摸索着运作了约10年，期间的典当拍卖市场秩序难免发生失范失序的问题。

作为非银行金融机构的典当行的典当利率以多少为宜，是关系其生存发展和维护国家金融秩序的敏感所在。在国家政策允许典当利率高于银行同期贷款利率的情况下，有的典当行擅自提高或变相增加利率，高利盘剥，有的以贷放贷或变相吸收储蓄存款；有的违禁滥收不宜收当物品，为违法犯罪提供了销赃的方便；有的评估当物价值不当，缺乏科学依据；有的经营管理制度不健全，不时引发经济纠纷。也有些地区未经国家指定的中国人民银行审批，滥批滥建典当。这些，干扰了国家金融秩序和社会治安的稳定。

拍卖市场注重法律约束下的公平、公开、公正的拍卖竞买，全面保护当事人的合法权益。有些拍卖活动擅自将国家罚没物品或强制拍卖物品压价变卖，损害了国家或当事人的合法权益。有的未经严格科学鉴定将艺术赝品充作真品拍卖。在国家法律法规所允许流通的许多商品陆续进入拍卖市场的情况下，各地曾一度出现拍卖车牌、电话所谓"吉祥号码"的做法，是有碍社会规范的。将具有迷信色彩、不健康心理意识的"吉祥号码"作为商品拍卖的导向，既有悖精神文明建设也容易对建设积极健康的市场体系产生误导。

最近，国家公安部和中国人民银行先后发布了《典当行治安管理办法》和《典当行管理暂行办法》，全国人大常委会第八届二十次会议又审议通过了《中华人民共和国拍卖法》，为典当拍卖的行业管理和社会规范确定了专项的法律、法规依据，也为其健康有序地发展提供了必要的法律保证。

在历史上，中国典当业是自然经济的产物，近代拍卖具有较强的市场竞争性，二者在当代多元经济、多元文化剧烈碰撞中得以推陈出新和复兴，是市场经济作用的结果，是完善市场体系和市场机制的需要。尤其是典当与拍卖的结合性配置，更具有时代特点。对于宏观经济来说，典当拍卖均是现代商品大市场中的一个居非主导地位的微点。但是，却是一个关联着社会经济秩序稳定的特殊微点。因而，在运用有关法律法规制导、规范其行业行为的同时，亦应从社会学的视点关注其运作过程中可能牵动、引发的各种社会问题，为之提供有力的理论分析预测和可操作性建议，促进行业发展的制度化、有序化，有益于经济体制转型时期的社会发展。社会学家在关注市场经济与社会发展的同时，亦应特别关注有关诸如典当拍卖等特殊市场经济现象的研究。

此系中国社会学会 1996 年年会交流论文，后刊于《百科知识》杂志 1996 年第 12 期

略论中国典当业的起源与流变

　　典当，是主要以财物作为质押而有偿有期借贷融资的金融经营机构，是中国乃至世界历史上最古老的金融行业，是现代银行业的雏形和源头。

　　在数千年中华文明史上，典当业的历史已有1600多年。典当作为一种社会现象和经济活动形式，是社会发展到一定时期的历史产物，有其发生的必要和流变、沉浮的理由。无论历来人们对其或贬或褒如何评说，这个行业，一向表现为非主导性的民间经济、金融行业，一直延续了十几个世纪，直到现代银行等金融业比较发达的今天仍然在社会经济生活中占有一定的位置，说明了自有其存在的社会基础和背景。同时，也说明典当以其低风险经营来便捷地调剂资金余缺缓急的功能特点，在古今社会生活中均难以为其他金融机构所取代。

　　相对中国典当业的悠久历史而言，有关典当的科学理论研究的历史是很短的，迄今不过近70年。在这近70年的中国典当研究史上，除却不同时代的应用性研究外，关于中国典当发生与发展的源流问题，始终众说不一，成为中国典当史研究中分歧较大的一个基础问题。在中国社会文化史上，许多工商、市井乃至江湖行业都有祀奉行业祖师的民俗，往往以此来显示本行业历史的悠久绵长。然而，在典当业却未奉祀一位这样的创业性开山祖师，所祀除许多商家共同奉祀的财神之类外，再即意在祈愿庇佑库房安全的火神和号（耗）神。这种情况，即如有的学者所言，"我国之有典当业，由来已久，究起于何时，即老于斯业者亦多不能言"。[①]

1990 年，亦即中国典当业在经济体制改革的社会背景下刚刚复出之初，笔者曾从社会风俗史视角入手对中国典当史进行了一番初步的研究，[②] 其后一直未间断对此的进一步研究，并得以同海内外一些有关学者切磋、交流，不断发现有关资料，学习借鉴有关研究成果，获益良多。在此基础上撰著本文，意在试图进一步探析、廓清中国典当业起源与流变的历史发展轨迹。作为一得一见的一家之言，向关注这一问题的方家请教。

一、汉代——初见萌芽

典当行为和活动导致典当机构的形成。有关典当机构的各种称谓用语，大都直接表现了典当行为和活动，亦显示着典当的基本性质与功能。这些传统称谓用语主要有：质、赘、典、当、解、押、典当，以及与之活动紧密关联的赎。

"典当"一词，在现代汉语中有两种所指，一是指典当行为、

---

① 杨肇遇《中国典当业》第 1 页，商务印书馆 1929 年出版。
② 其主要成果为 1993 年 1 月由上海文艺出版社作为"中国社会民俗史丛书"一种出版的《中国典当史》。

活动，一是指典当行或典当业，悉因语境而定。典当行及典当业的形成，直接滥觞于典当行为或活动，是应其需求而出现的具有商业属性的金融活动行为，也是中国历史上最古老的金融行业。

"典当"一词在汉语史上最初出现的时候，是指以物作为抵押借贷行为，亦即南朝宋·范晔《后汉书·刘虞传》中所记："虞所赉赏，典当胡夷，瓒数抄夺之。"在此，"典当"这个双音合成词的"典"与"当"，是两个同义词素的并列。①

关于中国典当业的起源问题，学术界历来见解不一，仁者见仁，智者见智。总括起来，除个别认为典当源于宋代佛寺外②，主要有两种意见，一是认为始于汉代，一是认为始自南北朝时期。

始于汉代说的主要依据，是南朝宋人范晔撰写的《后汉书·刘虞传》所言"典当胡夷"，以及唐人李贤随文所注之"当，音丁浪反，亦谓之为典"。据此，清·郝懿行《证俗文·典当》认为"俗以衣物钱谓之当，盖东汉已然"。再依据即东汉·许慎《说文解字》，释"贅"为"以物质钱，从敖从贝阙，敖者犹放，贝当复取也"语。今人著作中，刘秋根《中国典当制度史》主张中国典当业始于汉代说。他认为"……货币需求的发展与集中，及为满足这种需要而进行的各种借贷的发达，为典当业的产业提供了有利可图的环境及条件。……因春秋、战国以来高利贷的发展，动产抵押借贷至汉代已相当普遍，南北朝时期虽有所进步，却并无本质变化"。③又称："私

① 唐·李贤的随文注云："当，丁浪反，亦谓之为典。"清·郝懿行《证俗文》卷六释"典当"云："俗以衣物质钱谓之为当，盖自东汉已然。"

② 其代表者，如清代王均的《说文句读》，商务印书馆1929年出版的杨肇遇《中国典当业》及其1934年出版的实业部年鉴组编的《中国经济年鉴》。

③ 刘秋根《中国典当制度史》第5页，上海古籍出版社1995年出版。

人典当业，从其业务形式来看，汉代时期便已经产生了。"① 其实不然。先秦典籍中有关以人为质的记述，其性质与后世的"典当"行为截然不同。至于《后汉书》中以物质钱之例，仅属一种个别的随机性行为或现象。况且，《后汉书》之例仅为孤证，并不具普遍意义。同时，"当"字的"质赘"之义早见于成书于公元前300多年的《左传》，而东汉许慎在所撰《说文解字》释"当"字为"田相值也，从田尚声，都郎切"，并无以物质钱意义，且未收释"典"字，倒是释"赘"为"以物质钱"。再者，《后汉书》为南朝宋人范晔所撰，范晔以南朝语撰《后汉书》，"典当"二字或为南朝用语，但南朝语中多谓典当为"质"。有待进一步考证确认。不过，唐人李贤注疏《后汉书》，当然主要用唐代语言。《后汉书》之"典当"系孤例孤证，但有关南朝寺库典当的记载，却屡见于《南齐书》《南史》及《梁书》等史籍文献。而且，并非一人事例。此外，《魏书·释老志》《谈薮》《解颐》等书亦有相关记载可为辅证，并为宋代以来的《能改斋漫录》等著作所引录认可。

此外，也有人列举西汉·刘歆（东晋·葛洪辑抄）《西京杂记》卷二等所记，"以衣裘赘酒"，"以所着鹔鹴裘就市人阳（一作"杨"）昌赘酒"事为证，认为"后汉时期的典当业务已随处可见，普遍存在"②，"阳昌或杨昌其人可能是典当专业户"。③ 究其实，同刘虞将赘赏"典当胡夷"一样，在全无典当经营机构存在佐证的情况下，也只能说明那是当时私人之间的一种质贷行为。语言是社会的一

---

① 刘秋根《中国典当制度史》第21页，上海古籍出版社1995年出版。
② 见常梦渠、钱椿涛主编《近代中国典当业》第3—4页，中国文史出版社1996年7月出版。此处，1936年潘哲人为宓公干《典当论》所撰序言中亦认为此系中国"典质之嚆矢"。
③ 同上。

面镜子。东汉·许慎《说文解字》辑释"质"为"以物相赘"，释"赘"为"以物质钱"，亦从一个方面印证了至汉代社会生活中业已存在这种类如后世典当行为的质贷现象。类似的民间私人质贷行为，即或是在历代典当、钱庄乃至当今银行等金融机构大量存在于世的情况下，也时有发生。

凡此，笔者认为，两汉时代社会生活中"以物质钱"活动的存在，以及后世的典当业无论如何发展均保持了"以物质钱"这一基本的经营方式特点，只能视为导致后世产生典当经营机构和典当行业的萌芽，但此间并未产生典当机构或作为一种行业存在。或可言之，两汉以来社会"典当"行为或活动的逐渐活跃，促生了中国典当业。至于西方社会将中国典当业视为世界典当业之祖的理由，不只是就中国典当业萌芽时代而言，而且追溯到春秋战国时代以人为质的"质人"，[①] 显然也是一种误解。

二、南北朝——肇始于寺库质贷

就今所见有关历史文献的明确记载可证，中国的典当业直接源头肇始于南北朝时的南朝佛寺寺库。至于此前的有关典当活动的零散文字，只能认作随机性的行为，只可视为产生典当业的萌芽。所谓寺库，本系佛寺储存钱财之所，南朝以来因其以库存钱财对外质

---

① 《大不列颠百科全书》（*Encyclopedia Britanica*）1988 年版 8 卷的"典当行"（Pawnbroking）写道："典当业是人类最古老的行业之一，在中国二三千年前即已存在，西方典当业可追溯到中世纪。"《美国百科全书》（*Encyclopedia American*）1988 年国 21 卷亦写道，"典当业是一种古老的行业，在中国可追溯到西周前后"。美国典当协会（NPA）发布的资料亦认为，"典当业至少能够追溯到 3000 年前的古代中国"。

押放贷而别称质库，后又称"长生库"，即寺院经营典当的机构，唐宋以来"质库"则成为典当机构的名称之一。①无独有偶，据了解，世界上有些国家的典当业的肇始亦同宗教活动有关，而且最初均为慈善性民间金融机构。据宓公干《典当论》考察，"纪元前675年，意大利之寺院金库，在埃西利经营存款及放款。而平民金融机关之典当，发祥于意大利。1198年初创于 Bavaria 之 Freising。由1464年在 Arvieto 设立。其后渐次曾及欧洲大陆"。②

主张典当业始自南朝佛寺说者，主要为中国联合准备银行编印的《北京典当业之概况》、宓公干《典当论》及拙著《中国典当史》以及李沙《当铺》等。各家是在注意到《后汉书》有关文字基础上，进而主张始自南朝佛寺说的。即或主张始于宋代说的杨肇遇《中国典当业》亦注意到了《后汉书》这段文字而认为"典当之为业，未必即起于斯时"。《北京典当业之概况》在"起源之考证"中认为，《后汉书》的"典当胡夷"的以物为质之例，同春秋战国时的人质诸例，均"实为典当之萌芽"，"至典当业之有形组织，考之于史，当始于南北朝"，亦即《南史·甄法崇传》例。《典当论》在探讨"典当业之起源及其历史"时亦持相近见解。

迄今见诸史籍有关南北朝时典当活动的例证虽然也并非很多，但却直接印证了当时业已出现了典当机构——佛寺的质库，即当时佛寺以寺库作为质库经营典当业务。且将笔者于历史文献所见例证逐录数例如此：

①"寺库"之谓见于《南史·甄法崇传》，"长生库"之谓始于宋代，取不断以息利增殖之义。

②宓公干《典当论》第4页，商务印书馆（上海）1936年出版。

《南齐书·褚渊传》："（渊薨，其弟）澄以钱万一千，就招提寺赎太祖所赐渊白貂坐褥，坏作表及缨；又赎渊介帻、犀导及渊所乘黄牛。"

《南史·甄法崇传》："法崇孙彬。彬有行业，乡党称善。尝以一束苎就（荆）州长沙寺库质钱，后赎苎还，于苎束中得五两金，以手巾裹之。彬得，送还寺库。"

《梁书·庾诜传》："庾诜字彦宝，新野人也。……邻人有被诬为盗者，被治劾，妄款，诜矜之，乃以书质钱二万，令门生作其亲，代之酬备。"

宋·吴曾《能改斋漫录》卷二引隋·齐阳玠《谈薮》语："有甄彬者，有行业，以一束苎，就荆州长沙寺库质钱。后赎苎，于苎束中得金五两。"

其中，尽管《梁书》虽未载明庾诜至"寺库"去"以书质钱"，但迄今尚无当时存在除寺库而外其他典当机构的历史佐证。

中国典当业之所以肇始于南朝佛寺质库，理应有其社会历史的特定文化背景作为必要的支持条件。

南北朝是中国佛教史上的一个主要"兴佛"时期。唐·杜牧《江南春》诗中泛言"南朝四百八十寺"，实际上远非此数。据沈曾植《南朝寺考序》引《释迦氏谱》记载，南朝"自宋迄梁，代有增加，梁世合寺二千八百四十六，而都下乃有七百余寺"，陈之"末年都计寺一千二百三十二"。据统计，南朝时的宋代有寺院 1913 所，僧尼 36000 人；齐代有寺院 2015 所，僧尼 32500 人；梁代有诗院 2846 所，僧尼 82700 人；陈代有寺院 1232 所，僧尼 32000 人；[1] 足

---

[1] 中国佛教协会编《中国佛教》第 30—31 页，知识出版社 1980 年出版。

见一时之兴盛。维持如此众多寺院、僧众存在生计的，是来自多种财源的寺院经济。"兴佛"导致了寺院经济的发达，也相应产生了如何使用富余的沉积资财问题。按照佛教"无尽财"思想，可以将富余的资财出贷"生长"，甚至必要时"三宝物"亦可出贷。例如《善生经》所说："赡病人不得生厌。若自无物，出求之，不得者，贷三宝物。差已，十倍偿之。"[1] 而且，《十诵律》和《僧祇律》还明确规定，"塔物出息取利，还著塔物无尽财中。佛物出息，还著佛无尽财中"。如此周而复始地"回转求利""出息取利"，正所谓"无尽财"；宋以后谓寺库为"生长库"或借指市井典当铺，即源于此。如此这般，既可生息积财事佛，又是对贫民解决一时窘急的慈善救助之举。因而，南朝寺库质贷是以济贫救世的慈善面目出现的。这一点，与其他一些国家的情形颇为相似。后世典当业的慈善招牌，亦源于此。

北朝佛教进一步兴盛。据《魏书·释老志》《洛阳伽蓝记》等书记载，魏末时各地寺库多达 30000 余所，僧尼 200 多万人。寺库仍行质贷活动，如此魏孝文帝太和年间（447—449 年），有"（姚）坤旧有庄，质于嵩岭菩提寺，坤持其价而卖之"。[2]

---

[1]《大正新修大藏经》卷四〇。

[2]《太平广记》卷四五四《姚坤》。辑自唐·刘餗《传记》。又李肇《国史补序》云："昔刘餗集小说，涉南北朝至开元，著为《传记》。予自开元至长庆撰《国史补》，虑史氏或阙则补之意，续《传记》而有不为。"

三、唐五代——入俗于市井社会

近人杨肇遇主张中国典当业始于宋代[1]，事实上不仅是肇始于南北朝而且从唐代开始业已成为社会经济生活中的一个很活跃的金融行业了。从唐代开始，中国的典当从单一的寺库质贷逐渐成为一种官营或民营的金融行业，名为"质库""柜坊"等。即如清·吕种玉《言鲭》所言："今人作库质钱取利，至为鄙恶，惟市井富豪为之。今士大夫家，亦无不如此。按此库，唐以前惟僧寺为之，谓之长生库。"而且，寺院寺库质贷与之并存。陶希圣在其主编的《唐代寺院经济》一书序言中注意到："质库，是创始于寺院的一种高利贷事业，在唐代已是一般富贵人家投资的普通事业了。向寺院施舍本钱以创立质库的事情，也是很常见的。家具衣服的质以外，奴婢、牲畜、庄田的质，在当时很是流行。"[2]而且，"据现有材料看"，质贷业已成为唐代"最大的商业"。[3]唐代官、私及寺院的质库共同兴盛，成为中国典当史上重要的篇章。这种盛况，散见于众多文献记载之中。《旧唐书·武承嗣传》载，唐开元二年（公元713年），武则天之女太平公主自杀后，"籍其家，财货山积，珍奇宝物，侔于御府，马牧羊牧、田园、质库，数年征敛不尽"。《全唐文》卷七八收载的唐武宗所颁《会昌五年加尊号后郊天赦文》称："闻朝列衣冠，或代承华胄，或在清途，私置质库、楼店，与人争利。"又《唐国史补》卷中亦载，在扬州，"富商大贾，质库、酒家得王田舅一字，悉奔走之"。至于《册府元龟》卷四九二收录的唐明宗天成

---

[1] 杨肇遇《中国典当业》第1页，商务印书馆1929年出版。
[2] 台北食货出版社1974年出版，第5页。
[3] 范文澜《中国通史》简编（修订本）第270页，人民出版社1965年出版。

二年（公元 927 年）辛丑诏书，则明确有"公私质库"字样。此诏云，"应汴州城内百姓，既经惊劫，须议优饶……如是在城回图钱物及公私质库"。

　　柜坊又称"僦柜"，本为都市中一种以代为客户保管钱财为事取利的商铺。一些柜坊在资本雄厚或收存银钱较丰的情况下，便兼营起质库的质贷业务。《资治通鉴·唐德宗建中三年四月》载："又括僦柜质钱，凡蓄积钱帛粟麦者，皆借四分之一。"就此，元·胡三省注云："民间以物质钱，异时赎出，于母钱之外复还子钱，谓之僦柜。"有些兼营质贷的柜坊一时获利颇丰，乃至朝廷财政拮据之际便想到从柜坊借贷。《旧唐书·德宗纪》载："建中三年（公元 782 年），诏京兆尹长安万年令，大索京畿富商。少尹韦祯，又就僦柜质库法，拷索之，才及二百万。"此例又见于《新唐书·食货志》中。[①]

　　唐代寺院质库与公私质库并行于世，加之兼营质贷的柜坊，形成了一时多头经营并举的典当行业兴盛局面。尽管如此，寺库质贷并非因而受到多少影响。据唐·韦述《两京新记》记载，许多寺库仍然非常富有，如其卷三所述，"贞观之后，（化度寺）钱帛金绣，积聚不可胜计，常使名僧监藏，供天下伽蓝修理。……燕、凉、蜀、赵，咸来取给；每日所出，亦不胜数；或有举便，亦不作文约，但往（任）至期还送而已"。朝廷鉴于寺库资财越积越富而侵利过重，乃下诏予以限制。如唐武宗会昌五年（公元 845 年）的一份诏文称：

---

　　①《新唐书·食货志》："（德宗）初，太常博士韦都宾、陈京请借富商钱，德宗以问度支，杜佑以为军费裁支数月，幸得商钱五百万缗，可支半岁。乃以户部侍郎赵赞判度支代佑，行借钱令，约渠兵乃偿之。……又取僦柜纳质钱，及粟麦粜于市者，四取其一。长安为罢市，市民相率遮邀宰相哭诉。"

"委功德史检查富寺邸店多处，计料供常住外，剩者便勤货卖，不得广占求利，侵夺疲人。"事实上，由于质贷市场的多头竞争，牟取暴利现象亦见于公私质库，致使朝廷不得不一再明令整饬。《大唐六典》卷六载有一条关于质贷利率的具体规定："凡质举之利，收子不得逾五分出息，债过其倍。若回利充本，本官不理。"

质贷业的金融活动活跃了唐代社会的经济生活，尤其是便利了市民的经济生活。除正史外，这种金融活动也进入了文学作品之中。例如杜甫的《曲江》诗句，"朝回日日典春衣，每日江头尽醉归"；吕岩《七言》诗之一的"一领布裘权且当，九天回日即归还"；白居易亦有诗咏及，"走笔还诗债，抽衣当药钱"。前者的"典"及后者之"当"，均属质贷行为。唐·白行简著名的传奇小说《李娃传》亦写及荥阳生"乃质衣于肆，以备牢醴，与娃同谒祠宇而祷祝焉"。五代虽历时未久，不过 50 多年，但质贷业仍然继续。《新五代史·慕容彦超传》，载有镇宁军节度使慕容彦超开质库并设计诱捕以假银质钱奸民的一段佳话。传载："彦超为人多智诈而好聚敛，在镇，尝置库质钱。有奸民伪银以质者，主吏久之乃觉。彦超阴教主吏夜穴库垣，尽徙其金帛于佗所，而以盗告彦超，即榜于市，使民自占所质以偿之，民皆争以所质物自言，已而得质伪银者，置之深室，使数十余人日夜为之，皆铁为质而包以银，号铁胎银。"

概而言之，唐五代质贷业的全面兴盛，为此后近千年典当业的发展开一代先河，是中国典当史上的重要里程碑。

四、宋金元——立行于两宋

随着宋代都市商业经济的繁荣和金融活动的日趋活跃，典当业亦在前朝基础上获得长足发展。同时，随着本朝行会组织的成熟，也正式形成了历史上最早的中国典当业同业行会组织，这是中国典当史研究中往往被忽略或未受到注意的大事。

宋·吴曾《能改斋漫录》卷二（事始）云，"北人谓以物质钱为解库，江南人谓之为质库"。其实，宋代关于典当的称谓远比唐五代多得多，如"解质库""长生库""典库""抵当库"以及"普惠库""典当质库"等。所谓"普惠库"，显然是就其原本出自寺库的慈善济贫宗旨。见于《宋会要辑稿》的刑法二之一三三的"典当质库"，系于常用称谓前冠以"典当"的行为。应予注意的是，此系以"典当"谓此行业的最早用例。北宋画家张择端的《清明上河图》中"赵太丞家"对过巷子，绘有一座解库，门首挑出一个大书"解"字的招牌。在中国典当史和中国招幌史上，这一"解"字招牌均可谓历史文献迄今所见的最早的典当业招幌图像。

宋代典当业的经营和资本性质结构，同唐代大体相似，即官当、商（民）当和寺院长生库典当并行于世。当时的官营典当机构，名曰"抵当所"或"抵当库"。北宋政府设立有一种名曰"公使钱"的经费，用于官府宴请、馈送过往官员或犒赏官军，并允许各级官府用此进行商业性活动以生息增值。据史料反映，有相当一部分是用来开办经营抵当所（库）。甚至，用于抚养官员遗孤的检校库财产亦用作抵当所（库）的资本生息。例如，熙宁四年（公元1071年），开封府奏请朝廷将寄存于检校库的钱财"召人先入抵当请领出息，以给原检校人户"。① 崇宁二年（公元1103）六月十八日，北宋政府诏令各"府界诸县除万户及虽非万户而路居要紧去处，市易抵当已自设官置局以外，其不及万户"而"却系商贩要会处"者，均"依元丰条例并置市易抵当"所（库）。② 这样，一来致使官营典当发展甚为迅速，一时形成遍布各地大小城镇市集之势。同南宋对峙而立的金朝所设官营典当，名为"流泉务"。据《金史·百官志》载，金大定十三年（公元1173年），金世宗完颜雍提出："闻民间质典，利息重者至五七分，或以利为本，小民苦之。若官为设库务，十中取一为息，以助官吏廪给之费，似可便民。"基此，"有司奏于中都（今北京）、南京、东平、真定等处，并置质典库，以'流泉'为名，各设使、副一员"，职"掌解典诸物，流通泉贷"。金世宗"大定二十八年（公元1188年）十月，京府节度使添设流泉务，凡二十八所"。为规范官营典当的经营活动，金世宗时还制定了迄今见于文献最早的官营典当业管理规则。其中规定：

> 凡典质物，使、副亲评价值，许典七分，月利一分，不及一月者以日计之。经二周年外，又逾月不赎，即听下架出卖。出帖子时，写质物人姓名，物之名色，金银等第分两，及所典年、月、日、钱贯，下架年月之类。若亡失者，收赎日勒合干人，验元典官本，并合该利息，赔偿入官外，更勒库子，验典物日上等时估偿之。物虽故旧，依新价偿。仍委运司佐贰幕官识汉字者一员提控，若有违犯则究治。每月具数，申报上司。（《金史·百官志》）

---

① 《宋会要辑稿·食货二七》之六四。
② 同上。

　　宋代商（民）资本经营的典当业的发达，最显著的标志是在当时市井工商诸行中独立为行，出现了中国典当史上最早的行会组织。有的学者在谈到典当行会"对本行业的经营活动进行管理"的职能时认为，最早的典当行会组织为当属清初广州的当业会馆。① 其实，早在北宋京师汴梁便已形成了中国典当史上最早的行会组织。北宋京师汴梁金明池东岸，"街东皆酒食店博易场户，艺人勾肆；质库，不以几月解下，只至闭池，便典没出卖"。② 当时东京城里，"士农工商、诸行百户，衣装各有本色，不敢越外。谓如香铺裹香人，即顶帽披背；质库掌事，即着皂衫角带不顶帽之类。街市行人，便认得是何色目"。③ 其经营及服饰受着行业组织的规范约束。南宋京师临安（杭州）依然如此旧制："士农工商、诸行百户，衣巾装著，皆有等差。香铺人顶帽披背子；质库掌事，裹巾着皂衫角带。街市买卖人各有服色头巾，各可辨认是何名目人。"④ 宋人孟元老在记述北宋东京旧事的《东京梦华录》卷三中说，"凡雇觅人力，干当人，酒食、作匠之类，各有行老供雇"，简略未明确言及质库行老，但在宋人吴自牧记述南宋京师临安旧事的《梦粱录》卷一九中则细载而言，"凡顾倩人力及干当人，如解库掌事，贴窗铺席主管、酒肆食店博士、铛头、行菜、过买"等等，"俱各有行老引领"。"行老"，又谓"行头"，即行会组织主事的头目。其至，连官府了解社情、侦案亦利用包括典当业在内的行会组织。在宋元之际赵素所编《为政九要》之八中，清楚地写道："司县到任，体察奸细、盗

---

① 李沙《当铺》第 134 页，中国经济出版社 1993 年出版。
② 宋·孟元老《东京梦华年》卷七。
③ 宋·孟元老《东京梦华录》卷五。
④ 宋·吴自牧《梦粱录》卷一八。

贼、阴私、谋害不明公呈，密问三姑六婆、茶坊、酒肆、妓馆、食店、柜坊、马牙、解库、银铺、旅店，各立行老，察知物色名目，多必得情，密切报告，无不知也。"中国的行会组织在唐代业已出现，那么何以当时未能产生典当行会呢？笔者认为，典当业在唐代的发展，主要依托于资本雄厚的僦柜在经营存款和信托业务的同时兼营。至宋代，遍布城镇的质库开始独立成行经营，因而才具备形成专业行会的条件。

宋代寺院的长生库典当在官商（民）典当业颇为发达的情况下，依然十分活跃，是支撑寺院经济的主要方式。宋·陆游《老学庵笔记》卷六，对寺院典当颇表嫌恶，他说："今寺辄作库质钱取利，谓之长生库，至为鄙恶。……庸僧所为，古今一揆。"但寺院以此为经济来源之一，自有其道。如《台州金石录》卷七《宋宝藏岩长明灯碑》载："本院诸殿堂虽殿主执干，尚阙长明灯。遂募众缘，得钱叁拾叁贯，入长生库。置灯油司，逐年存本，所转利息买油。除殿堂灯外，别置琉璃明灯。仰库子逐月将簿书诣方丈知事签押。"宋·洪迈笔记《夷坚支志》甲集卷六及癸集卷八，根据从"院僧行政"口中所闻，分别记述了两座佛寺典当取利的事例。其一为南宋宁宗赵扩庆元三年（公元 1197 年）时，"永宁来罗汉院，萃众童行本钱，启质库，储其息以买度牒，谓之长生库。鄱阳并诸邑，无问禅律悉为之，院僧行政择其徒智禧主掌出入"。不过，宋代官营、商（民）营典当业的资本、经营规模和在社会经济生活中的地位，业已远远超过了其间寺院长生库。

元代大都称典当为"解典库"，一仍宋制，亦为官、商、寺并营格局。据《元史·百官志五》载，至元三十年（公元 1293 年）时，储政院内宰司曾设"广惠库"典当，"以钞本五千锭立库，放典收息"，足见其资本之雄厚、经营规模之大。元杂剧中多处可见言及"解典库"，说明其与市井生活关系十分普遍，在当时的经济生活中比较活跃。例如:《元曲选》辑杨景贤《刘行首》剧第三折:"小生姓林名盛，字茂之，在这汴梁城内开着座解典库。"《孤本元明杂剧》辑元·佚名《刘弘嫁婢》剧第一折:"四隅头与我出出帖子去，道刘弘员外放赎不要利，再不开了解典库了也。"又如元末高则诚的《琵琶记》剧第十出:"婆婆，奴自有些金珠，解当无粮米。"史料中尚可见到涉及典当的民事纠纷案例，如官修的《通制条格·解典》载:"元贞三年（公元 1297 年）二月中书省江浙省咨姚起告: 将珠翠银器衣服于费朝奉家典当钞两，年后不肯放赎。都省议得: 今后诸人典解金银，二周岁不赎，许令下架。"据元·熊梦祥《析津志辑佚·风俗》载，元代京师大都（北京）的典当行门首，"多以生铁铸狮子"作为门面陈饰。[①]

至元代，已有数百年传统的寺院长生库典当仍比较活跃。据《元史·顺帝纪》记载，仅是大护国仁王寺长生库质贷出去的钱，即达 26 万余锭之巨。一部《元代白话碑集录》所辑录的诸元代白话圣旨碑中，述及寺院或道观典当者，多达 40 余处。[②] 例如，《灵寿祁林院圣旨碑》之三言及，"各路里有的但属寿字寿家的下院，田地、水碾、园林、碾磨、店舍、铺席、解典库、浴堂，拣那什么，不拣阿谁，休倚气力夺要者"；说明在当时寺院诸经济活动中，开办典当生息仍是传统的经营项目。又如《元典章·礼部·僧道教门

①《析津志辑佚·风俗》:"都中显宦税硕之家，解库门首，多以生铁铸狮子，左右门外连座。或以白石凿成，亦如上放顿。"北京图书馆善本组辑，北京古籍出版社1983 年出版，第 207 页。

②《元代白话碑集录》，蔡美彪辑，科学出版社 1955 年出版。

清规》亦载，元仁宗皇庆二年（公元 1313 年）江浙行省言"各处住持耆旧僧人，将常住金谷掩为己有，起盖退居私宅，开张解库"。一如典当肇如于南齐寺院，元代寺院典当业的活跃亦同统治者兴佛直接相关。

五、明清——兴盛的时代

自《后汉书》以降，文献中再次出现"典""当"并言的"典当"一语，已是十几个世纪后的明季，并从此广泛使用至今。例如，明·熊鸣歧《昭代璋》卷一称："凡私放钱债，及典当财物，每月取利并不得过三分。"

典当作为社会经济生活中的一种金融活动和金融行业，同市场商品经济有着与生俱来的亲缘关系。明清两代商业的空前发达，尤其明代中叶以来资本主义经济萌芽的出现，成为刺激传统金融行业——典当业进一步发展兴盛的主要因素。

明清两代典当业是中国典当史上的兴盛时期，但在寺院经济中的典当活动却锐减或说一下子在历史上消失了。[1] 清代学者俞樾《茶香室丛钞》卷一一亦谈道："今之富商大贾往往质钱取利，而寺僧无之，亦古今之异也。"何以如此呢？这是以往向无明确阐释的

---

[1] 拙著《中国典当史》第 52 页言及："在明代文献中已很少能见到寺库质贷活动的记载了。"李沙《当铺》第 21 页谈道："元末明初，僧办当铺急剧减少，逐渐退出历史舞台，代之而起的主要是民办当铺。"刘秋根《中国典当制度史》第 32 页亦称："明、清以后，寺院典当业似乎衰落了，其原因及细节还有待进一步的探讨。"其第 51 页注中又说明道："笔者翻阅过一些明、清寺志及其他方志、史籍等，也读过一些论文，未见有关材料。但要全盘否定明、清寺院经营了典当业，证据亦不足。还值得以后继续加以注意。"

问题。笔者研究认为，明代以来寺院典当业骤衰或消亡的根本原故，首先是同明代以来中国佛教在政治生活所处的地位变化相关。早年曾为僧侣的明太祖朱元璋即位后，有鉴于农民利用秘密宗教为掩护或招牌举事起义的历史经验，便着手整顿佛教，限制了佛教的发展，清代则继承了明代的宗教政策。明清两季的佛教发展状况，是五代之后的衰微走势的延续。明清两代实行的比较严格的宗教政策，设立专门机构对佛、道等宗教进行统一严格管理。在此情况下，寺院经济活动受到了限制，成为一向为世人毁誉不一的寺院典当锐减或消亡的直接原因。其次，也是一个更重要的因素，应是寺院之外的社会典当业的兴盛广泛占有了典当业市场的基本份额。

明代典当业资本性质的一个显著特点，是以商人资本为主体的民营典当。有关研究表明，迄今尚未发现明代存在官营典当的文献资料。迨至清代，则出现民当、官当和皇当并举的格局。由于商业活动的发达，明代中叶以后，逐渐形成了许多以亲缘、乡缘为纽带的地域性商帮，其中比较著名的如徽州商帮、山西商帮、广东商帮、山东商帮、陕西商帮、宁波商帮、福建商帮、江右商帮、洞庭商帮及龙游商帮等"十大商帮"。[①] 在很多商帮竞相开办典当牟利的市场竞争中，尤以徽州商帮以及山西晋帮等因经营典当业的规模大、分布广、获利多而最为著名。民谚所谓"无徽不典"之说，便是对其业绩与影响的肯定。《古今小说》《拍案惊奇》等一些明清小说人物或故事取材于徽籍典商的事实，也从一个侧面反映了这一状况。旧称典当业掌柜（经理）为"朝奉"，亦出自徽商语俗。据业内传说，旧时典当业广泛使用的《当字谱》为明末太原文人傅山所创并由

---

① 参张海鹏、张海瀛主编《中国十大商帮》，黄山书社 1993 年出版。

山西典商首先使用而传承开来。据《明实录》（神宗万历）卷四三四载："徽商开当，遍于江北，赀数千金，课无十两。"《嘉兴县志》卷三二所录《明嘉兴县新定为田役法碑记》载，安徽的"新安大贾与有力之家，又以田农为拙业，每以质库居积自润"。又近人陈去病《五石脂》中亦言："徽郡商业，盐、茶、木、质铺四者为大宗。茶叶六县皆产，木则婺源为盛；质铺几遍郡国，而盐商咸萃于淮、浙。"

　　徽、晋、闽等诸商帮典当业的活跃带动了明清典当业的兴盛。据统计，至清乾隆十八年（公元 1753 年），全国共有典当 18075 家，收典税 90375 两；距此半个多世纪后的嘉庆十七年（公元 1812 年），全国共有典当 23139 家，收典税 115695 两。仅是京师一地，乾隆九年（公元 1744 年）时，"官民大小当铺"即达"六七百家"之多。[①] 诸商帮在离开原籍赴全国各地谋求发展的过程中，使典当业也呈现了跨地域经营的局面并获得官府的认可。例如据明人周晖《金陵琐事剩录》卷三记述，当时金陵的数百家典当，主要是徽、闽两籍行帮典商在那里开设的；书称："当铺总有五百家，福建铺本少，取利三分四分。徽州铺本太，取利一分二分三分，均之有益于贫民。人情最不喜福建，亦无可奈何也。"甚至，有些资本雄厚的富商大贾独资在各地分设若干家典当。据明代万历进士范守己《御龙子集·曲洧新闻》卷二载，明嘉靖、万历年间"富冠三吴"的董份"田连苏、湖诸邑，殆千百顷，有质舍百余，各以大商主之，岁得子钱数百万"。又据清·路德《柽华馆文集》卷五《贺达庭墓志铭》载，清乾隆、嘉庆年间渭南富商贺士英"以家事倚兄弟，而

---

　　① 曲彦斌《中国典当史》第 61 页，上海文艺出版社 1993 年出版。

以一身总理诸质库，后岁岁增设，增至三十处，散布于渭南、临潼、蓝田、咸宁、长安数百里间”。载于清·薛福成《庸庵文编》卷三的《查抄和坤住宅花园清单》显示，和坤有“当铺七十五家，查本银三千万两”。

明清两季典当行在综合经营的同时出现了针对不同当物对象范围的专业性经营的分工，以及经营管理的日趋条理化、规范化，是中国典当业逐渐成熟的标志，也是此间典当业兴盛的重要产物兼必备的基本要素，体现了典当业自身素质的提高。

元末明初著名小说家罗贯中在小说《三遂平妖传》的第一回“胡员外典当得仙画，张院君焚画产永儿”中写道，“开封汴州”有位“钱过壁斗，米烂陈仓”的巨富胡员外胡浩，字大洪；胡员外“家中开三个解库：左边这个解库专当绫罗缎匹；右边这个解库专当金银朱翠；中间这个解库专当琴棋书画，古玩之物。每个解库内用一个掌事，三个主管”。① 书中的胡员外所开设的三个经营范围不同的专业典当行。作者为元末明初时人，即大约生活在元文宗天历三年（公元 1330 年）至明惠帝建文二年（公元 1400 年）间，尽管小说设定的故事发生的时间背景为“大宋仁宗皇帝朝间”，但此前并无其他史料与之互证，依作者所生活的年代当视为元末明初史事。

明代典当行业内部经营的条理化、规模化趋势，是本行业发展的需要和成熟的标志。这一点也在明人小说中有所表现。例如《金瓶梅词话》第 20 回“孟玉楼义劝吴玉娘，西门庆大闹丽春院”中写道，西门庆因娶过来李瓶儿后又暴获两三场横财，便“又打开门面两间，兑出两千两银子来，委傅伙计、贲第传开解当铺”。至于

---

① 据《北京大学图书馆馆藏善本丛书》本《三遂平妖传》，张荣起整理，北京大学出版社 1985 年出版。

经营中的具体分工情形，书中写道："女婿陈经济只要掌钥匙，出入寻讨，不拘药材。贲第传只是写账目，秤发货物。傅伙计便督理生药、解当两个铺子，看银色，做买卖。潘金莲这楼上堆放生药。李瓶儿那边楼上，厢成架子，阁解当库衣服首饰，古董书画，玩好之物。一日也尝当许多银子出门。陈经济每日起早睡迟，带着钥匙，同伙计查点出入银钱，收放写算皆精。西门庆见了，喜欢得要不得。"如此内部经营分工，虽然尚为初始简略，业已比此前历代缺乏分工合作的情形有了进步。

至清季，则进一步形成了比较细致的职事分别，出现了比较能够适应兴盛时代的典当业经营体系。在一部题为《典当须知录》的清末抄本专书中，详细记述了从业人员所应熟知的"勤务""防误""防弊""典中各缺慎言择要"以及"典规"等诸项内容。[①] 同时，记述了清季典当业通行的内部职事分别 10 余种。例如，负责对外事务的"上席"；"代东承理首缺"，"事无巨细，皆所应管"类如总经理的"执事"；专司收货之责兼教导学生的"司楼"，助手为"副楼"；"通柜友之首领，息柜外之争端"的"掌头柜"；专司会计账簿事务的"写账缺"以及助手"副事"，和"写当票"者；司看当物估价值的"柜缺"；以及从事诸般杂务的"学生"，乃至"打更司务""厨房上灶"等等，各有专项职事分工。

典当业的兴盛不只使典商获利、当户便利，也为政府财政收入开辟了一种税源。为典当业专设的税种——典税，始见于明代。据《明神宗实录》卷四三四载，万历三十五年（公元 1607 年），河南巡抚沈季文的奏折中特别强调了要重科典税。他说："商贾之中，

---

① 原件藏哈佛汉和图书馆，此据杨联陞辑录整理本，刊台湾《食货》月刊第 1 卷第 4 期，1971 年 7 月。

有开设典当者，但取子母，无赋役之烦，舟车之权，江湖之险，此宜重税，反以厚赂而得轻；至于担负之微，市饼卖浆，稀毛牛骨，终日经营，不过铢两，反以输纳而得重，此甚非平也。今徽商开当，遍于江北，资数千金，课无十两，见在河南者，计汪充等二百十三家，量派银二千六百余两，抵其全数，足免贫民。"清代编的《六部成语注解·户部成语》中写道："典税：业质物典铺之人应纳之税也。"甚至，清政府还因临时需要等故预征典税或增加税额。经研究得知：清康熙三年（公元 1664 年）户部规定，当铺税制，按营业规模大小，年纳五两、四两或二两五钱不等。雍正六年（公元 1728 年）以当税较他税独轻，始设《典当行帖规则》，由户部通令各省，调查当商户数，限令各当商请帖输税，每家典当每年纳税银五两。后来因海防筹款，又责令各当商于正税外另捐饷银若干两，具体数额由地方确定，名为"帖捐"。各地在典税、帖捐之外，往往又另外收取不同名目的杂费。光绪十三年（公元 1887 年）因郑工决口急需巨款，户部限令各当商预缴 20 年典税。光绪二十三年（公元 1897 年）起，典税改为每家每年税银 50 两。[①] 据清代历朝会典所载资料统计得知：康熙三十四年（公元 1695 年），7695 户典当纳税银 38475 两；雍正二年（公元 1724 年），9904 家典当纳税银 49520 两；乾隆十八年（公元 1753 年），18075 家典当纳税银 90110 两；嘉庆十八年（公元 1813 年）前，23139 家典当纳税银 110058 两。[②] 明清两代政府有关典当业管理法规的主要内容，除典息、赎期外便是典税、帖捐。典税在当时的财政收入中，占有了

---

① 据宓公干《典当论》和杨肇遇《中国典当业》的统计。
② ［日］安部健夫《清代典当业的发展趋势》，载《清代史研究》，日本创文社1971 年出版。

一定的份额。

六、民初——衰落的时期

典当业之所以兴盛或走向衰落，是由多种社会因素促成的。由于资本主义萌芽出现，刺激了明清商业和典当业的兴盛。按一般推理而言，明季中叶以来典当业的兴盛不失为清末民初典当业进一步发达的有利条件或较好的基础，然而这却成了中国典当业走向衰落的时期。这一点，几乎是迄今中国典当史学者和当时业内人士的共识。

20世纪30年代初，全国有典当行约4500家。这个数字相为大约一个半世纪前的乾隆十八年（公元1753年）的18075家和嘉庆十七年（公元1812年）的23139家的24.9%和19.4%左右，锐减了大约75%和80.6%。其中，尤以北京地区的锐减情形最为显著。前清乾隆九年（公元1744年）时，"京城内外，官民大小当铺共七百家"；光绪二十六年（公元1900年）时，计210余家；1912年时，为170余家；至20世纪20年代末的统计，仅存87家了。又如山西省，光绪十三年（公元1887年）时，共有典当行1713家；1921年时，为731家；至1933年时，全省仅存306家了。凡此情形，致使有人发出"典当业之衰落，几有一落千丈之势"[①]的慨叹。

中国典当业之所以在民初出现这种日趋衰落的趋势，有其社会特定的历史背景和原因。1940年中国联合准备银行组织出版的"庶

---

① 中国联合准备银行"庶民金融丛书"第一号《北京典当业之概况》第69页，1940年。

民金融丛书"第一号《北京典当业之概况》一书认为,其原因有五,即:兵匪扰乱,币制紊乱,苛捐杂税,资金枯竭,满货亏损。宓公干的《典当论》将之分析为出于外部原因和内部原因各四条,外因为:兵匪扰乱,币制紊乱,苛捐杂税,小本借贷所及合作社之兴起;内因为:资金枯竭,满货亏损,利息屡降,开支增大。笔者认为,主要有三个方面原因。

首先,社会动荡、经济凋敝、通货膨胀以及由此造成的货币混乱。清末民初正处于政权频繁更迭、军阀割据和混乱之际,局势动荡不安,国内外垄断资本日趋发展而中小民族资本起步艰难。因而,经济凋敝,通货膨胀并带来货币混乱。在此情况下,典当业赖以典贷生息的资本金日趋萎缩。不仅不能像清代中叶前后那样从官府和官僚贵族那里大规模地吸收股本金和存款,还要不时承受通货膨胀、货币贬值及混乱等造成的压力和损失。据载:"自光绪三十年间,京师市面交易渐改用洋元,当行乃改用洋码。迨民国三四年间,中交两行纸币价格跌落,每元跌至四五角,于是从前当物,纷持中、交票取赎,因此不时发生争议,官厅亦难于处理。"[1] 尽管其间典当业委顿,但仍不失为财务聚散之所,因而每当社会动荡变故,典当都是首当其冲遭受劫掠的目标。清末的第二次鸦片战争期间,北京的典当经过兵匪劫掠,"罄尽无余,可谓全部消灭,甚有将房屋烧尽者"。[2]

其次,在传统金融机构向现代金融机构发展过程中,传统典当业未能及时转化并适应社会进步。清末民初,在钱庄、账局、票号以及国外资本和国内资本的银行林立情况下,金融市场竞争十分激

---

① 《北京典当业之概况》第 70—71 页。
② 《北京典当业之概况》第 69 页。

烈。此间的传统典当业，大都资本日渐减少而又未能形成适应社会经济发展走势和金融市场竞争的机制，所以只有愈发衰落。传统典当所适应的，是小生产方式，是以高利剥削小生产者谋利而存在的。一当社会生产方式开始向新的阶段转变、迈进，它的固有经营方式便难以继续适应，反而表现出保守性和破坏性。世界各国近代银行业的产生，除商业资本、产业资本创办者外，再即传统典当等旧金融业的转化。在一定意义上说，账局、票号便是旧式钱庄转化过程中的阶段性产物。尽管一段时期内，有些典当也兼营吸收存款或发行钱票、兑换货币，但毕竟并非持之以恒的主业，不是立业之本。有人认为，"典当业之所以没有完成这种转化，怕与它不愿放弃月息三分高额剥削的顽固性是分不开的"。①

第三，政府对典当业的监督管理不利。民国以来，先后多次制定、修订典当管理法规，各地典业行会也几番重订或修改获得政府认可的行业规则，一些地方政府也多次发布告示禁止滋扰典当，然而执行不利监管不严，致使典当市场混乱失序。一些不法商贩乘机做起炒卖当票生意，当时北京前门外珠市口一带的"当票局子"曾多达六七十家，虽经政府下令取缔，然而却难以根除。此外，政府一再提高典当税率和增加杂税，也是促使典当业难以降低当息和经营成本以适应局势的一个重要缘故。再如关于典当赎期的管理，在通货膨胀、物价飞涨而又币制混乱的情况下，千篇一律地要求典当照例坚持一成不变的 18 个月较长赎期，而不及时采取调整应变措施，则必然导致满货亏损。

鉴于上述原因，民初典当业急剧衰落的历史趋势成了定局。此

---

① 黄鉴晖《中国银行业史》第 29 页，山西经济出版社 1994 年版。

间，尽管政府从便利农民的角度考虑，曾努力发展农村典当业，当时的中国农民银行将投入巨资开办农村典当作为所开展的一项主要金融业务，虽热闹一时，亦最终未能挽回局势。

七、当代——在改革中复兴

中国典当业经历了 1600 多年的兴衰沉浮之后，在中国重新出现已经又走过了 10 年的在历程。那么，如何评价这短暂的历程呢？有必要就其现状略作一点分析和评价。[①]

中国典当业的消失，是在 20 世纪 50 年代。"50 年代后期，在汹涌澎湃的社会主义改造大潮中，通过公私合营的形式，我国千百年来历尽沧桑、盛衰不定的当铺，终于被人民革命政权画上了句号，从而成为历史的陈迹。"[②] 当初之所以被取缔，有学者提出：当时，"由于人们没有看到典当业存在的必要性，加之受'左'的思想的影响和长期对典当业利息剥削残酷性的不恰当的宣传，在人们心理上对典当业是憎恨的，认为它是部分居民贫穷的罪魁祸首，所以随着城市的解放，典当业都被取缔了"。[③] 姑且不论取缔典当的是与非，就其被取缔本身而言，当是其特定的历史背景决定了的。取缔典当的直接理由，在于它是一种高利贷行业。高利贷剥削与新民主主义革命时期的主张完全相悖，属被取缔的范畴，因而理所当然地遭到取缔的命运。而且，这种革命态势早在 20 世纪 30 年代即

---

① 在此，主要谈内地的典当业。
② 李沙《当铺》第 37 页，中国经济出版社 1993 年出版。
③ 黄鉴晖《中国银行业史》第 281—282 页，山西经济出版社 1994 年出版。

已有了先声。当时，在中国共产党领导的革命根据地，业已对高利剥削的典当业采取了限制、打击的革命行动。例如，1930 年 3 月，闽西第一次工农代表大会通过的《借贷条例》规定："典当债券取消，当物无价收回。"1931 年 11 月，第一次全国工农兵代表大会通过的《关于经济政策的决议案》规定："取消过去一切口头的书面的奴役及高利贷的契约，取消农民与城市贫民对高利贷的各种债务；……应以革命的法律，严防并制止一切恢复奴役与高利贷关系的企图，城市与乡村贫民被典当的一切物品，完全无代价的归还原主，当铺应交给苏维埃。"[①] 凡此可见，近代典当业走向衰落并被取缔。

　　几十年后中国的经济体制改革，为被取缔的典当业的复出，提供了新的历史机遇。1987 年 12 月 30 日，四川成都华茂典当行成立；次年 2 月，浙江温州金城典当行成立。华茂、金城两家典当行的率先成立，标志了中国典当这一传统金融行业的复出，重新进入中国金融经济的舞台。据统计，截至 1995 年末，短短数年间全国共有经政府不同行政机构批准注册的各类典当行 3013 家，注册资本金总额约 9 亿人民币。发展之迅速，复出态势之踊跃，分布地域之广泛，经营活动之活跃，均呈现出一种迅猛的"复兴"趋势。根据中国人民银行 1996 年 4 月制定颁发的《典当行管理暂行办法》，经过一年多全国范围的清理整顿和规范，已重新核准的典当行仍达 1350 余家，注册股本总金额 80 多亿元人民币，直接从业人员 10000 多人。历史决定了当年中国典当业的取缔，历史也给了它复出或说"复兴"的机遇。典当业之所在中国得以复出，简而言之，

---

　　① 转引自李沙《当铺》第 33—34 页，中国经济出版社 1933 年出版。

是适应现阶段社会主义市场经济发展的需要，是经济体制改革过程中金融体制改革的成果之一。

任何商业性金融机构的设立，都是适应市场经济需求的结果。如果不存在相应的市场需求，便失去了其设立之本。典当业的复出，亦不例外。相去几十年前被取缔的传统典当业，重新复出的典当业业已具有当代社会经济、文化和市场需求与制度规范的印记，形成了一些新旧典当业的异、同之处。

新旧典当业的基本共同之处，主要有三。首先，典当行业赖以存在的原营业性质，仍然是以财物为质押，限期、有息的有偿借贷，而且仍然属于高利贷款融资。按照中国人民银行颁布的《典当行管理暂行办法》第六章第 32 条规定，"质押贷款的月利率，可以国家规定的同档次流动资金贷款利率为基础上浮 50%"，属于高利息的质押贷款。其次，新旧典当业在社会金融经济市场中，均处于非主导的地位，均属于非银行性质的金融机构。尤其是在现代银行业比较发达的今天，这种在金融市场中拾遗补阙的非主流性的辅助性地位，或说是经营的市场定位更为明显。第三，新旧典当业在社会经济生活中的功能及经营方针，均属一种灵活便利的调剂资金缓急余缺的非银行机构的融资渠道。这一点，也是其在当代金融经济体制改革中获得重出机遇的根本所在，即社会经济生活需求具有这种功能特点的非银行性质的融资机构。

新旧典当业的基本差别，主要为三个方面。首先，是社会的政治经济制度及开当资金所有制性质的差别。在以往的封建社会或半封建半殖民地社会的政治经济体制下，由于开当资本金有寺库资本、官府资本、官僚资本、商人资本乃至殖民地中的外国商业资本（如东北沦陷时期的大兴公司典业及天津租界日本浪人的小押当等），因而有寺库质贷、皇当、官当、民当等多种所有制类型。典当业重新复出之初，有国有、集体、私有、个体多种所有制形式，但按照《典当行管理暂行办法》的规定，均规范为"比照有限责任公司形式组建"成股份制的"特殊金融企业"，并"禁止设立个体典当行"。这一点，是基于国家根据公司法规范各类企业公司而对典当业实施的规范措施之一。其次，经营范围及出当客户发生了变化。旧时代的典当业的经营收当范围，以衣物家具等日用品和金银珠宝贵重物品为主，少量为生产工具或生产资料，出当的客户大多是城乡贫民或一时拮据窘急的中产阶层；如今则主要收当生产工具、交通工具和生产资料，兼及金银珠宝饰物等贵重物品，一般衣物家具等日用品很少收当，出当的客户以中小企业、私营企业、个体企业或急需资金的贵重物品持有者为主，经常以典当维持生活的贫民客户出当率较低。第三，典当行的经营方式从封建社会的传统小生产的全封闭或半封闭化，转变为开放式、公开化的经营管理。完全淘汰了旧有习用的典当业隐语行话、当字、旧当票式和用语，以及传统的行帮组织与行规，采用了现代企业会计制度和新当票（契约）。清季曾国藩出任两江总督时曾通令禁用当字，非但行不通还落下了笑柄。如今适应当代金融市场需求的典当业，已将其自然摒弃。

　　20世纪80年代末至今，典当业复出来，发展态势迅猛，虽然经历了一段短暂的无序失控的起步阶段，但经过国家授权中国人民银行作为典当业主管部门以来，尤其是颁行《典当行管理暂行办法》并进行全国范围的清理整顿之后，复出的典当业开始在规范、有序的轨道上健康发展。可以预言，随着金融经济体制改革的不断深化和社会主义市场经济机制的日趋发育成熟与完善，中国的典当业的市场亦必将进一步扩大和活跃，典当业还将向前发展。这一发展态势，是国家经济发展方针和市场经济规律所决定的。一些经济比较发达国家或地区典当业盛衰的经验，也已为此提供了借鉴、佐证。

典当业的性质规定了它的基本功能在于以财物作为临时质押融通资金，以解决急需资金的窘困。历来典肆的有些传统楹联广告，说得至为清楚。且迻录数副如下：

济一朝燃眉之急；供万家不时之需

以质得财亲疏无异；因贫生息尔我相安

缓急相需非侠义；有无共济是真心

上输国课裕国富；下济民急慰民生

急处来当，亦缘彼此两便；缓时取赎，只因义利双全

事在危急，此间更有方便路；身居困海，吾家广告渡人舟

上裕国富，富时取物困时典；下济民急，急处当衣缓处赎

济困扶危，显接邦家高血脉；裕国便民，流通天地大精神

从这些典肆的传统楹联来看，典当业的根本在于调剂资金缓急余缺。典当业作为一种高利贷金融行业之所以能够存在 1600 多年，而且在中国一度中断 30 年之后得以重新兴业，根本原因在于社会经济生活需求它这种便捷地调剂资金缓急的功能。至于世界上其他经济发达国家或地区的典当业仍然长盛不衰，亦在于此。[①]

---

① 据美国典当协会（NPA）近期发布的消息介绍：1988 年，全国有典当约 6900 家，相当于全国商业银行数的 50%，现全国典当数已达 1.2 万家以上。其中，数量最多的为佛罗里达州，有 1300 家，相当于中国现有典当行总数。

　　总括言之，中国典当业起源与流变的历史发展轨迹可以以这么几句话作为简要概括：初见萌芽于两汉，肇始于南朝寺库，入俗于唐五代市井，立行于南北两宋，兴盛于明清两季，衰落于清末民初，复兴于当代改革。

原载《社会科学战线》2001 年第一期

《中国典当史》（节选）

《中国典当史》初版跋

我多年的学术工作，大都是从事中华民族文化史（主要是古近代民间文化）的微观研究，这是有意识地通过一系列实证性的微观研究，为来日的有关属于宏观现象的科学研究课题，做一些自以为是堪谓扎实一点的基础性准备工作，力求使之言之有据、论辩成理而不流于浮泛空论。

在此过程中，我试图"别辟蹊径"，选择一些以往学人涉猎较少、鲜为人注重而又颇具固有价值的近似"空白"的课题，从抉隐发微入手，进行实证性的研究。我以为，这种坐冷板凳式的选择，非但是进一步研究的基础工作，亦兼可通过拓荒填补某些文化史的空白，为促进文化史的研究做些知识积累。显然，对于弘扬中华民族传统文化，乃至促进人类多元文化的交流，均有其一定的实际意义。个中，有些创造性学说如"民俗语言学"的提出，亦是由这类实证性研究中产生，并以实证性方法进行基本理论构建的。

在某些专注于"思辨性"研究的学者看来，源于本民族学术传统的实证性科学研究，似乎太古老，颇不合现代学术潮流。我一向不排斥所谓思辨性的研究，我认为它是实证性研究而外的又一重要科学方法，二者具有互补作用，是相辅相成的，能将之有机结合综合运用好，既要有科学见识，又需兼具双向功底。对于有些课题及其某些阶段，侧重采用其中的一种研究方法，是必要的，是科学的选择。鉴于自己的学术思路和具体方向、选题，我从大量实证研究中感到所进行的选择是切合实际的。现在杀青的这部《典当史》著作，仍是上述这种选择的结果之一。

在这部《典当史》著作中，我原计划专门撰写一篇《典当论》，作为全书的末章，后来考虑对当代国内外典当业现状的调查研究尚显不够充分，亦需进一步做些理论方面的思考，于是暂付阙如，仅在这篇跋文中略述一点有关典当业前景的思索，作为余论罢。

历史上，天灾人祸频仍不绝，占人口比例较大地方的人们一直处于较低的经济地位上生活。这一历史事实，为中国典当业的兴盛、发展，提供了契机与条件。"济贫"这个为典当业一向所标榜的口号，即就此而生并显示其基本作用，其显性的功能则表现为调剂一时缓急。

随着社会的发展，尤其到了社会生活趋向现代化的现今时代，以及传统自然经济逐渐消退，新的社会发展机制的建立与成熟，典当业的"济贫"性质已渐为其他的社会设施或经济结构机制所取代；而曾以此为基调派生的调剂缓急的社会作用，却日趋突出。而且，当代新兴典当业的服务对象，以个人与中小企业并重，甚至有的偏重于为企业调剂缓急、处理资产和原材料、滞销产品服务，也显示了其仍然富有生命力的功能。这种社会需要，如果以其他设施或通过其他渠道去解决，似乎多有不甚便利之处。除出现经济改革大环境的契机而外，其自身的固有功能，是典当业复出待兴的一个极重要因素。因为现行社会经济结构与运行机制中，尚需要这种特殊的、适合本土文化传统的灵活的随机性调剂设施。

在中国典当业的历史上，很早就形成了适应社会需要的管理经验。清·张焘《津门杂记》所述，即有其例："天津县属城乡，典当凡四十余家，每年冬有减利之则，由藩司出示，惠及贫民。平时利息，绸布衣服、金银首饰，每两二分；羽纱绒呢皮货，每两三分，十两以上，则仍二分；若铜锡器皿，无论十两内外，概系三分。年例于仲冬十六日起，至年底为止，原利三分者让作一分五厘。在典商所损无多，而贫民大为方便。一进腊月，则烂其盈门，柜上伙计已有应接不暇之势，柜外人声鼎沸，乱如纷丝。从日出起直至日昃，迄无宁晷，至岁底数日，人数尤多，事情尤琐。大除夕，城乡当铺一律向不闭关，纷纭一夜，竟有守候终宵者。至元日出，人数始稀，其中大都转利者居多。因一逾此日，利息如故矣。"如此利率与营业时间的随时略作调解，虽逐利为本，也是其适应现实需要、加强自身作用而求存在与发展的一种积极措施。只是囿于历史条件等多种社会因素的制约，中国的典当业一时未能在加速自身改造和发展方面，迈出更于未来有意义的步伐。

据了解，国外一些典当业在传统的自然经济结构消退之后，便迅速调整经营方式、经营范围，以适应现代社会生活的需要，至今仍在几乎全新的经济结构中占有一席不败之地。被称为世界最大典当的墨西哥怜悯山典当，据说是在原由一位意大利血统的银矿主于1775 年在古代王宫旧址上创设的福利中心基础上建立的。这家典当还兼事经营信托与销售业务，同时在本城另设 14 间分店，在国内一些主要城市开设有 17 个分号。举凡古玩、首饰、家具、电器、五金器材、卫生设备，均可收当押款。其月息为 3%—4%，赎期一般以 15 个月为限。在不时因市场经济运行中的通货膨胀造成物价颇不稳定的情况下，很多人都以此作为调剂生活缓急的便利方式，因而生意十分兴隆，在每天有限的营业时间内，常有近千当户光顾。典当在获利甚丰的同时，还不时拨出一些资金资助社会救济、福利事业。

在东方，早年由日本僧侣从中国引入的佛寺质贷发展起来的日本典当业，至今仍很繁荣。据了解，现代日本典当业的基本经营诀窍是：改头换面，顺应民心，广集货源，推陈出新。为改变人们的传统观念，在竞争中生存，他们把店堂装饰得富丽堂皇符合新潮。收当估价时，使用现代技术对商品价格、折旧等项做出综合对比，提供当户参考。他们广觅当户兼营委托代售，并不失时机地推销名牌、时新的抢手商品。一些出国归来的人往往把那些藏储不便的商品、礼品送进典当，转手再就地在当铺中选购所需物品。实际上，适应潮流、多种经营，是其基本经验。

说起来，中国历代典当业均不乏兼营放款、存款、保管财物以及附带销售业务之例。近代一些中心城市的典当，还有集典当、信托及储蓄为一体的做法。当代中国某大城市国营信托公司在创办典当商行的同时，还创办有拍卖行与之配套。

上述古今中外典当业的经营发展轨迹，为当代典当业的复兴、开发，显示了一种综合经营、灵活适应、方便利用的可观前景。几十年前，中国的典当业是伴随取缔高利贷行业而消失的。伴之而来的，则是在以往人们对待典当的观念之外，又增加了一层暗淡色彩。然而，可以相信，一当人们发现新兴的典当业在现实生活中的作用时，这一切都会迅速改变。当然，这首先取决于典当业自身如何适应社会需求而开辟新的前景。至于旧有的高利盘剥当户之弊，在现行经济制度的基础上进一步完善有关管理制度即行解决，是毋庸担忧的。

时下，适值典当业刚刚复兴之际，亟需在充分调查研究的同时展开必要的理论研究，以利有关政策、制度的制订，指导其健康发展，在现实社会发展中发挥应有作用。在此意义上，本书的出版，正是在于完成一项基础性的准备工作。为现实服务，亦即我研究这一课题的初衷之一，期待它能发生这种效应。

在这一课题的选题构思与研究过程中，曾获得许多学界友人的鼓励与支持，令人难忘。著名明清经济史专家、多年注意清代典当研究的韦庆远先生，在就我致信讨论《红楼梦》薛家当铺性质问题的复信中即指出："您研究典当史与文化相关的问题，是一极好题目。"没有前人与时贤的有关建树，和诸位的鼓励、支持，很难想象会完成这个研究课题。上海文艺出版社委派曾经作为拙著《乞丐史》责任编辑的秦静先生专程来商谈本书的写作、出版事宜，进一步促进了本书的尽快问世。在此，一并表示感谢。

一如我每部著作杀青、出版后，自己每有未能满意的愧疚之感。积之既久，于是萌生一个计划，即在适当时机，拿出一些时间，根据时贤的指正和进一步研究的新见，就每一部著作（或专题）逐一撰写一篇专门论述文章，合集印行。这样做，既是一种力求提高的自我清理，更有益于学术。我想，这也是一项有意义的工作。因而，此书问世之后，尤盼时贤不吝赐教指正。

1991 年 1 月 20 日作于雅俗轩

我的典当史研究

——《中国典当史》（增订版）后记

　　这个年过得甚是惬意。昨天上午，责任编辑电话相告，拙著第二本关于典当史的小书《中国典当史话》已于日前开机付印，大约一周之后即可见到样书矣。今天，十几年前出版的第一部《中国典当史》专著的增订本，亦编入本人文集《雅俗轩文存》将由九州出版社付梓。

　　值此之际，自然应该有篇"增订版后记"之类文字付印于卷末。就此。则想写下两点说明。

　　首先是，本书出版十几年来，先后获得了一些值得欣慰的反映，应与读者共享。为此，且摘录不久前为《中国典当史话》撰写的小跋《从〈中国典当史〉说起》中的一段，则毋庸赘言矣。

　　　　拙著《中国典当史》小书，脱稿于1991年元月，出版于1993年元月，先后印行了万余册。这是继《中国乞丐史》之后的第二本关于中国社会风俗史、生活史研究著作。作为中国学术史上的第一部典当史专著，在海内外相关学术领域获得了较好的反响，并就此同日本（如独协大学齐藤博教授、日本输出入银行原监事浅田泰三教授等）、台湾（如台湾大学国际金融研究所等）等学术界的学者进行了交流。1997年秋，时任国务院副总理的朱镕基同志，对于一份反映当时国内典当业情况的材料上作了批示，指示典当业当时的主管部门中国人民银行邀请有关专家进行调查研究，以便修订典当行管理法规。但是，由于典当业是在中国消失了几十年的"新行当"，国内还没有哪个学术单位设有这个专业，专门的学术成果也寥寥无几。于是，中国人民银行非银行金融机构管理司的同志就"按图索骥"，通过出版《中国典当史》的上海文艺出版社和在沈阳的典当行找到了我。于是，我这个民俗学、语言学学者，竟"稀里糊涂""阴错阳差"地"误"闯进了"典当学"研究领域，竟然成了"典当专家"，开始了对典当的扩展性应用研究。为此，1997年11月，成立了全国迄今第一个也是唯一的一个公立的专业典当研究机构：辽宁省社会科学院中国典当研究中心。当时，新华社向海内外作了专题报道。随后，这个研究中心受中国人民银行非银行金融机构管理司的委托，于1998年7月组织编写出版了第一部《中国典当手册》和《典当研究文献选汇》，并于同年9月主办了历史上第一次全国典当理论研讨会。2002年9月15至17日，辽宁省社会科学院中国典当研究中心会同中国典当网联合主办了以"纪念中国典当业复出十五周年（1987—2002）"为主题的"2002中国典当论坛"。在"论坛"的开幕词中，我提出了"弘扬传统典当文化，造就现代文明新典当"，倡导通过弘扬传统典当文化，提高行业素质，健康有序发展，正确处理好义与利的关系，规范经营，服务社会，为社会创造更大的效益。对此，《光明日报》内参作了报道。在此基础上，我率先提出了创建"中国典当学"学科，并于 1999 年主持编著出版了第一部典当学专著《中国典当学》，2002 年由河北人民出版社出版。等等这些，显然都源起于这部《中国典当史》。

还应提到的是，1996 年 4 月，我应邀出席"96 首届潍坊典当业务专题研讨会"，作专题报告，并与台湾大学国际金融研究所所长陈希炤教授等作了学术交流。2004 年 8 月，在辽宁省社科院主办的第二届东北亚经济社会发展国际论坛上，我在题为《略议东北亚典当业的现状和发展态势——以中、日、俄和蒙古为例》的发言中，第一次倡议并发起举办"世界典当论坛"，获得了到会的日本等国专家的赞同，以及国内典当业人士的赞成。这些，亦缘于大会的主办方读到了《中国典当史》。

这些与之相关的社会效应，说明这部小书获得了社会的认可，还有其一定的学术价值，理应收入文存。

其次，关于收入文存的这个增订本。

由于时间不敷支用，加之作为文存首批书目面世的时间紧迫，已是无暇进行大修大改。于是，只好在对文字粗略校订一过的同时，尽可能地把历年持续研究积累的心得和新发现感到应予补充的文献补充一些。有的文献，本应作出专题研究文字列为专章或专节补充到适当的部分。但时间不允许，只好将之暂时辑录出来聊供参阅就是。再即，增加一点必要的附录。说起来，仅此而已。只是希望读者面对的这个增订本，能够感到比较初版似乎能够更丰富、充实一点。进一步更理想一点的修订，只有留待来日矣。

记得哪次外出旅游途中，同伴说，"留点遗憾，好下次再来不好吗", 其实还是无奈之言也。事情多, 又有些"想法", 何况想做成点事情也实在不容易, 无奈就多, 遗憾亦多也。事已至此, 还是暂且"无奈"就是了。权且说, "时间会有的, 也会从从容容的", 但愿!

　　每逢此际, 人家常说, "是为序"; 余言之, 是为后记。

2007 年 2 月 28 日作于雅俗轩

略论中国典当业的历史与现实

——兼"中国典当学"刍议（选）

在数千年中华文明史上，典当业的历史已有 1600 多年。典当作为一种社会现象和经济活动形式，是社会发展到一定时期的历史产物，有其发生的必要和流变、沉浮的理由。无论历来的人们对其或贬或褒如何评说，这个行业，一向表现为非主导的民间经济、金融行业，一直延续了十几个世纪，直到今天仍然在社会经济生活中占有一定的位置，说明了自有其存在的社会基础和背景。

典当是一种通过高利贷款融通资金的行业，历来对它评说不一。如何科学地界定它的性质、功能，给予合理的定位？中国典当业的历史、现状及发展前景如何，应采取些什么样的相应对策？面对中国典当业复出十余年来迅速兴起的态势，这些都是亟待解决的基本理论问题。进行这些基本理论研究的目的，既在于廓清历史，理出比较清晰、确切合理的中国典当业发生的背景和流变轨迹，更重要的是在于通过总结历史而结合实际科学地评价当代典当业的现状，预测其未来发展态势、趋向，采取相应的对策，指导、促进这一数经沉浮、历程曲折的特殊行业纳入健康、有序地发展轨制。为此，且分三个方面问题试作探析研究：（一）略论"典当"及"典当业"的性质和功能；（二）中国典当业的起源、流变历史；（三）当代中国典当业的现状分析、评价及发展趋势。

一、略论“典当”及“典当业”的性质和功能

这里，为便于分析探讨典当业的性质与功能定位，有必要首先对历来有关典当的各种称谓用语的概念，进行一番简要的考察和释义。

（一）历代“典当”称谓考略

“典当”一词，在现代汉语中有两种所指，一是指典当行为、活动，一是指典当行或典当业，悉因语境而定。

典当行及典当业的形成，直接滥觞于典当行为或活动，是应其需求而出现的具有商业属性的金融行业，也是中国历史上最古老的金融行业。

“典当”一词在汉语史上最初出现的时候，是指以物作为抵押借贷行为，亦即南朝宋·范晔《后汉书·刘虞传》中所记：“虞所赉赏，典当胡夷，瓒数抄夺之。”在此，“典当”这个双音合成词的“典”与“当”，是两个同义词素的并列。[①]

典当行为和活动导致典当机构的形成。有关典当机构的各种称谓用语，大都直接表现了典当行为和活动，亦显示着典当的基本性质与功能。这些传统称谓用语主要有：质、赘、典、当、解、押、典当，以及与之活动紧密关联的赎。于此，逐一略作考索分析。

[①] 唐·李贤的随文注云：“当，丁浪反，亦谓之为典。”清·郝懿行《证俗文》卷六释“典当”云：“俗以衣物质钱谓之为当，盖自东汉已然。”

在古汉语中，"质"与"贽"是两个以同一概念为中心的，音义相近的同源字。即如汉许慎《说文解字》卷六下所释，"质，以物相贽，从贝从所（音 zhi）"；"贽，以物质钱，从敖、贝。贽者，犹放，谓贝当复取之也"。尽管其间二字亦用作以人为质、贽，但其语源的本来的中心概念是以财物作为抵押贷取资金。其字形结构共同"从贝"可为显证，"贝"乃货币也。许慎说"贽者，犹放，谓贝当复取之"，其如何"复取"，乃为"赎"，此亦即清人段玉裁《说文段注》所云。"若今人之抵押也。……依《韵会补》，'放者当复还，贽者当复赎'，其义一也"，均以财物抵押借钱后可以取赎。对此，《说文解字》亦释云，"赎，贸也，从贝"。何为"贸"？其又释云，即"易财也，从贝"。可见，质、贽与赎之间，从来就是以财物的抵押放贷和赎取活动所建立的往来关系。

"典"与"当"的"质贽"意义，首先是以同义词素并列的双音合成词出现的，即《后汉书·刘虞传》所谓"虞所贽赏，典当胡夷"。单字为词的"质贽"义，以"当"在古文献中出现的为早，但是就"人质"抵押而言，如《左传·哀公八年》景伯请"释子服何于吴，吴人许之，以王子姑曹当之"。①此后，分别以单字为词示"质贽"而且是以财物抵押借贷之义，均始见于唐代文献。例如：唐·吕岩《七言》诗之一："一领布裘权且当，九天回日即归还。"唐·杜甫《曲江》诗之二："朝回日日典春衣，每日江头尽醉归。"自《后汉书》以降，文献中再次出现"典""当"并言的"典当"一语，已是十几个世纪后的明季，并从此广泛使用至今。例如，明·熊鸣岐《昭代璋》卷一称："凡私放钱债，及典当财物，每月取利并不得过三分。"清季以

---

① 晋·杜预注："鲁人不以盟为了，欲因留景伯为质于吴，既得吴之许，复求吴王之子以交质。"

后则广泛使用，迨至当今。如清·程趾祥《此中人语·张先生》言及"近来典当者最多徽人"，郝懿行《证俗文》卷六、顾禄《土风录》卷八之辑释"典当"，等等。如今，"典当行"和"典当"已写入法规作为规范性用语。

谓典当行为"解"，典当行为"解库"或"解典库"，始自宋代文献，且多见于宋元明三季笔记、小说和戏曲之中，清以来少用。张择端的著名风俗画长卷《清明上河图》，近卷尾的一座建筑的门首挑出一幅大书"解"字的招牌，显系"解库"标识。何以谓典当为"解"或"解库"？宋·吴曾《能改斋漫录·事始二》认为出自地域方言之别，"江北人谓以物质钱为解库，江南人谓为质库"。那么，江北人又何谓之"解库"呢？愚以为当由"解押""押解"语义衍化而来，《元典章·礼部二·牌面》中"解典质当"之说，已透示了这种衍化轨迹："今后军官敢有不虔，擅将所备牌面解典质当者，取问明白，即将所质牌面追给，仍断五十七下，削降散官一等。"① 由此，派生出了诸如解当、解当铺、解钱、解帖等语。

清以降，典当行为或活动又有"押""押当"之说，并以此称谓典当行，如"小押""押店"之类。例如《红楼梦》第七二回："暂且把老太太查不着的金银家伙，偷着运出一箱子来，暂押千数两银子，支腾过去。"又如薛福成《庸盦笔记·张汶祥之狱》："汶祥始为粤匪所虏，继而逃出宁波以押当贸利自给。值马公巡抚浙江，擒斩海盗颇众，复禁歇押当，汶祥益贫无赖，乃时思为海盗报仇。"再如清·陈盛韶《问俗录》卷五《小押》载："军流犯贫者成群，至僻乡小村……或腰有积金，即开小押为生，其息四分，其期三月。"谓"典当"为

---

① 《汉语大词典》卷十释"解典"云："解送典铺，抵押换钱。"所录书证乃《元典章》例，汉语大词典出版社 1992 年出版。

"押"，当缘其质押借贷性质而言。清末民初，名"押店""押铺"者，多属规模较小的典当，故有"小押"之谓，且多见于南方小市镇。

（二）典当的性质与功能

历代关于典当的称谓用语的核心语义概念，是以财物作为抵押进行限期有偿借贷的质贷。这一核心语义概念，明晰而确切地标志着典当行为、典当活动、典当机构和典当行业的性质与功能。就是说，它是一种经济行为，一种以互利为目的的具有商业属性的金融活动，一种以质贷为基本经营形式特征的，以金融活动为本的机构和行业。其根本的功能在于通过这种临时融资形式调剂资金的缓急余缺。即如杨肇遇《中国典当业》所言，"典当设立之宗旨"，在于"资金之融通"。[①]

典当行的性质，首先，典当行机构是一种以金融活动为本的金融经营机构。这一点，业已是一种共识。[②] 汉语中的"金融"一词出现较晚，据考认，始见于清代光绪年间的 20 世纪之初，即光绪二十七年（公元 1901 年）。而且是从日文中的汉字词语回译借用而来。[③] 不过，就"金融"一词所表示的货币资金融通这一概念而言，典当业属于金融行业这一性质则毫无疑义。其次，就其经营性质而言，则属以牟取利润为目的的商业性设施。这一点，同现代的商业银行是一致的。将传统典当行视为中国现代金融业的雏形或源头，主要

---

① 杨肇遇《中国典当业》第 3 页，商务印书馆（上海）1929 年出版。

② 例如：刘秋根《中国典当制度史》称："典当，即我们习闻的当铺，是一种以经营动产抵押借代为主的金融行业。"上海古籍出版社 1995 年出版。李沙《当铺》："当铺，亦称典当行，是专门收取抵押品而放款的特殊金融机构。"中国经济出版社 1993 年出版。

③ 详参潘连贵、范玫清《"金融"一词出现于何时？》文，《寻根》杂志 1997 年第 4 期，摘自《文汇报》。

基于这两点。

　　典当与现代银行在经营方式上是有所区别的。现代银行以信用贷款为主并以担保来减少风险；典当行直接以质押作为放贷的前提赖以最大限度地降低风险。历史上，以质贷为根本经营特征的典当业，亦有一些采用信贷方式的特别现象，名之曰信当。信当的抵押物品低于当值或仅以信誉担保向典当借贷，实质为信贷性质。甚至，仅以一纸"钱"字、"信"字便成为向典当借贷的凭证。[①] 清代的向典当"保揭"，亦属此类。[②] 不过，信当毕竟不合典当性质，更非常营主业。因而，清末民初时有的地方典当法规即明令禁止信当。如民国二年（公元 1913 年）江苏省修订前清"木榜规条"而成的《典当修正木榜规条》之第 5 条明确规定："当物眼同估值，不准信当、捱当。官物之可辨认者，概不准当。珍奇之物，不知价值者，不当。"信当既有悖典当业本来性质和经营范围，亦有扰乱金融秩序之虞。同时，亦可能因增加经营风险而危害典当业利益。

　　典当业的性质规定了它的基本功能在于以财物作为临时质押融通资金，以解决急需资金的窘困。历来典肆的有些传统楹联广告，说得至为清楚。且迻录数副如下：[③]

---

　　①元·秦简夫《晋陶母剪发待宾》杂剧第一折 [陶侃云]："今日太学中有一老先生，姓范名达，来到府学。个月期程，别的书生都请了他，止有小生不曾相请，便请可也无钱。小生也无计所奈，写了个钱字、信字。有个韩夫人，他是个巨富的财主，开着座解典库，小生将着这两个字，直至韩夫人家，折当了三五贯长钱来，请那范先生，也是小生出于无奈。"
　　②《曲阜孔府档案史料选编》第三编第 15 册的"顺治年间处理本府仆役讼案"中，即记有此类信当例，如当时的孔府家人张士瑚所言及："切有睢宁相礼生、陈维新央身作保揭到南阳义德典纹银一百两，三分行利。"
　　③杨肇遇《中国典当业》第五章，第 17 页，商务印书馆（上海）1929 年 10 月出版。捱当，强当。

济一朝燃眉之急；供万家不时之需

以质得财亲疏无异；因贫生息尔我相安

缓急相需非侠义；有无共济是真心

急处来当，亦缘彼此两便；缓时取赎，只因义利双全

事在危急，此间更有方便路；身居困海，吾家广告渡人舟

上裕国富，富时取物困时典；下济民急，急处当衣缓处赎

济困扶危，显接邦家高血脉；裕国便民，流通天地大精神

上输国课裕国富；下济民急慰民生

从以上这些典肆的楹联来看，典当业的根本在于调剂资金缓急。典当业作为一种高利贷金融行业之所以能够存在 1600 多年，而且在中国一度中断 30 年之后得以重新兴业，根本原因在于社会经济生活需求它这种便捷地调剂资金缓急的功能。至于世界上其他经济发达国家或地区的典当业仍然长盛不衰，亦在于此。

二、中国典当业的起源、流变史略（略）

这一章节，因与本书所收其他篇什有较大篇幅重复，故从略。

三、当代中国典当业的现状分析与评价

中国典当业经历了 1600 多年的兴衰沉浮之后，在中国重新出现已经又走过了 10 年的历程。那么，如何评价这短暂的历程呢？有必要就其现状略作一点分析和评价。

（一）取缔与复出

中国典当业的消失，是在新中国成立之初。"新中国建立不久，截至 50 年代后期，在汹涌澎湃的社会主义改造大潮中，通过公私合营的形式，我国千百年来历尽沧桑、盛衰不定的当铺，终于被人民革命政权画上了句号，从而成为历史的陈迹。"[1]

当初之所以被取缔，有学者提出："全国解放后，由于人们没有看到典当业存在的必要性，加之受'左'的思想的影响和长期对典当业利息剥削残酷性的不恰当的宣传，在人们心理上对典当业是憎恨的，认为它是部分居民贫穷的罪魁祸首，所以随着城市的解放，典当业都被取缔了。"[2] 姑且不论取缔典当的是与非，就其被取缔本身而言，当是其特定的历史背景决定了的。取缔典当的直接理由，在于它是一种高利贷行业。高利贷剥削与新民主主义革命时期的主张完全相悖，属被取缔的范畴，因而理所当然地遭到取缔的命运。而且，这种态势早在 20 世纪 30 年代即已有了先声。当时，在中国共产党领导的革命根据地，业已对高利剥削的典当业采取了限制、打击的革命行动。例如，1930 年 3 月，闽西第一次工农代表大会通过的《借贷条例》规定："典当债券取消，当物无价收回。"1931 年 11 月，第一次全国工农兵代表大会通过的《关于经济政策的决议案》规定：

---

① 李沙《当铺》第 37 页，中国经济出版社 1993 年出版。
② 黄鉴晖《中国银行业史》第 281—282 页，山西经济出版社 1994 年出版。

"取消过去一切口头的书面的奴役及高利贷的契约，取消农民与城市贫民对高利贷的各种债务；……应以革命的法律，严防并制止一切恢复奴役与高利贷关系的企图，城市与乡村贫民被典当的一切物品，完全无代价的归还原主，当铺应交给苏维埃。"① 凡此可见，在近代典当业走向衰落并被取缔。

　　几十年后的经济体制改革，为中国典当业的复出，提供了新的历史机遇。1987 年 12 月 30 日，四川成都华茂典当行成立；次年 2 月，浙江温州金城典当行成立。华茂、金城两家典当行的率先成立，标志了中国典当这一传统金融行业的复出，重新进入中国金融经济的舞台。据统计，截至 1995 年末，短短数年间全国共有经政府不同行政机构批准注册的各类典当行 3013 家，注册资本金总额约 9 亿元人民币。发展之迅速，复出态势之踊跃，分布地域之广泛，经营活动之活跃，呈现出一种迅猛的"复兴"趋势。根据中国人民银行 1996 年 4 月制定颁发的《典当行管理暂行办法》，经过一年多全国范围内的清理整顿和规范，已重新核准的典当行仍达 1350 余家，注册股本金总额 80 多亿元人民币，直接从业人员 10000 多人。

　　历史决定了当年中国典当业的取缔，历史也给了它复出或说"复兴"的机遇。典当业之所以在中国得以复出，简而言之，是适应现阶段社会主义市场经济发展的需要，是经济体制改革过程中金融体制改革的成果之一。

　　任何商业性金融机构的设立，都是适应市场经济需求的结果。如果不存在相应的市场需求，便失去了其设立之本。典当业的复出，亦不例外。相去几十年前被取缔的传统典当业，重新复出的典当业

---

　　① 转引自李沙《当铺》第 33—34 页，中国经济出版社 1993 年出版。

业已具有当代社会经济、文化和市场需求与制度规范的印记，形成了一些新旧典当业的异、同之处。

新旧典当业的基本共同之处，主要有三。首先，典当行业赖以存在的营业性质，仍然是以财物为质押，限期、有息的有偿借贷，而且仍然属于高利贷款融资。按照中国人民银行颁布的《典当行管理暂行办法》第六章第 32 条规定，"质押贷款的月利率，可以国家规定的同档次流动资金贷款利率为基础上浮 50%"，属于高利息的质押贷款。其次，新旧典当业在社会金融经济市场中，均处于非主导的地位，均属于非银行性质的金融机构。尤其是在现代银行业比较发达的今天，这种在金融市场中拾遗补阙的非主流性的辅助性地位，或说是经营的市场定位更为明显。第三，新旧典当业在社会经济生活中的功能及经营方针，均属一种灵活便利的调剂资金缓急余缺的非银行机构的融资渠道。这一点，也是其在当代金融经济体制改革中获得重出机遇的根本所在，即社会经济生活需求具有这种功能特点的非银行性质的融资机构。

新旧典当业的基本差别，大体主要为三个方面。首先，是社会的政治经济制度及开当资本金所有制性质的差别。在以往的封建社会或半封建半殖民地社会的政治经济制度下，由于开当资本金有寺库资本、官府资本、官僚资本、商人资本乃至殖民地中的外国商业资本（如东北沦陷时期的大兴公司典业及天津租界日本浪人的小押当等），因而有寺库质贷、皇当、官当、民当等多种所有制类型。典当业重新复出之初，有国有、集体、私有、个体多种所有制形式，但按照《典当行管理暂行办法》的规定，均规范为"比照有限责任公司形式组建"成股份制的"特殊金融企业"，并"禁止设立个体典当行"。这一点，是基于国家根据公司法规范各类企业公司而对典当业实施的规范措施之一。其次，经营范围及出当客户发生了变化。旧时代的典当业的经营收当范围，以衣物家具等日用品和金银珠宝贵重物品为主，少量为生产工具或生产资料，出当的客户大多是城乡贫民或一时拮据窘急的中产阶层；如今则主要收当生产工具、交通工具和生产资料，兼及金银珠宝饰物等贵重物品，一般衣物家具等日用品很少收当，出当的客户以中小企业、私营企业、个体企业或急需资金的贵重物品持有者为主，经常以典当维持生活的贫民客户出当率较低。第三，典当行的经常方式从封建社会的传统小生产的全封闭或半封闭化，转变为开放式、公开化的经营管理。完全淘汰了旧有习用的典当业隐语行话、当字、旧当票样式和用语，以及传统的行帮组织与行规，采用了现代企业会计制度和新当票（契约）。清季曾国藩出任两江总督时曾通令禁用当字，非但行不通还落下了笑柄。如今适应当代金融市场需求的典当业，已将其自然摒弃。

（二）发展趋势与规范

20 世纪 80 年代末至今典当业复出以来，发展态势迅猛，虽然经历了一段短暂的无序失控的起步阶段，但经过国家授权中国人民银行作为典当业主管部门以来，尤其是颁行《典当行管理暂行办法》并进行全国范围的清理整顿之后，复出的典当业开始在规范、有序的轨道上健康发展。可以预言，随着金融经济体制改革的不断深化和社会主义市场经济机制的日趋发育成熟与完善，中国的典当业的市场亦必将进一步扩大和活跃，典当业还将向前发展。这一发展态势，是国家经济发展方针和市场经济规律所决定的。一些经济比较发达国家或地区典当业盛衰的经验，也已为此提供了借鉴、佐证。

针对典当业复出的起步阶段的现状，中国人民银行作为典当业的主管部门不失时机地提出了"要从当地经济发展水平和业务需求状况出发，做到从严审批，总量控制，合理布局，稳步发展"的指导方针，对于有效地促进典当行业的适度、健康、有序发展，无疑具有十分重要的意义。《典当行管理暂行办法》一经颁行并着手实施清理整顿，就显示出了监管的效果。

为使现有典当业市场建立积极、健康的秩序和适应其进一步发展的要求，亟待进行和深化的，是如何规范化的问题。市场经济的核心机制，是竞争机制。要防止和控制无序化的、不正当竞争，必须实现科学、有效的规范。对于直接关系金融市场秩序的复出不久的典当业市场来说，规范不失为重头文章，重要课题。

如何完善和加强当前典当业及其市场的规范呢？我认为至少有如下几个方面需要注意到。

首先是法治化、制度化的规范，依法治典并使之制度化，是规范典当业及其市场的最基本的问题。20世纪80年代末典当业复出不久，业已反映出了市场、企业和从业者对出台相关法律、法规的急切需求。于是，在全国性的有关法规尚未制定颁行之前，一些省、市只好先行制定颁行了数种地方性法规，用以规范地方典当业市场。这一态势的本身，极好地说明着典当业市场规范对法律法规的关切和渴求。有志于在典当业干一番事业的从业者和政府监管人员，同样期望有关法律法规对典当市场的规范。法律法规不尽健全完善，不能到位，不仅致使从业者无所适从，遇到较复杂的典当纠纷亦难以有理有据地得到合理裁决。

其二，完善并强化各级政府主管机关的执法、监管系统，加大监管力度，真正使执法和监管到位，确保典当业市场的健康有序。坚决、严格执法，严厉查处，取缔无证的非法典当行，惩处典当行的违规经营，净化各地典当业市场。

第三，尽快建立健全全国和地方的典当行业协会，发挥行业组织的自律、协调及信息沟通、经验交流等功能，协助政府主管部门监管行业行为，维护典当业合法权益。健全的行业组织系统，是规范典当业市场的重要条件。

第四，有计划、分层次地加强各类监管、执法机关工作人员和典当行的各类从业人员，提高有关人员的基本专业素质，是规范典当业市场的基本保证。典当业重新复出时间尚短，无论对于监管、执法机关的有关工作人员来说，还是典当行从业人员，所能具备的典当专业知识都是十分有限的，很少具有比较系统专业知识者。据了解，尽管一些监管执法人员或有些从业者不仅具有高等教育学历或经济类专业技术职务任职资格证书，[①] 但典当毕竟是一门专业性较强的知识领域。只有具备了本领域的系统的专业知识，才能切实规范监管、规范从业。提高有关人员的专业素质水平，是确保监管机关和典当企业整体素质的基础。创建培训基地，采取多种渠道、多种形式进行系统化、正规化的"补课"培训，尽快建立实施从业人员"持证上岗"制度，已是规范全国典当业市场的当务之急。

此外，就是有关典当的理论研究问题，是保证典当业市场规范颇为重要的基本环节或方面。下面对此进行专题讨论。

---

① 据统计，1996 年 5 月出席首届潍坊典当业务专题研讨会的 22 家典当行，总经理平均年龄为 38 岁；具有经济类专业技术职务任职资格证书者为 16 人，占 73%。

（三）典当理论研究

1996 年 4 月 3 日，中国人民银行《关于下发〈典当行管理暂行办法〉的通知》中谈到，"鉴于典当行在我国社会主义制度下属于新生事物，无论在理论还是实践上，尚须逐步探索"。这个看法是切合实际的。

中国典当业已经有着 1600 多年的历史了，可谓历史悠久、源远流长。然而，关于典当的科学理论研究的历史却很短。据笔者迄今所知（见）的有关研究文献，关于中国典当的系统或专题研究始于 20 世纪 20 年代末、30 年代初。此前，基本属于零散片段言论、札记，再即业内流传下来的一些业内经验之类，如《当字谱》《当谱》《典务必要》《当行杂记》《典业须知录》之类。较早的专门调研文章，为 1929 年发表于《工商半月刊》第 1 卷第 23—24 号上的《上海典当押质之调查》。第一部典当研究专著，是商务印书馆 1933 年出版的杨肇遇所著《中国典当业》；随后，中山大学调查处于 1933 年印行了区季鸾的《广东典当业》，商务印书馆于 1936 年又出版了宓公干的《典当论》。第一部中国典当史研究专著，为上海文艺出版社于 1993 年 1 月作为《中国社会民俗史从事》一种出版的拙著《中国典当史》。也就是说，中国典当理论研究的历史迄今不过将近 70 年。

近 70 年的中国典当研究历程中，总计出版理论研究专著和有关知识读本约 15 种（含日本出版 1 种），发表学术论文、调研报告及史料等类文章 100 多篇。平心而论，相对中国典当业的悠久历史而言，这些研究成果实在是不多，不成应有的比例，但却是现代典当理论研究应予珍视的基础性成果。如今，我们需要在这些既有的成果基础上，结合当代实际进行新时期的典当理论研究，开创典当这一科学研究领域的新时代。

综观以往近 70 年的中国典当研究，大致可以发现如下一些特点。从 20 世纪 30 年代至 40 年代末，适值中国典当业衰落时期而政府又极力倡导发展农村典当之际，这期间的典当研究以调查分析探讨实际问题为主，多属应用性质的理论研究，以描述、分析性研究成果居多。此间的代表性著述，如《中国典当史业》《广东典当业》《典当论》《北京典当业之概况》《天津典当业之研究》《农村典当业的崩坏及其对策》《我国典当业之检讨》《中国典当业资本之分析》《江苏典当之衰落及问题》，等等。此为第一阶段，大约 20 年。

中国典当研究的第二阶段，是从 20 世纪 50 年代至 80 年代中叶。这一阶段大约 30 余年，背景是中国的典当业被取缔的时代。这一时期的研究，只要侧重于典当史的研究。其成果大致有两种类型。一种是关于典当史的理论研究，主要有罗炳绵的《清代以来典当业的管制及其衰落》《近代中国典当的社会意义及其类别与捐税》《近代中国典当业的起源和发展》《中国典当业的起源和发展》，陈国灿的《西夏天庆年间典当残契的复原》，果鸿孝的《清代典当史的发展及作用》，韦庆远的清代典当制度研究系列论文如《论清代的"皇当"》《论清代的"生息银两"与官府经营的典当业》《论清代的典当业与官僚资本》，等等。另一种主要是以民国时期典当从业人员的自述回忆录为主的文史资料，如王子寿的《天津典当业四十年的回忆》，高叔平的《北京典当业内幕》，段占高的《祁县复恒当从业亲历记》《我所目睹的复恒当号规》，姜樵林的《一个当铺伙计的见闻》，廉宗渭、王恩贵的《我住当铺生涯的回忆》，张恩忠的《我在"大兴当"工作的一段经历》，等等。

中国典当研究的第三阶段，是 20 世纪 80 年代末至今，亦即中国典当业复出的 10 年。这 10 年的中国典当研究，主要表现为典当史的理论研究和面对典当业复出诸种实际问题的应用研究。这一时期的典当史理论研究，也主要是针对典当业复出这一现实而进行的具有为现实应用服务的基础研究。其主要成果有曲彦斌的《中国典当史》，李沙的《当铺》，以及刘秋根的《中国典当制度史》等。此间的应用性研究成果，主要如《典当古今谈》《中国典当拍卖业复兴的社会学思考》，雷德的《话说典当》，徐谨的《对典当的法律认识》，史浩敏的《论对典当业的法律调整》，薛军的《对典当的立法思考》，刘自晋、牟秀民的《浅谈房屋典当中的"绝卖"概念》，李婉丽的《中国典权法律制度研究》，以及陈开欣主编的《典当知识入门》，陈益民的《典当与拍卖》等几种典当基础知识读本。

无论相对第一阶段亦即民初的研究状况而言，还是就当前典当业复出的实际需要来讲，现阶段应用性研究是比较薄弱的。毋庸讳言，目前典当理论研究总体水平滞后于现实行业发展的要求，尚难以适应理论指导实践的需要。究其原因是很多方面的，主要是长期以来典当基础理论建设的本身尚未获得科学规范，形成专业理论体系；典当专业学者队伍薄弱、零散，不成规模，缺少一定数量和质量的具有专长的专业学者和专业研究机构；对当代典当业复出、发展的姿态评估不足，缺乏科学预测，以及对理论研究重视程度不够，等等。

中国典当业的付出的实现和未来的发展，渴待并呼唤着典当理论研究的指导、支持与规范。典当理论研究所面临的现实急需完成的课题很多，需要理论工作者回答、阐释和为有关决策、操作提供科学咨询、指导的事项千头万绪，其中最核心的课题是在总结历史、面对现实的基础上，借鉴经济学、金融学理论，构建中国典当学的科学理论体系，以不断完善的典当学科理论具体指导典当业监管与从业实践。

典当学以典当原理、活动机制、规律和典当业的经营管理及规范为主要研究对象，借鉴经济学、金融学及社会学等相关学科的科学方法，研究典当的社会功能、操作的制度规则、制定修订有关法律法规、预测发展趋向、指导从业及政府监管实践。典当学理论是指导从业者规范行业行为的基础，是科学监管典当业经营活动的理论依据，也是社会各界正确认识典当业和典当行为的基础知识读本。目前，编著《中国典当学概论》或《典当学教程》不仅仅是一种现实需要，其条件也日益成熟，因而，需要典当学专家同相关学科、领域学者和典当主管机关、有见识的典当从业人员的通力协作，共同促成一部比较完善而适合应用的，在中国典当史上具有划时代意义的《中国典当学概论》尽早诞生，这将是中国典当学这一金融学重要分支学科正式确立的基本标志。同时，这也是典当学科理论工作对中国典当业的适时复出与规范发展，对中国经济和金融体制改革的最根本的支持和重要贡献。

我本人是在中国典当业复出的两年后正式着手典当研究的。1991 年 1 月 20 日，我在为刚杀青的《中国典当史》撰写的跋文中谈道："时下，适值典当业刚刚复兴之际，亟须在充分调查研究的同时展开必要的理论研究，以利有关政策、制度的制定，指导其健康发展，在实现社会发展中发挥应有作用。在此意义上，本书的出版，正是在于完成一项基础性的准备工作。为实现服务，亦即我研究这一课题的初衷之一，期待它能发展这种效应。"此言 8 年之后亦即典当业复出 10 年之际，我在感到当初所言是对的同时，亦深切感到深化典当理论研究和创建中国典当学的社会迫切需要，也是我们这一代典当学者肩负的学术重任。我深信，有各方面的支持和学者们的发愤努力，中国典当理论工作一定会有更高质量、更高水平的成果贡献给社会，贡献给这跨世纪前进的时代。

1998 年 5 月 25 日

论"典当"与"典当学"

一、中国典当业史及典当研究史的简略回顾

河南大学刘秋根教授最近在台湾一份著名史学杂志上发表的论文《关于中国典当史的几个问题——兼评〈中国典当手册〉及其他三种》①,对拙著《典当史——中国典当业的历史考证》②、香港学者罗炳绵的论文《中国典当业的起源和发展》③,以及我主编的《中国典当手册》④中的有关中国典当业起源见解,提出了商榷、批评。刘氏见解自有其一定道理,当然亦存在诸多值得进一步商榷之处,且留待另文专门进行讨论辩证。

关于中国典当业的起源问题,仁者见仁,智者见智,迄今仍是学术界众说纷纭存在较大意见分歧的问题。我把中国典当业的历史

①《新史学》第十三卷第二期。
②即《中国典当史》,上海文艺出版社 1993 年出版。
③载《食货》杂志 1987 年 10 月第 7、8 期。
④辽宁人民出版社 1998 年出版。

总体地、简要地概括为八句话，这就是：

初见萌芽于两汉，肇始于南朝寺库；
入俗于唐五代市井，立行于南北两宋；
兴盛于明清两代，衰落于清末民初；
复兴于当代改革，新世纪有序发展。

　　具体地展开一些来说，却不是三言两语、几句话所能详尽的了。譬如"初见萌芽于两汉，肇始于南朝寺库"这两句，讲的便是中国典当业的起源问题。在这里，只是就一般而言地展示大体发展脉络罢了。

　　这里着重要说的是，面对有着1600多年历史的中国典当业而言，学界的典当理论研究状况如何？1996年4月3日，中国人民银行《关于下发〈典当行管理暂行办法〉的通知》中谈到，"鉴于典当行在我国社会主义制度下属于新生事物，无论在理论还是实践上，尚须逐步探索"。1998年秋，在纪念中国典当业复出十周年的全国理论研讨会（大连会议）上，我曾经谈到，典当理论研究尚显滞后。在最近举行的以纪念中国典当业复出十五周年为主题的"2002中国典当论坛"会议上，有业内人士再次提到了这个问题。这些看法是切合实际的。因为，在中国典当业"断档"多年之后重新复出，而且新时代的典当业应当如何发展、政府有关部门应予如何监管，一时间成了"新问题"。而国内典当学术界的现状呢？首先是全国根本就没有几位这方面的专家。在此情况下，典当理论研究怎能不滞后呢？

　　中国典当业已经有着1600多年的历史了，可谓历史悠久。源远流长。然而，关于典当业科学理论研究的历史却很短。有关文献表明，关于中国典当的系统或专题研究始于 20 世纪的 20 年代末、30 年代初。此前，基本属于零散片段言论、札记。再即业内流传下来的一些经验记录之类，如《当字谱》《当谱》《典务必要》《当行杂记》《典业须知录》之类。较早的专门调研文章，为 1929 年发表于《工商半月刊》第 1 卷第 23—24 号上的《上海典当押质之调查》。第一部典当研究专著，是商务印书馆 1933 年出版的杨肇遇所著《中国典当业》；随后，中山大学调查处于 1933 年印行了区季弯的《广东典当业》，商务印书馆于 1936 年又出版了宓公干的《典当论》。第一部中国典当史研究专著，为上海文艺出版社于 1993 年 1 月作为《中国社会民俗文丛书》一种出版的拙著《中国典当史》。也就是说，中国典当理论研究的历史迄今不过将近 70 年。

近 70 年的中国典当研究历程中，总计出版理论研究专著和有关知识读本约 20 种，发表学术论文、调研报告及史料等各类文章约 100 篇。相对中国典当业的悠久历史而言，这些研究成果实在是不多，不成应有的比例，但却是现代典当理论研究应予珍视的基础性成果。如今，我们需要在这些既有的成果基础上，结合当代实际进行新时期的典当理论研究，开创典当这一科学研究领域的新时代。

综观以往近 70 年的中国典当研究，大致可以发现如下一些特点。从 20 世纪 30 年代至 40 年代末，大约 20 年，为第一阶段。此间，适值中国典当业衰落时期而政府又极力倡导发展农村典当之际，这期间的典当研究以调查分析探讨实际问题为主，多属应用性质的理论研究，以描述、分析性研究成果居多。此间的代表性著述，如《中国典当史业》《广东典当业》《典当论》《北京典当业之概况》《天津典当业之研究》《农村典当业的崩坏及其对策》《我国典当业之检讨》《中国典当业资本之分析》《江苏典业之衰落及问题》，等等。

中国典当研究的第二阶段，是从 20 世纪 50 年代至 80 年代中叶。这一阶段大约 30 年。背景是中国的典当业被取缔的时代。这一时期的研究，主要侧重于典当史的"文史性"研究。其成果大致有两种类型。一种是关于典当史的理论研究，主要有罗炳绵的《清代以来典当业的管制及其衰落》《近代中国典当的社会意义及其类别与捐税》《近代中国典当业的起源和发展》《中国典当业的起源和发展》，陈国灿的《西夏天庆年间典当残契的复原》，果鸿孝的《清代典当史的发展及作用》，韦庆远的清代典当制度研究系列论文如《论清代的"皇当"》《论清代的"生息银两"与官府经营的典当业人》《论清代的典当业与官僚资本》，等等。另一种主要是以民国时期典当从业人员的自述回忆录为主的文史资料，如王子寿的《天津典当业四十年的回忆》，高叔平的《北京典当业内幕》，段占高的《祁县复恒当从业亲历记》《我所目睹的复恒当号规人》，姜樵林的《一个当铺伙计的见闻》，廉宗渭、王恩贵的《我住当铺生涯的回忆》，张恩忠的《我在"大兴当"工作的一段经历》，等等。

中国典当研究的第三阶段，是 20 世纪 80 年代末至今。亦即典当业复出的 10 年。这 10 年的中国典当研究，主要表现为典当史的理论研究和面对典当业复出诸种实际问题的应用研究。这一时期的典当史理论研究，也主要是针对典当业复出这一现实而进行的具有为现实应用服务的基础研究，其主要成果有曲彦斌的《中国典当史》，李沙的《当铺》，以及刘秋根的《中国典当制度史》等。此间的应用性研究成果，主要如曲彦斌的《典当古今谈》《中国典当拍卖业复兴的社会学思考》，雷德的《话说典当》，徐谨的《对典当的法律认识》，史浩敏的《论对典当业的法律调整》，薛军的《对典当的立法思考》，刘自普、牟秀民的《浅议房屋典当中的"绝卖"概念》，李婉丽的《中国典权法律制度研究》，以及陈开欣主编的《典当知识入门》，陈益民的《典当与拍卖》，林日葵的《走进典当时代》《画说典当》和《现代典当拍卖新论》等。

　　无论相对第一阶段亦即民初的研究状况而言，还是就当前典当业复出的实际需要来讲，现阶段应用性研究是比较薄弱的。毋庸讳言，目前典当理论研究总体水平滞后于现实行业发展的要求，尚难以适应理论指导实践的需要。究其原因是多方面的，主要是长期以来典当基础理论建设的本身尚未获得科学规范，形成专业理论体系；典当专业学者队伍薄弱、零散，不成规模，缺少一定数量和质量的专业学者和专业研究机构；对当代典当业复出、发展的态势评估不足，缺乏科学预测，以及对理论研究重视不够，等等。

　　1987 年 12 月，以四川成都华茂典当行的成立为标志，古老的典当业在中国当代经济改革舞台上复出了，为中国典当史谱写了崭新的一页。中国典当业复出的现实和未来的发展，渴待并呼唤着典当理论研究的指导、支持与规范。典当理论研究所面临的现实急需完成的课题很多，需要理论工作者回答、阐释和为有关决策、操作提供科学咨询、指导的事项千头万绪，其中最核心的课题是在总结历史、面对现实的基础上，借鉴经济学、金融学理论，构建中国典当学的科学理论体系，以不断完善的典当学科学理论具体指导典当业监管与从业实践。

　　典当学以典当原理、活动机制、规律和典当业的经营管理及规范为主要研究对象，借鉴经济学、金融学及社会学等相关学科的科学方法，研究典当的社会功能、操作的制度规则、制定修订有关法律法规、预测发展趋向、指导从业者及政府监管实践。典当学理论是指导从业者规范行业行为的基础，是科学监管典当业经营活动的理论依据，也是社会各界正确认识典当业和典当行为的基础知识读本。目前，编著《中国典当学概论》或《典当学教程》不仅仅是一种现实需要，其条件也日益成熟。因而，需要典当学专家同相关学科、领域学者和典当主管机关、有见识的典当从业人员的通力协作，共同促成一部比较完善而适合应用的、在中国典当史上具有划时代意义的《中国典当学概论》尽早诞生，这将是中国典当学这一金融学重要分支学科正式确立的基本标志。同时，这也是典当科学理论工作对中国典当业的适时复出与规范发展，对中国经济和金融体制改革的最根本的支持和重要贡献。

我本人是在中国典当业复出的两年后正式着手典当研究的。1991 年 1 月 20 日，我在为刚杀青的《中国典当史》撰写的跋文中谈到："时下，适值典当业刚刚复兴之际，亟须在充分调查研究的同时展开必要的理论研究，以利有关政策、制度的制订，指导其健康发展，在现实社会发展中发挥应有作用。在此意义上，本书的出版，正是在于完成一项基础性的准备工作。为现实服务，亦即我研究这一课题的初衷之一，期待它能发生这种效应。"此言 8 年之后亦即典当业复出 10 年之际，我在感到当初所言是对的同时，亦深切感到深化典当理论研究和创建中国典当学的社会迫切需要，也是我们这一代典当学者肩负的学术重任。我深信，有各方面的支持和学者的发愤努力，中国典当理论工作一定会有更高质量、更高水平的成果贡献给社会，贡献给这跨世纪前进的时代。

二、典当的性质与市场定位

中国的典当业，坎坎坷坷、起落沉浮，走过了1600年。

尽管如此，当社会文明进程迈入现代文明的今天，她还能够在现代社会的经济舞台上重新占有一块尽管很微小、但却令人瞩目的市场空间，说明这个不断进步着的社会生活还在需要她。需要她什么呢？显然，需要她服务市场的功能。她能够服务于市场的功能，是其基本性质所决定了的。而这个基本性质，也正是决定其市场定位的最重要的因素。

典当，是主要以财物作为质押而有偿有期借贷融资的具有浓厚商业色彩的金融经营机构，是中国乃至世界历史上最为古老的非银行性质的金融行业，也是现代银行业的雏形和源头。按照现行的《典当行管理办法》，典当行属于"特殊的工商企业"。

典当是社会发展到一定时期的历史产物。无论历来人们对其或贬或褒如何评说，这个非主导性的民间金融行业，一直延续了十几个世纪，直到现代银行等金融业比较发达的今天仍然在社会经济生活中占有一定的位置，充分说明典当以其低风险经营来便捷地调剂资金余缺缓急的功能特点，在古今社会生活中均难以为其他金融机构所取代。

任何商业机构的设立，都是适应市场经济需求的结果。如果不存在相应的市场需求，便失去了其设立之本。中国典当业的复出，亦不例外。相去几十年前被取缔的传统典当业，重新复出的中国典当业业已具有当代社会经济、文化和市场需求与制度规范伪印记，形成了一些新旧典当业的异、同之处。

新旧典当业的基本共同之处，主要有三。首先，典当行业赖以存在的营业性质，仍然是以财物为质押，限期、有息的有偿借贷，而且仍然属于高利贷款融资。其次，新旧典当业在社会金融经济市场中，均处于非主导的地位，均属于非银行性质的金融机构。尤其是在现代银行业比较发达的今天，这种在金融市场中拾遗补阙的非主流性的辅助性地位，或说是经营的市场定位更为明显。第三，新旧典当业在社会经济生活中的功能及经营方针，均属一种灵活便利的调剂资金缓急余缺的非银行机构的融资渠道。这一点，也是其在当代金融经济体制改革中获得重出机遇的根本所在，即社会经济生活需求具有这种功能特点的非银行性质的融资机构。

新旧典当业的基本差别，大体主要为三个方面。首先，是社会的政治经济制度及开当资本金所有制性质的差别。在以往的封建社会或半封建半殖民地社会的政治经济制度下，由于开当资本金有寺库资本、官府资本、官僚资本、商人资本乃至殖民地中的外国商业资本（如东北沦陷时期的大兴公司典业及天津租界日本浪人的小押当等），因而有寺库质贷、皇当、官当。民当等多种所有制类型。中国典当业重新复出之初，有国有、集体、私有、个体多种所有制形式。但按照《公司法》和《典当行管理办法》的规定，均规范为"有限责任公司形式组建"成股份制的"特殊工商企业"。这一点，是基于国家根据公司法规范各类企业公司而对典当业实施的规范措施之一。其次，经营范围及出当客户发生了变化。旧时代的典当业的经营收当范围，以衣物家具等日用品和金银珠宝贵重物品为主，少量为生产工具或生产资料，出当的客户大多是城乡贫民或一时拮据署急的中产阶层；如今则主要收当生产工具、交通工具和生产资料，兼及金银珠宝饰物等贵重物品，一般衣物家具等日用品很少收当，出当的客户以中小企业、私营企业、个体企业或急需资金的贵重物品持有者为主，经常以典当维持生活的贫民客户出当率较低。第三，典当行的经营方式从封建社会的传统小生产的全封闭或半封闭化，转变为开放式、公开化的经营管理。完全淘汰了旧有习用的典当业隐语行话、当字、旧当票样式和用语，以及传统的行帮组织与行规，采用了现代企业会计制度和新当票（契约）。清季曾国藩出任两江总督时曾通令禁用当字，非但行不通还落下了笑柄。如今适应当代金融市场需求的典当业，已将其自然摒弃。

不久前，在《弘扬传统典当文化，造就现代文明新典当——"2002 中国典当论坛"开幕词》中，我提出一个行业所面临的新的课题，那就是，如何弘扬传统典当文化，造就现代文明新典当。我认为，传统典当文化也是值得关注的有益于行业自身发展建设和有益于社会文明进步的行业文化，企业文化。缺乏良好文化素质的行业，只能是急功近利的、没有前途的"土老帽儿"行业。对于具体的企业来讲，也是同样的道理和规则。

人所共知，典当业的行业形象一向不够好，总有一个高柜台、刁朝奉的奸商形象阴影伴随着似的。在今天这样新旧典当行亦有很大区别的时代，应当正视历史形成的事实和影响。所以，要想营造现代典当行业的美好新型象，就像传统当铺门前的楹联说的那样，"上输国课裕国富；下济民急慰民生"，"济困扶危，显接邦家高血脉；裕国便民，流通天地大精神"，弘扬传统典当文化，造就现代文明典当新形象。

典当业的根本社会功能在于调剂资金缓急余缺，是其市场定位之所在。这个一向被视为"高利贷"的行业之所以能够存在、延续1600 多年，而且中国一度中断 30 年之后得以复兴，根本原因在于社会经济生活需求它这种便捷地调剂资金缓急的功能。世界上其他经济发达国家或地区的典当业迄今仍然长盛不衰，根本原因亦在于此。我觉得，这些楹联所反映的传统典当文化还没过时，还具体地体现着这个行业的社会功能与行业精神。要用优秀的传统文化营养自身、自我教育，同时又营养社会、教化社会。典当文化亦不例外。尤其典当业，自古就是以慈善事业起步，由儒商经营发展过来的行业。中国历史上恐怕只有一个行业的学徒称作"学生"，那就是典当业。不仅从事典当业务需要文化，更在于这个行业的一个优秀的传统是注重文化，是一个特别注重文化的行业。因而，现代的典当经营管理者、从业人员本身就更应是高素质的现代企业家。要通过弘扬传统典当文化，提高行业素质，规范经营，正确处理好义与利的关系，服务社会，进而造就现代文明典当新形象。弘扬传统典当文化，为中国典当业的健康有序发展，为社会创造更大的效益！在此社会氛围之下，典当业才商机多多，为社会贡献多多。

三、典当学的形成及其基本原理

中国典当业的复出的现实和未来的发展，渴待并呼唤着典当理论研究的指导、支持与规范。典当理论研究所面临的现实亟需完成的课题很多，需要理论工作者回答、阐释和为有关决策、操作提供科学咨询、指导的事项千头万绪，其中最核心的课题是在总结历史、面对现实的基础上，借鉴经济学、金融学理论，构建中国典当学的科学理论体系，以不断完善的典当学科学理论具体指导典当业监管与从业实践。在中国历史乃至世界史上，典当是一种古老的经济活动和行业。在中国和世界科学史上，典当学是一门刚刚构建而有待完善和深化的新学科。

我在 1998 年 5 月撰写的《略论中国典当业的历史与现实——兼"中国典当学"刍议》长文中，首次提出了建立典当学的命题。文中谈到①：

> 中国典当业的复出的现实和未来的发展，渴待并呼唤着典当理论研究的指导、支持与规范。典当理论研究所面临的现实急需完成的课题很多，需要理论工作者回答、阐释和为有关决策、操作提供科学咨询、指导的事项千头万绪，其中最核心的课题是在总结历史、面对现实的基础上，借鉴经济学、金融学理论，构建中国典当学的科学理论体系，以不断完善的典当学科学理论具体指导典当业监管与从业实践。

典当学以典当原理、活动机制、规律和典当业的经营管理及规范为主要研究对象，借鉴经济学、金融学及社会学等相关学科的科学方法，研究典当的社会功能、操作的制度规则、制定修订有关法律法规、预测发展趋向、指导从业及政府监管实践。典当学理论是指导从业者规范行业行为的基础，是科学监管典当业经营活动的理论依据，也是社会各界正确认识典当业和典当行为的基础知识读本。目前，编著《中国典当学概论》或《典当学教程》不仅仅是一种现实需要，其条件也日益成熟。因而，需要典当学专家同相关学科、领域学者和典当主管机关、有见识的典当从业人员的通力协作，共同促成一部比较完善而适合应用的，在中国典当史上具有划时代意义的《中国典当学概论》尽早诞生，这将是中国典当学这一金融学

---

① 此系《中国典当手册》前言，见第 33—34 页，辽宁人民出版社 1998 年出版。

重要分支学科正式确立的基本标志。同时，这也是典当科学理论工作对中国典当业的适时复出与规范发展，对中国经济和金融体制改革的最根本的支持和重要贡献。

如今出版的《中国典当学——典当学原理教程》[1]，便是这种努力实践的初步结果。书中，反映了这一时期我们对典当学基本理论框架的初步思考。

什么是典当学？其研究对象、性质和任务是什么呢？简言之，典当学就是进行典当理论与实践研究的一门社会科学。典当学以典当原理、活动机制、运行规律和典当业的经营管理及规范为主要研究对象，借鉴经济学、金融学及社会学等相关学科的科学方法，研究典当的社会功能、操作的制度规则、有关法律法规、预测发展趋向、指导从业及政府监管实践。典当学理论是指导从业者规范行业行为的基础，是科学监管典当业经营活动的理论依据。

典当是社会经济生活中兼具商业属性的金融活动和机构，因而，典当学是一门同经济学、金融学以及社会学等密切相关的边缘性学科，其科学研究领域是个同相关学科交叉关联的领域。相关学科从各自视点进行典当研究，并关注和借鉴典当学研究成果；典当学积极借鉴相关学科的典当研究成果，多方位、多视点地进行典当的综合研究，进而构建、充实本学科的理论建设和应用研究。

典当学与经济学。典当业是应社会经济生活的需要而产生的，其一经产生便成为社会经济生活整体的一个有机组成部分。在社会经济生活中，典当的有期有偿服务的经营活动，以及当物的评估、绝当物的变卖拍卖处理，使之兼具较强的商业属性，连同其社会功

---

[1] 河北人民出版社 2002 年出版。

能，同历代国计民生发生了不同程度的关联。因而，成为经济学与典当学共同的研究领域。

典当学与金融学。金融学是经济学的重要分支学科和相邻学科。典当作为一种主要以质押贷款为融资形式，其根本的属性是一种金融活动。传统典当业是现代金融业的鼻祖和雏形，现代典当行是非银行性质的金融机构；这些，决定了典当是金融学和金融史学的主要研究领域之一，典当学则是专门以典当和典当相关事物为研究对象的专业学科。

典当学与社会学等。典当活动是社会生活的一部分，一部完整的社会生活史之中包括典当史。从社会价值观念、社会心理考察典当活动及其社会功能，从典当活动透析社会生活，是社会学的重要视点。长期以来，典当主要处于非主流的民间金融活动和机构的层面，这一定位以及传统典当业的行业社团组织、行规、行话、当行职事习俗等，均属民俗学所关注的研究领域。中国学术史上的第一部《中国典当史》专著，即出自民俗生活史视点对典当这一古老的民间金融商业行业的关注，撰写并作为"中国社会民俗史丛书"的一种出版。

相关科学领域有关典当的研究，为典当学的形成作了极有意义的科学积累，而且还将继续为典当学的科学体系的完善与深化源源不断地提供丰富的营养，不断充实典当学的建设与发展。

以中国典当业的历史与现实为文本构建的典当学理论体系，是中国典当学。

中国典当学不是孤立存在的，是在世界典当史、典当理论与实践的背景下主要立足于中国典当研究的典当学。中国典当学在主要立足于本国典当研究的前提下，积极关注并借鉴、吸纳世界各国的典当理论与实践经验；作为具有悠久文明史和典当学发达史的国家的典当学，是世界典当学领域的一支重要的有机组成部分。中国典当的建立与发展，将为世界典当研究和各国典当业做出有益的理论贡献，提供可资参考借鉴和交流的实践经验。

相关学科对同一事物的关注与研究，采取的是各自不同视点的需要；有关这一事物的专门学科的形成，要求其对这一事物进行多视点的综合性系统研究。

典当学之于典当的研究，是对典当的多视点的综合性系统研究。典当学作为一个相对独立的科学系统，主要由典当史学、理论典当学、典当法学和应用典当学四个分支部分构成。每个分支领域的科学研究，均有其主要的研究对象、研究方法和科学意义。

第一，典当史学。典当史学以典当的产生、发展的流变历史为主要研究对象，通过对各类有关历史文献的发掘考证，正确地描述、阐释典当史，在分析、归纳中发现其运动规律，进而为理论典当学、典当法学和应用典当学研究奠定基础，提供借鉴和历史依据。很难设想，连一种事物的基本历史都未能廓清，如何进行其理论的和应用的研究。

在研究中国典当史的同时，也应进行世界典当史的研究，将本国典当史置于世界典当史中去进行纵横比较研究，从而把握典当业兴衰流变的总体规律和值得注意分析的个案案例。

第二，理论典当学。如果说典当史学相对是静态的研究领域，那么，理论典当学和应用典当学则属于相对动态的研究领域。

理论典当学的研究对象，主要是典当的性质、原理、社会功能、活动机制、特点，典当在社会经济、金融乃至国计民生中的定位、作用，典当与社会生活的关系，既要发掘典当史上的零散的理论思想、观点，也要借鉴利用运用现代社会科学乃至自然科学的理论、方法和成果，还应注意关照并有选择地参考借鉴国外的典当理论研究成果。

如何把握理论典当学与现实应用的关系呢？典当学是一门偏重为现实应用服务的科学，因而其理论典当学研究必须关注典当活动在社会发展中的各种动态趋向和变化，并及时地给予科学的阐释、理论指导和预测，在社会实践中不断完善、深化和发展典当学理论。

第三，典当法学。典当活动和典当业的经营要依法行事。尽管目前我国尚未设立专门性的典当法，但典当行的注册成立和经营，均以有关法律、法规为依据进行，比较直接的是《中华人民共和国担保法》有关条款的规定，以及中华人民共和国公安部1995年9月15日颁布的《典当业治安管理办法》，中国人民银行1996年4月3日颁布的《典当行管理暂行办法》等。

典当活动和典当业的经营，涉及的法律、法规较多，例如民法、刑法、担保法、公司法、合同法、拍卖法、银行法，等等，主要是有关经济、金融方面的法律和法规。典当法学，是主要研究有关典当活动、典当业经营的法律、法规。物权法、担保法等有关质押、抵押的法理与规范，是典当法学研究的基本内容。因为，它直接关系典当的性质、经营机制及经营管理，以及有关典当法律、法规制度的制订和实施。

典当法学研究有关法律、法规制度的目的，既在于探讨相关的法理和法律依据，协助国家有关方面制订、完善有关典当的法律法规，以此来规范行业行为，规避、化解经营中的关系法律制度方面的风险；同时，也在于规范典当业市场，维护法律制度所规范的金融秩序和社会经济生活秩序。

借鉴古今中外有关典当的法律、法规制度，制订、完善合乎实际、切实可行的、科学的典当法律或法规制度，是典当法学长期的任务。在现行有关法律、法规尚未建立或有待完善的情况下，这个任务尤其繁重而富有实践意义。

第四，应用典当学。应用典当学以典当活动和典当业的经营管理为主要研究对象，是典当学直接介入并指导实践的分支研究领域，是典当学作为一门应用性较强的科学的直接体现，直接体现出典当学研究的主要科学价值和社会意义。

应用典当学突出关注的内容是典当业的经营管理，典当业务操作，典当行的设置布局与监管，典当业务的风险与防范，典当契约与财务制度，典当活动中的当物鉴定、评估和保管技术，典当市场分析，阶段性的典当业发展分析评价，行业总体发展的中短期预测，以及典当企业文化建设，等等。为此，应用典当学研究要根据具体的研究内容、目标，采用切合实际的科学方法，如实地调查法，问卷调查法，定量分析法，定性分析法，综合归纳法，乃至建立数理模型等。①

这一理论建设，已经获得了有关方面的响应和认可。有的高校的相关专业已经开设了典当学课程，也有的相关大学正在以此为基础积极创造条件设立典当专业。还有的典当行经营管理者在进行理

---

① 近年来，美、俄等国典当业均有采用建立有关数理模型进行典当财务管理和市场分析的实例。

论探索中，也开始切入了典当学的理论性思考①。凡此说明，中国典当学的适时建立是社会生活的要求，是典当科学理论研究发展到现阶段的结果，不仅适应了中国典当业适时复出与规范发展要求，也是对中国现阶段经济和金融体制改革的应有的支持和贡献。

原载《湖北经济学院学报·中国典当》2005 年第 1 期

---

① 例如，杭州国信典当行经理林日葵所著《现代典当拍卖收藏新论》的第八篇文章为《关于建立典当学的有关问题》。作者在自序中谈到"本书搜集了 21 篇短文和一个附录。其中有已经发表过的，有未曾发表过的。内容包括典当、拍卖和收藏三个方面。时间上集中在 1999 年和 2000 年这两年。本书实际上也是我研究典当、拍卖、收藏理论和实际问题的一个论文集。我出版这本书的目的是为了推动理论界、典当界、拍卖界和收藏界的同仁们共同探讨和研究典当、拍卖、收藏这方面的问题，促进典当和拍卖理论体系和学科的建立和发展"。《现代典当拍卖收藏新论》，中国工商出版社 2001 年 5 月出版。

"典当学"视野下的"典当"与"典当行"

关于"典当"的概念，一向以来都处于十分混乱的状态，甚至是各种各样的误解、偏见，形成了一种"社会性的常识空缺"。可以说，这是直接关系到今天新兴典当业的性质乃至生存与发展的最为关键的一个基本理论问题。

在此，主要是通过所辑录的各类辞书的"典当"释文来考察和讨论"典当"概念的变迁，并加以辨析，提出粗浅的一得之见，以供深入研究的参考。

通过考察，我们不难发现这数种"权威性"辞书有关"典当"概念的解释、界定，主要有这么几个特点。

1. 带有强烈的世俗误解或政治偏见，比如，认为典当是一种高利贷剥削行为，典当行是高利剥削机构；

2. 对"典当"的性质、属性界定不清或说错误，比如，把它的"质押"性质说成"抵押"，《中国大百科全书·经济学卷·典当》明明说它是"一种以收取实物作抵押进行放款的高利贷机构"，都用实物作押了——明明白白就是质押，还偏偏说是"抵押"；

3. 典当行为与典当行机构混为一谈；

4.《中国商业文化大辞典·典当》词条的解释，最为混乱，缺乏科学性、严密性，比如，它以"质库"作为主词条，就说明了这一点；

5.最新版的《现代汉语词典》"典当"词条的解释，仍然把"当铺"说成是"方言"叫法，尤其可笑，不知有何根据。

等等，几乎没有一个本该应有的、理性的、比较科学的概念性解释。十分遗憾。这些，也从另一个视点反映了一向以来（包括当今、时下）社会、学术界对典当这个既古老而又似乎新鲜的社会事物，缺乏必要的常识性了解，更谈不上理解。至于，社会上迄今仍对典当存有各种各样的误解、偏见，也就不难理解。可以说，在"典当"这件社会事物面前，反映了一种"社会性的无知"，或言之，"社会性的常识空缺"。

最后，我们考察"典当"所应有的、理性的、科学的概念。

客观而言，"典当"包含着两层意思，一是指典当行为和典当活动，二是指从事典当经营活动的专业机构。也就是说，"典当"和"当铺"在"指从事典当经营活动的专业机构"这个意义上，意思相同，是个同义词；但在用"指典当行为和典当活动"的意义上，并不同义，"当铺"的经营活动自然包括"典当行为和典当活动"，但这个词的本身并不含有这个意义，而是专指从事这种经营活动的专业机构。

现行《典当行管理办法》第一章总则的第一条的规定，便具体地体现了"典当"的上述两个含义。《典当行管理办法》规定：

> 本办法所称典当是指当户将其动产，财产权利作为当物质押或者将其房地产作为当物抵押给典当行，交付一定比例的费

用，取得当金，并在约定期限内支付当金利息，偿还当金，赎回当物的行为。

本办法所称典当行，是指依照《中华人民共和国公司法》和本办法设立的专门从事典当活动的企业法人。

显然，这是针对中国典当业市场现实做出的具有法律效力和可操作性的一个特定性概念。

但是，在理论上，典当并不存在"抵押"的业务。因而，在最近修订第二版的"行业店铺民俗"板块中，我撰写的作为"参见词条"的"当铺"词条，只能在其所具有的用"指从事典当经营活动的专业机构"这个意义上做出描述和阐释。词条是这样写的：

> 当铺（Pawnshop），是以财物作为质押而有偿有期借贷融资的具有浓厚商业色彩的金融经营机构，是中国乃至世界历史上最为古老的非银行性质的金融行业，也是现代银行业的雏形和源头。中国古代的典当活动于两汉初见萌芽，作为专业的典当机构肇始于南朝寺库，当时名为"质库"或"长生库"，意思是质押在寺院的库里生息。唐五代时，市井社会开始出现了寺库而外的典当机构。至宋代，中国的典当业形成了专门的行会组织，并于明清两代格外兴盛，到清末民初开始逐渐的衰落，直至20世纪50年代末在中国最终被取缔。1987年12月，以四川成都华茂典当行的成立为标志，古老的典当业在中国当代经济改革舞台上复出，为中国典当史谱写了崭新的一页。
>
> "当铺"的名称始见于明代，20世纪80年代中国典当业复出以来通称"典当行"。清代中期中国典当业达到了历史上的极盛时期，当时北京的"大顺、元顺、恒顺、和顺"等当铺都

是著名的当铺老字号。当时，各地较大的当铺，又有典铺、当铺之分，前者接受动产、不动产，后者只接受动产。资本少而利息重者称"小押"。服务对象以平民为主。收取的抵押品以服饰、文玩字画、器皿等为主。店堂柜台一般高约四尺（大约一人多高），库房宽敞。门外墙上一个大"当"字。股东下设"总管""经理"（"当家的"）、头柜（大缺）、二柜（账桌）、管库、看门、打杂等。使行话用语。成交后付给抵押者"当票"：用高丽纸木版印刷约 32 开大小，上面书写所当物品名称、质量、当金、利率、期限等，一般以半年至一年为限，到期无力还款赎回所之物当则质押物品称为"死当"（现已改称"绝当"），由当铺自行处置。尽管当铺是一种"高利贷"性质的行业，但其便捷地调剂资金余缺缓急的功能特点，在古今社会生活中均难以为其他金融机构所取代，直到现代银行等金融业比较发达的今天仍然在社会经济生活中占有一定的位置。

总而言之，典当是主要以财物作为质押而有偿有期借贷的融资行为或活动；经营典当的金融机构，是典当行，亦即常言所说的"当铺"。

2007 年 3 月 29 日，上海·典当行业内师资队伍培训班讲座提纲

几种辞书有关"典当"词条选辑

　　或可言之，辞书是一个时代凝结的历史。一个时代的辞书，反映着一个时代对于所关注的那种事物的认知。同样，一种视点下编纂的辞书，也反映着其特定视点对于所关注的那种事物的认知。对于具有 1600 多年发展历史的中国典当来讲，一向众说纷纭。这一点，必然地反映到受时代和各种视点制约下的各类所关注到典当这种事物的认知。梳理一部中国典当史的同时，再辑录数种关注到典当这种事物的辞书，与之相对照，不无益处。因而，笔者随机性地辑录了十几种辞书的有关条目，供读者阅读本书、深入思考中国典当史一个便利的参考。

《中国大百科全书·经济学卷》（初版）

典当：一种以收取实物作抵押进行放款的高利贷机构。亦称典商、当铺、当店。中国近代在官银号和国家银行设立前，清政府官款多存某些典当生息，故又有公典、公当之称。

中国典当业原有典、当、按、质、押五种，以资本大小、期限长短、纳税多寡、利率高低互有区别。就其资本多寡、营业大小而论，则以典最大、当次之，以下为按、质、押。就营业范围言，原先典的范围较广，接受不动产和动产抵押，放款额一般不作限制，当只接受动产抵押，放款定有限额。近代这种区别逐渐消失，通行的是当和押两种。

清代典当业非常普遍，往往在一县之内便有当铺十余家乃至数十家。清政府对典当业征税。据征税册统计，光绪十四年（1888）北京以外的典当业七千余家。

向典当抵押借款的多数是农民和城市贫民，往往以衣物或粮食作质，当铺在验收后给予收据，俗称当票。当票记载所当物品及抵押款额，作为借款人到期赎取抵押品的凭证。抵押期各地规定不尽相同。广东省典当业的赎取时间分别为当三年，按二年，押一年，小押半年。通常的抵押期是从六个月到一年半。押款数额一般在抵押品价值的五成以下。利率极高，按月计算。清乾隆年间浙江《湖州府志》称"湖郡典息，向例十两以上者，每月一分五厘起息；一两以上者，每月两分起息；一两以下每月三分取息。贫民衣饰有限，每票不及一两者多"。一般情况是典当物的价值越小，取赎时间越短，利息率越高。而且过期不赎，即将抵押品没收。所以典当业是剥削贫民的信用机构。

民国时期，典当业仍然相当活跃。它同钱庄、银行建立借贷、转押关系。一些地方政府也开设公典、公当。不过从总的趋势看，这时，大城市中典当业渐见衰落，农村仍有发展。据不完全统计，1935 年，上海、北京、天津等八大城市约有典当 1100 家，农村约有 3500 家。

中华人民共和国成立后，旧典当一律停歇。

《中国大百科全书·中国历史卷》

典当：用实物抵押借贷融通，从事高利贷盘剥的形式，通指经营这种营利组织典铺、当铺的总称，亦称质库、解库、解典铺。

清代典当业活动范围由城市进入农村，典当成为遍布全国城乡的重要借贷组织。康熙时，据税收资料估计，全国至少有典当二万余家。乾隆时，北京城内外有官民开设的大小当铺六七百家。鸦片战争后，由于城乡人民生计日益贫困，典当业出现典、当、质、按、押不同等级的划分。最大的是典铺，资本较多，赎当期较长，利息较轻，接受不动产和动产抵押，对押款额不加限制；当铺只接受动产抵押，押款定有限额；再次为质铺（山西、安徽称质，广东、福建则称按）；押店最小，赎当期最短，利息也最高。由于清政府所征当税、帖捐不断增加，视营业规模大小而多寡不等的各项摊派日益繁多，商人为减轻负担，并摆脱典当行会业规的限制，后来新设典当多称质铺或押店，原有典当也有改称押店的，各类界限已难区分。此外，还有一种所谓"代当"，亦称"代岁"，或称"接典"，多设于乡镇，如为大典当的分店，称"本代"；与大当铺订立合同，经营质押的代理业务，则称"客代"。

借款人去当铺借贷，主要是应付家庭生活上的紧迫需要，也有个体小生产者用于小本经营，或农民用于生产的。借贷时先要送上实物验收作押，由当铺付给"当票"，载明所当物品及押借价款，作为当户到期赎取押品的凭证。为使业外人无法辨认，书写当票多用特殊字体。当物虽为新衣，必写成旧衣或注明"破烂"；对金银照例写成铜铅；对器皿则冠以"废"字。借款期限、押借金额和利息高低，根据押品性质和当铺大小因地而异。期限一般自六个月至两年不等。押借金额大多在押品价值五成上下，到期无力取赎，就成"死当"，押品由当铺没收。清代官方规定，典当利息每月不得超过三分，实际上大大超过，利息须按月计算。过月几天，也加计一月息。当铺在收付款项时，又以所谓"轻出重入"或"折扣出满钱入"的手法，盘剥当户。贷出现金只按九四、九五甚至九折付款，当户赎当时则要十足偿付，利息也照当本十足计算；此外还有各项额外费用的征收。而且抵押品价值越小，赎期既短，利息也最高，故贫穷劳动人民所受剥削也最沉重。乡镇上的当铺还有以粮谷为当本或与大囤户勾结，进行粮食的贷放和买卖等投机操纵活动，农民又须承受实物损耗和进出差价等损失。典当业的残酷剥削，曾激起广大人民的反抗。尽管官府对当铺予以保护和扶植，各地抢劫、焚掠当铺一类事件仍时有发生。

早期典当业多系独资经营，资本自数千两至数万两不等，几乎为山西、陕西商人（俗称山陕帮）和徽商的专业。封建官府和贵族官僚也把它看作营运资本的有利处所。内务府曾在北京开设官当铺十几家，地方当局也有由官自行设典生息。国库和地方各库官款经常拨出一部分发交典商当商生息，称生息银，利率七八厘至一分。

大官僚大商人投资开设典当年利的，亦屡见不鲜。康熙朝刑部尚书徐乾学曾将本银十万两交给布商陈天石经营典当；乾隆朝大学士和珅拥有当铺七十五家；光绪时大买办商人胡光墉有当铺二十余家，分设各省。典当业集中体现了官僚、地主、商人三位一体的高利贷资本的活动。官款存放生息曾是这种高利贷活动的有力支柱；一般当铺还可自己签发银票、钱票，作为信用工具，因而其贷出金额（俗称"架本"）远远超过自有资本。后来，官银钱号开设，票号、钱庄业务发达，官额存放减少，则依靠票号、钱庄转手借贷的支持，原有典铺、当铺逐渐衰落。光绪十四年（1888），北京以外各省典当七千余家，较前期减少很多。1912 年，全国登记的典当数减至四千余家。押店则继续增加，其营业重点亦逐步由城市而转向乡镇。

《中国大百科全书·中国历史卷》（初版）

质库：中国古代进行押物放款收息的商铺。亦称质舍、解库、解典铺、解典库等。即后来典当的前身。在南朝时僧寺经营的质库已见于文献记载。唐宋以后，社会经济日益发展，质库亦随之发达。富商大贾、官府、军队、寺院、大地主纷纷经营这种以物品作抵押的放款业务，同时还从事信用放款。明代质库的经营者多为徽商，他们遍及许多城市，"每以质库居积自润"。明嘉靖间，礼部尚书董某"富冠三吴"，除田产外，"有质舍百余处，名以大商主之，岁得子钱数百万"。送入质库抵押的物品，除一般的金银珠玉钱货外，有时甚至还包括奴婢、牛马等。普通劳动人民则多以生活用品作抵押。质库放款时期限很短，利息甚高，往往任意压低质物的价格，借款如到期不能偿还，则没收质物，因此经常导致许多人家破产。

《中国大百科全书·财税卷》（初版）

典当业：以收取实物作抵押进行放款的行业。又称当铺或当店。中国历史上曾称质库、质肆、解库、长生库、典库等。典当规模较小而取利重者称押当铺、小押典。质库始创于南齐时代，由寺院经营，唐代改由贵族垄断，直至宋朝才由民间经营。明中叶后，典当业已非常普遍。

典当业按其资本额的多寡及营业范围的大小，依次可分为典、当、按、质、押、代当六种。原先典可接受动产、不动产抵押，放款一般没有限制。当只接受动产抵押，且质额有一定限度，逾限可以拒而不受。到近代，这种区别逐渐消失，当的家数已居首位，资本总额也在全体中占大部分。其次家数较多的为押。所以典当业的标志是"押当"。

在商业繁盛之地，典当的资本大部分来自商人，在经济较为落后封闭的农村则主要由地主投入。典当行资本额小的不过数百元，大的可达数十万元，其押放的资本总额往往超过其自有资本数额的几倍以上。

一般来讲，当铺多为小额资金抵押放款机构，其来往顾客多为乡村农民和城市贫民。他们往往以衣物或粮食作质。当铺在验收实物后，给予其收据，俗称当票，作为借款人日后赎取当物的凭证。当票记载抵押款额、所当物品。满当期限各地不同，最长者为36

个月，最短的只有 3 个月，通常押期在 6—12 个月之间。押款数额一般是抵押品价值的五成以下，然而其利率却极高。典当按月计息，一般在 2—3 分之间，最高可达 8 分，最低只有 4 厘。典物的价值越小，则取赎的时间越短，利息率越高。如果当户越过满当期限而无力赎回当物，就只得以极低价值，将当票以当本的 1/10 至 7/10 的限价出售，否则就由当铺没收其押品，再按值出售，以收回本利。因此，中华人民共和国成立前的当铺是具有高利贷性质的信用机构。

《汉语大词典》第二卷

典当：以物抵押换钱。《后汉书·刘虞传》："虞所赉赏，典当胡夷，瓒数抄夺之。"萧乾《一本褪色的相册》十："可是三堂兄那时正失业，家里靠典当度日。"魏巍《状行集·春天漫笔》："生活穷得可怜，常常典当自己的衣服去做革命工作。"当铺，押店。旧时以收取衣物等动产作质押，通过放款进行高利贷剥削的店铺。清·程趾祥《此中人语·张先生》："近来业典当者最多徽人。"鲁迅《伪自由书·从盛宣怀说到有理的压迫》："最近又在报上发现这么一段消息，大致是说：'盛氏家产早已奉命归还，如苏州之留园，江阴、无锡之点当等，正在办理发还手续。'"

——《汉语大词典》第二卷第 117 页，汉语大词典出版社 1988 年出版。

《汉语大词典》第七卷

当铺：旧时专营收取抵押品放高利贷的店铺。放款多少，按抵押品的估价而定。放款额一般在抵押品价值的五成以下，剥削严重。抵押期限自六个月到十八个月不等。押款人过期不赎，抵押品即归当铺所有。清·陈康祺《燕下乡脞录》卷七："【和珅】通蓟地方，当铺、钱铺资本十余万，与民争利。"苏曼殊《碎簪记》："天明，余丞亟雇车驰至红桥某当铺，出新表典押。"茅盾《林家铺子》五："她那件大绸新旗袍，为的要付吴妈的工钱，已经上了当铺。"

——《汉语大词典》第七卷 1400 页，汉语大词典出版社 1991年出版。

《中国风俗辞典》

典当：亦称"当铺""押店"。以收取衣物、首饰等动产作质押，向抵押者放款的机构。在旧时，曾流行于全国大部分地区。起源于南朝，时称"质库"，唐代以盛行。"典当""当铺"之名，始见于明代。大的典当，又有典铺、当铺之分。典铺不仅接受动产，还接受不动产作抵押品，放款数额不限；当铺一般只接受动产作抵押品，放款数额有限制。此外，资本不多，临时经营，取利最重的称小押当。乡镇小当铺，向城市大当铺领资，押得抵押品后转押给城市大当铺的称"代当"，主要为地主、官僚、商人三位一体的高利贷资本所经营。其营业对象主要是农民和城镇贫民。其收取的抵押品主要有服饰、古玩、字画、器皿、家具等。店内库房宽敞。店堂柜台一般高约四尺。当物人要高举出当。墙高、门大，门外标一大"当"字。清代，南方操此业者，多为徽州人；北京多为山西人。店内有"当家的"（经理）、"头柜"、"二柜"、"管库"、"看门"、"打杂"等。东家、店伙等众，日夜值班。彼此间说"行话"。资本雄厚。当品成交后，付一种专用约32开大小高丽纸印的当票，上面书写当物的名称、质量、当金、利率、期限等。当金数一般不足抵押品所值的一半，利率一般月息2—3分，且不断增高，有的高达6分以上。晚赎1—2天也按一月计息。押质期限一般为半年到一年半。到期无力赎回时，抵押品被没收，称"死当"。没收之物由其自行出售可赢高利，曰"作利"。1949年后停业。20世纪80年代中期起，某些地区利用典当形式作为融资的一种手段，其性质与旧时不同。

——叶大兵、乌丙安主编《中国风俗辞典》528页，上海辞书出版社1990年出版。

《中国商业文化大辞典》

质库：亦称"质举"。当铺的旧称，以收取财物作抵借钱牟利的典铺。古代典当业起源很早，南北朝时期就已出现。《南史·甄法崇传》就有寺院经营质库的记载："（甄彬）尝以一束苎就州长沙寺库质钱，后赎苎还……"唐宋时期质库业已十分兴旺，其资材与当时鼎盛的柜坊业不相上下。唐德宗建中三年（公元782年）四月，"少尹韦祯又取僦柜、质库法拷索之，才及二百万"。（《旧唐书·德宗本纪上》）据孟元老《东京梦华录》记载宋代质库掌事，都须着皂衫角带，不戴帽子，质库并有质肆、大质库、长生库等名称。元代称质库为"解库""解典库""解典铺"。许多"解库"兼营高利贷。明代质库除以上旧称外，还有"当铺""典铺""解铺""典当""押店"等名称，清以后一般称"当铺"。一些规模小而取利又重的当铺称"押当铺"或"小押当""小押典"。质库的放款额一般在所当之物所值的五成以下，估价成交。质库所付收据称"当票"，交押款人收执，作为归款时赎回所当之物的凭证。质押期限由典押双方商定，一般自半年至一年半不等，取息二至三分，过期则物归质库，原物主不得在赎回。向质库借款的一般是农民、城市贫民或破产业主等，借钱是为了解燃眉之急，质库乘机对他们进行高利贷剥削。近代官僚资本有的也经营典当业，名称为"公当""公典"。新中国成立后，典当业被废止。

　　——傅立民、贺名仑主编《中国商业文化大辞典》上册第172页，中国发展出版社1994年出版。

《中国古代生活辞典》

　　典当商：以收取抵押品，放高利贷为业的商人。亦称"开当铺的""当主"，典当的过程是：当者以实物抵押的当铺，典当商据其价值贷钱，同时开具"当票"作为凭证。当者到期凭当票取回原物时，除交回贷款外，还要付一定量的子息钱（利息）。超过期限，当者仍无力赎回抵押物品，所当之物则变为死当，可由当铺自由发卖。典当之物可以是土地、住房、衣被、家具以至口粮、犁耙、牲畜等等。清代当铺遍布全国，典当商数量惊人。乾隆九年（1744年），"查京城内外，官民大小当铺，共六七百家"。(《东华录》乾隆，卷二〇）是时，典当商已成为社会上最重要的商业职业之一。其拥有的资金额和流通量都很大。典当商在封建经济中起到了一些调节银、钱、粮比价，疏通金融流通和承担某种社会救济的作用。但其经营，多以重利盘剥为目的。收取典当物时，尽可能压低物值，赎取则须付高额子息，使当者无力来赎，被迫断当。典当商便高价售出当物，转手之间利息数倍。有的典当商或借经营当铺之名，通过形式上的典当手续，大放高利贷，巧取高利，对社会经济发展有很大的消极作用，造成贫富分化愈益严重。

——何本方等主编《中国古代生活辞典》第 661 页，沈阳出版社 2003 年出版。

《辞海》

典当：亦称"当铺"或"押店"。旧时以收取衣物等动产作质押，向劳动人民进行放款的高利贷机构。最早的典当为南朝时寺庙所经营的当铺。历代名称不同，有"质库""质肆""解库""长生库"等。典当中规模较小而取利重者，称"押当铺"，亦称"小押典"或"小押当"。在乡镇中，领用典当之款以作资本，押得物品在转押于典当者，称"代当"，受押物品成交后，付以收据，称为"当票"，载明所当物品及抵押价款，交押款人收执。质押期限自六个月到十八个月不等。过期不赎，典当即没收其质押品。质押放款额一般在抵押品价值的五成以下，利率极高，剥削严重。1949 年后，典当停止营业。

——《辞海》（缩印本）第 291 页，上海辞书出版社 1979 年出版。

《中国金融百科全书》

典当：亦称"当铺"或"当店"。历代名称不同，亦有称"质库""质肆""解库""长生库""典铺"，以及典当中规模较小而取利重者，称"押当铺""小押典"，抗日战争期间在华北地区，吸毒者每以衣物向出售毒品（海洛因）者换取毒品，也称"小押"，其作价极低。是旧时一种以收取实物作押进行放款的机构。始创于南齐时代，由寺院经营，称"质库"。唐代改由贵族垄断，直至宋朝才有由民间经营的。明中叶后，典当业已非常普遍，往往在一县之内便有当铺十余家乃至数十家。据清代典业征税册统计：顺治九年（1652 年）和康熙三年（1664 年）全国估计有当铺上万家。光绪十四年（1888 年）北京以外的典业有 7000 余家。在近代官银号和国家银行设立之前，清政府多把官款存入典当生息，故又有"公典""公当"之称。

典当业按其资本数额的多寡及营业范围的大小，依次可分为典、当、按、质、押、代当六种。原先典可接受动产、不动产抵押，放款一般没有限制。当只接受动产抵押，且质额有一定限度，逾限可以拒而不受。到近代，这种区别逐渐消失，当的家数已跃居首位，资本总额也占全体的大部分。其次家数较多的为押。所以典当业的标志是"押当"。据 1931 年对 13 省 12 市典业统计资料记载，在 1408 家典当中，当有 745 家，占 52.9%，押 439 家，占 31.2%，两者合计，即占整个典当业的 84.1%。

典当的资本来源，在商业繁盛之地，大部分来自商人，在经济较为封闭的农村，则主要由地主投入。大典当的资本从数万元乃至数十万元，规模较小的则不过数百元、数千元。其押放总额，往往超过其自有资本数额的几倍以上。江苏浙江平均在 1—2 倍间，广西及湖南平均 3 倍，如宁波当铺自有资本只 4 万—5 万元，营业额达 20 万—30 万元，超过资本达三倍。典当与钱庄、银行之间也建立起借贷、转押关系。典当获得一定的金融后盾，在营业兴盛时可扩大业务，在萧条期间也可用拆款来增加利息的收入。近代新式金融机构兴起后，典当的大城市中就渐渐衰落，农村却仍有发展。据粗略统计，1935 年上海、北京、天津等八大城市约有典当 1100 家；而农村则有 3500 余家。

　　一般来说，当铺多为小额资金抵押贷放机构，其来往的顾客，大多数为乡村农民和城市贫民。他们往往以衣物或粮食作质。当铺在验收实物后，给予其收据俗称"当票"，作为借款人日后赎取当物的凭证。当票记载抵押款额、所当物品。满当期限各地不同，最长者为 36 个月，最短的只有 3 个月。通常押期在 6—12 个月间，按其种类划分，则典当期限为长，质押较短。押款数额一般是抵押品价值的五成以下，然其利率却极高。典当是按月计息，最高月息八分，最低亦有四厘的，但大多在月息 2—3 分间。除规定利率及变相利息外，当铺对当户的盘剥，还有虚本足利的额外榨取，即"九八出，满钱八"和"九出十三归，"皆属当铺以虚额出本而十足收款的实例。通常，典物的价值越小，则取赎的时间越短，利息率越高。如果当户越过满当期限而无力赎回当物，就只得以极低价值，将当票以当本的 1/10 至 7/10 的限价出售，否则就由当铺没收其押品，再行按值出售，以收回本利。因之，典当被称为重利盘剥贫民的信用机构。

　　1949 年后，旧的典当业停歇，以后在中国人民银行有关分行的指导下，曾在一些城市设立"市民小额贷款处"，帮助居民摆脱暂时的困难。自然其性质与旧时典当业大大不同。1966 年"文化大革命"中均被迫停业。

古代典当信用

典当业亦称"当铺"，是中国古老的信用机构。典当业经营的是一种高利贷资本，是以物品为抵押对个人的贷款。"典当"二字，随时代的不同有所演变。过去有将规模大的称"典"，规模小的称"当"，也有按其规模的大小和取赎时间的长短，分为典、当、质、按、押五种。自明代以来，对典当业曾称为："解库""解铺""典库""解典库""质肆""质库""印子铺""长生库"等，名称繁多。直到近代，多把"典""当"二字连为一词。也有在"典"或"当"之前冠以名字，即成字号，如"大兴当""宝昌源当"等，成为一个企业的名称。

古代典当业的发展

典当业在古代就已有相当发展。业务经营也很兴盛。据考证，典当业在南北朝时期即已出现，到唐代已相当发展。唐代就出现过"质库"，即后来的典当业。与宋朝同期的金朝，金世宗（公元 1173 年）年间，因民间质典利息太重，曾下令在汴京、东平、直定等处设质典库，规定押款照质物的七成估价。这一措施对民间的典当业有很大影响。明朝中叶以后，典当业又有新发展。万历三十五年（公元 1607 年），仅河南一省就有 213 家。这时的当铺，产生过"巨典""短押"之类，分等论级。在资本额方面，有一二千两至万两之多。清朝初叶，典当业继续发展。如康熙三年（公元 1664 年），全国有大小当铺 2 万多家，其中山西省最多有 4695 家，广东省有 2688 家。到清代中叶以后，典当业逐渐减少，光绪十四年（公元 1888 年）已减少为 7000 余家。

经营典当业有大利可图，因而很多地主、官僚、商人都争相投资经营。这也是古代信用活动的特点之一。典当最早多被商人、地主阶级操纵。发展之后，政府官僚也相继参与。明末清初，官府插手典当业的倾向日益明显。清初乾隆年间，围绕京城开设大小当铺六七百家。朝廷企图利用当铺的力量稳定物价。道光二年（公元 1822 年），江西总督孙玉庭等奏请司库拨银 10 万两，发展典当生息，年得息银 12000 两。嘉庆年间，在宣布贪官和珅的罪状中，就有借款 10 余万两用于通州附近的当铺、钱店，从中年取暴利这一条。由官府以库款投资开设当铺的情况，称为"官当"的屡见不鲜。典当业初为商人、寺院僧侣经营的行业，后来逐渐发展为商人与有势力的官员合作，或官府直接插手经营的一种古老的信用机构，并且成为对劳苦群众和小生产者进行剥削的手段。

古代典当业的业务

主要是收取实物为质押，按物折价借款给押物人，约定时间，到期还款赎回物品，当铺也有兼营存款，或各种副业的，如买卖粮食、兑换铜钱等。典当物的种类很多，其中以"估衣"为一大宗。此外，还有"首饰""铜锡""钟表""杂项"等。"杂项"范围较广，包括古董、字画、碑帖、家具、陶瓷器等。典当物的取赎时间，分为 6 个月、1 年、2 年等。典当物到期不能取赎时就成为"死当"，物品由当铺自行处理。当铺剥削之重，不仅在于利率之高，而且还在处理"死当"后，常收取高额的额外利益。据乾隆年间湖州府志记载，"湖郡当息，向例 10 两以上者，每月 1 分 5 厘起息，1 两以上者每月 2 分起息，1 两以下者每月 3 分取息，……本息计算不能取赎，每多没入"。清朝中叶以后，效法明朝的规定，每月取息不得超过3分。但典当利率远不止于月息3分，因在接当时一般按物品的价值对半贷款，对旧物有时按价值的1/3折算，到半年、1年满期不赎时，由当铺转卖后，可获一两倍的额外利益。因此，对经营典当业者来说，当铺是可获高额利润的信用机构；对借债的劳苦群众来说，当铺是残酷的剥削工具。

古代的典当业，常呈现出一定的季节性。一般有春当秋赎的风气。腊月正月营业最为茂盛。每当年关，缺钱的平民及小工商户，急于向当铺贷款；另一部分富户，为了装饰点缀，力求将所当之物赎回，故此时当铺门庭若市，应接不暇。小生产者特别是农民，为了生活需要或者为了交纳公赋私租，也常常不得不举借高利贷或典当物品。

——黄达、刘鸿儒、张肖主编《中国金融百科全书》上册第167—168页，经济管理出版社1990年出版。

《中国历史辞典》

柜坊：唐代大都市中为商人、官僚储存钱物的店铺。官僚、富商为了安全或避免搬运的麻烦，常将钱物存于柜坊，柜坊设有保管柜，并根据存放者所出凭证代为支付钱物，收取一定的柜租，称"僦柜"。柜坊一般还以质库、质举、举贷等方式兼营高利贷。借贷者以物送于库柜，质钱以归，以后付息还本，取回质物，史称"僦柜质钱"，相当于后来的典当。唐后期柜坊业发达，德宗时借长安富商钱，仅得八十余万缗，搜括僦柜钱物，借四分之一，得一百多万缕。

　　——张作耀、蒋福亚、邱远猷等 主编《中国历史辞典》第 895
页，国际文化出版公司 2000 年出版。

《中国历史辞典》第二册

　　典当：亦称“当铺”或“押店”。旧时以收取物品作抵押进行
高利贷剥削的信用机构。起源很早，南朝时已有寺院经营以衣物作
抵押的放款业务。历代名称不同，有“质库”“解库”“质肆”“生
长库”等。以后，典当或当铺成为一般通称；典当规模较小而取重
利者，则称“小押当”或“小押典”。在乡镇中，领用典当之款以
作资本，押得物品再转押于典当者，称“代当”。物品估价成交后
付以收据，称为“当票”，载明所当物品及抵押价款，交押款收执。
质押期限自六个月到十八个月不等，到期加利息赎回，利率一般为
月息二或三分；过期不赎，质物即被没收。

　　——张作耀，蒋福亚，邱远猷等 主编《中国历史辞典》第二册
第 938—939 页，国际文化出版公司 2000 年出版。

《中国经济史辞典》

　　典当：旧时高利贷机构。起源很早，旧称质库、解库，后称典
铺、当铺、质押，此外还有借用资本临时经营的“小押”（押店）。
封建性浓厚，多是官僚、地主、商人三位一体的高利贷资本。它的
主要业务是按借款人质押品的价值打折扣、贷放现款并定期收回本

利。主要剥削对象是农民和贫困市民。它的高利贷剥削十分苛重，对质押品压价并打很大折扣，借款期限短而利率极高，一般赎当期定为半年至一年，月息二三分。近代，典当剥削仍十分盛行。光绪十四年（1888）统计，北京以外的典当有7000余家。它们同银行、钱庄资本建立借款、转押关系，形成城乡高利贷网。国民政府时期，大城市中典当趋于衰落，但农村典当剥削仍有很大势力。1935年，上海、北京、天津等八大城市约有典当1100家，农村约有典当3500家。新中国成立后，一律停歇。

——赵德馨主编《中国经济史辞典》第781页，湖北辞书出版社1990年出版。

《物业管理辞典》

房屋典当：典当也叫典卖、活卖。典是到期可以回赎的意思，当是以实物作为抵押的信贷关系。房屋典当就是用房屋做抵押的借贷关系。具体地说，就是房屋业权人（也叫出典人）将房屋出典给承典人占有使用，承典人向出典人一次交付典金，并在典期届满时，将房屋返回给出典人，出典人是用钱不付息，承典人用房不出租。

——黄安永、叶天泉主编《物业管理辞典》第119—120页，东南大学出版社2004年出版。

《中华文化精粹分类辞典》

典当：中国封建社会中以收取衣物等动产作抵押品发放高利贷

的业户，也称"当铺""押店"。起源于南北朝时寺庙所经营的当铺，历代名称不同，有"质库""质肆""解库""长生库"等。典当一词始见于明代。大型典当曾有典铺、当铺之分。前者不仅接受动产，还接受不动产做抵押品，放款数额不限，后者只接受动产做抵押品，具放款数额有限制。还有一些资本不多，规模较小而取利重者，称"押当铺"，亦称"小押典"或"小押当"。在乡镇中，领用城市大典当之款做资本，押得物品再转押于典当者，称"代当"。典当主要为地主、官僚、商人三位一体的高利贷资本所经营，营业对象主要是农民和城市贫民，放款钱数一般不足抵押品实值的一半，利率通常月息二分，并不断提高，有的高达六分，晚赎一两天也按一月计息。借款期一般半年到一年，到期无力赎回的即被没收，称"死当"。鸦片战争后，与银行、钱庄一起构成高利贷网。到国民党统治时期，一些官僚资本大量渗入典当业，开设所谓"公当""公典"，以发放高利贷，牟取暴利。

——史仲文、胡晓林主编，冯大彪等本卷主编《中华文化精粹分类辞典·文化精萃分类》第 91 页，中国国际广播出版社 1998 年出版。

《中华文化习俗辞典》

典当：以收取衣物、首饰等动产或不动产作抵押，向抵押者贷款的店铺。亦称"当铺"或"押店"。旧时曾流行于全国大部分地区。起源于南朝，当时称"质库"。唐代已盛行。杜甫《曲江》诗："朝四日日典春衣，每日江头尽醉归。"白居易《杜陵叟》："典桑卖地纳官租，明年衣食将何如？"典当""当铺"之名始于明代。大的典当，又分典铺和当铺。典铺不仅接收动产，还接收不动产作抵押，贷款数额不限；当铺一般只接收动产作抵押，贷款数额有一定限制。又，资本不多，临时经营，利息最重的称小押当。乡镇小当铺，向城市大当铺取资，押得抵押品后转押给城市大当铺的称"代当"。此多为地主、官僚、富商三位一体的高利贷资本所经营，营业对象主要是农民、城镇平民或破落世家等。其收取的抵押品主要有服饰、古玩、字画、器皿、家具等。店堂的柜台一般高约四尺，而且墙高、门大，门外标一个大"当"字。店内有"当家的"（经理）、"头柜"、"二柜"、"管库"、"看门"、"打杂"等。当家的和店伙们昼夜值班，彼此间用"行话"交谈情况或互通信息。当品成交后，付一种专用约三十二开大小高丽纸印的当票，上面写有当物的名称、质量、当金、利率、期限等。当金额一般不足抵押品所值的一半，利率一般月息二至三分，且不断增高，有的高达六分以上。如晚赎一两天也按一月计息。押质期限一般为半年到一年半。如无力赎回，抵押品被没收，称为"死当"。被没收之物由当铺自行出售，可赢高利，名曰"作利"。1949 年后曾长期停止营业。

——史仲文、胡晓林主编，祁庆富等本卷主编《中华文化习俗辞典·文化习俗》第 68—69 页，中国国际广播出版社 1998 年出版。

《中国工人阶级大百科》

典当：旧时高利贷的形式之一。它按借款人提供质押品的价值打折扣，贷放现款，定期收回本金和利息。旧称还有：质库、解库、典铺、当铺和质押的。又有小本钱临时经营的，叫小押。古代，历代贵族大官僚亦多经营典当。近代，钱庄、银号等的兴起，便以资金扶持典当，形成官僚、地主、商人三位一体的高利贷资本支持的典当。典当的借款对象多数是农民和城市穷人，并多以衣物或粮食作质。典当对其剥削的手法是：第一，对质品压低估价，大打折扣，甚至以十当一；第二，借款期限短而利率高，一般是一个月，长也不过年，利息按月计算，超过一天，也要付月息；第三，抵押之物，到一定时期不能赎回，就变成死当，质品便由典当铺没收，并有权处置。典当是独资或合伙经营，其中不乏由大资本操纵的。有的典当广设分店，分店所收贵重质品要交总店保管，借款人取赎时要经过转手手续，叫作本代。有的是小当铺向大当铺领用资本，并将所收质品的一部分转押给大当铺，叫作客代。还有大资本借钱给小户，经营小押，也有的地方官僚以公债放给小押的。小押往往无固定营业，用赌博、鸦片等诱人押款，压物，欺压诈骗。中国近代，典当又同银行、钱庄资本建立借贷、转押关系，形成城乡高利贷网。官僚资本银行也插手其间，一些地方政府看到有利可图，又开设了所谓的“公典”“公当”，实质仍是高利贷性质。

——汝信主编《中国工人阶级大百科》第 209—210 页，中国国际广播出版社 1992 年出版。

《中国中学教学百科全书》

典当：一种以收取实物作抵押进行放款的高利贷机构。旧称质库、解库，后称典铺、当铺、押店、长生库等。典当中规模较小而取利重者，称"押当铺"。在乡镇中，领用典当之款以作资本，押得物品再转押于典当者，称"代当"。受押物品成交后，付以收据，称为"当票"，载明所当物品及抵押价款，交押款人收执。抵押期限自 6 个月到 18 个月不等。过期不赎，典当即没收其抵押品。历代贵族大官僚多经营典当，清代和珅拥有当铺 75 家，资本银 3000 万两。向典当借款者多数是农民和城市贫困户，以粮食或衣物作质。典当的剥削相当残酷，利率极高。中华人民共和国成立后，典当停止营业。

　　——王德胜主编《中国中学教学百科全书·政治卷》第 322 页，沈阳出版社 1990 年出版。

典当文化

典当业传统楹联与当业竹枝词

——《中国典当史》选摘

典当业传统楹联与当业竹枝词，是典当行业文化的重要组成内容。从中可以窥得各种典当行业行事制度规则和行业习俗。

一、典当楹联选辑

旧时当铺门面贴用的诸多楹联，颇具特色，既反映了典当的功能，又显示出"儒商"风格；含蓄幽默，饶有风趣，成为典当企业文化中一道绚丽的风景。本书作者从各类文献中选录若干（其中的主要部分辑自民间抄本《通用对联大全》），以供欣赏：

攘攘熙熙；有无相济。

笑待当剑客；欣迎典衣人。

利人终身益；克己自无私。

日记百家姓；月书千字文。

赎衣权子母；典物救缓急。

物多银子厚；本大利自长。

缓急相宜处；公私两便家。

利人复利己；当物乃当钱。

当去休嫌少；赎来莫怨多。

雅度金相玉质；芳名北斗泰山。

谁肯怜君束手；我能济尔燃眉。

贫富交易通参赞；有无相通大经纶。

接续国家真气脉；流通天地大精神。

利取三分遵国制；期宽二载体人心。

谩羡崑山多贮玉；且夸丽水有通财。

品端金玉连城重；德润璠璵济物多。

满架珠玑真富贵；注明年月是春秋。

千字文周而复始；百家姓去了还来。

品物衡人周易象；编年纪月鲁春秋。

金银入手须防假；珠宝从头要认真。

春当绫罗衣满架；秋收珠宝玉盈箱。

束手进门舞手去；愁颜来时笑颜回。

晋璧赂虞藏外府；何珍归赵价连城。

游说列国少囊制，季子拆钗求功名。

君子困穷须寄物；英雄失志暂留衣。

当卧银龙招日月；局藏金马镇乾坤。

缓急相需非侠义；有无供济是真心。

上输国课裕国富；下济民急慰民生。

以物质当遵国制；因本求利顺人情。

但凭本票知人物；不管何时任往来。

裕国便民双有益；济人利己两无亏。

凭人取号难从命；束手来赎是枉然。

能解君子燃眉急；善济佳人剪发心。

此间更有方便路；吾家广造渡人舟。

谁人能开悉眉锁；此处善解束手绳。

济一朝燃眉之急；供万家不时之需。

当当抵当当还在；当当取当当抵当。

南北客商来南北；东西当铺当东西。

以质得财亲疏无异；因贫生息尔我相安。

攘攘熙熙，易其所无；
生生息息，尔我均安。

典当从公周急，有同君子；
回赎莫吝应怀，不愧古人。

十万牙签，记取赵前孙李；
三千锦字，标题天地元亨。

急处来当，亦缘彼此两便；
缓时取赎，只因义利双全。

利取三分，赎来必权子母；
期宽二载，当去切记日时。

架阁凌云，常存裴公锦绣；
号清似水，宝藏苏氏金钚。

当少易赎，美物仍归自己；
贫多畏利，锦衣定属他人。

当去必嫌少，不知其可也；
赎来又怨多，是谁之过欤。

济尔急，任汝用，情斯玉矣；

还吾本，加吾利，理所当然。

上裕国富，富时取物因时典；

下济民急，急处当衣缓处赎。

当钗求名，苏季子六国封相；

典衣赴选，裴晋公三世贤卿。

济困扶危，显接邦家高血脉；

裕国便民，流通天地大精神。

指号说钱，依人心谁能一定；

将本图利，遵国制不过三分。

缓急迎人，先利人而后利己；

公心估物，名当物而实当心。

当济燃眉，老幼无欺天地意；

赎忌角口，束廉不愧对贤心。

估物当时，劝君休嫌当价少；

为钱赎日，然而专恨赎钱多。

事在危急，此间更有方便路；

身居困海，吾家广造渡人舟。

翰墨生涯，架满珠玑真富贵；

图书事业，注明年月是春秋。

德君子周济不继富之雅色；

救先王以羡补不足之方规。

为游赤壁当金貂，东坡逸志；

因赏桃园赎玉斗，谪仙高风。

当珠当玉当金当银，军器不当；

赎年赎月赎日赎时，过期难赎。

南通州，北通州，南北通州通南北；

东当铺，西当铺，东西当铺当东西。

以其所有，易其所无，四海之内，万物皆备于我；

或曰取之，或曰勿取，三年无改，一介不以与人。

习见横批：

当钗求名　当剑求名　当少易赎

当卧银龙　典当无私　典衣赴选

端金品玉　公平贸质　公私两便

缓急应人　缓时取赎　济人燃眉

局藏金马　利取三分　利人利己

裴公锦绣　品物衡人　期人二载

恰君束手　通商质当　应急银钱

裕国便民　裕国通商　注明年月

二、当业竹枝词

1. 旧时各地典当业内流行一些以行业行事为内容的顺口溜，名曰"当业竹枝词"，"作非一人，成非一时，众口流行，集体创作"，从中颇可窥得一些行业习俗惯制。为此，辑录 20 余首用以证史。

2. 第 1—14 首，辑自高叔平《北京典当业的内幕》，载北京《文史资料选编》第 23 辑，北京出版社 1985 年第 1 版。此本较《北京工商史话》本《旧北京典当业》稍完整。第 15—28 首，辑自清咸丰间抄本《典业须知录》所附《典业竹枝词》计 18 首，据台湾《食货》月刊一卷四期所载杨联陞校本。

3.序号及标题、注释均为本书所加。所记内容，详参本书有关章节。

（1）开张

新张伊始喜气扬，平安如意当吉祥。

看街德子献宝库，二两白银酒肉香。

（2）收当报账

掌柜报账曼声吟，绢缎袍套袄裤裙。

件多提高须写紧，先生洗耳莫嫌频。

（3）当票当字

如律令敕天师符，虫吃光板鬼画图。

写来当字龙蛇舞，照票付货两相侔。

（4）当物标号

十帐倒有九个减，剩下一个当和尚。

因甚甘演武大郎，只缘登台不能唱。①

（5）叫号入库

唱出九腔十八调，胜他龚处天齐庙。②

不见包卿喊甚冤，原来当铺叫归号。

（6）结账

诸人动手一人呼，噼里啪啦算盘珠。

口到手到声才住，一声高报数已出。

---

① 末句指当铺掌柜的有识货估价本领而且能说会道，全段言掌柜的收当后由其他人辛苦标号、整理以备归库。

② 龚，著名京剧模员龚云甫。《天齐庙》，即《遇皇后》，龚云甫唱的一出名剧。

（7）请饭

天长夜短人犯困，忽听请饭精神振。

哪来幌杆挂窝头，四菜一汤何足论。

（8）开菜

眼望盘中急难奈，掌柜迟迟不开菜。

一声您请下家伙，风卷残云抄得快。

（9）抖皮衣

小湾麦穗西口板，貂鼠猞刻金银欹。

阳春四月抖皮衣，挨过立夏到小满。

（10）撂圈子

撂圈辛苦道声高，此公定是子母饶。①

当家欠身离客座，拱手相让客房邀。

（11）晚间叫门

看戏归来夜色深，栅门紧闭气象森。

几度轻敲门不启，一声嗷字便开门。

（12）春节

正月初一锣鼓频，初二启明敬财神。

欢度元宵望燕九，撤供换饭大开门。

（13）祭号神

初二十六祭号神，一股高香酒一樽。

寄情糕点花生豆，上供人吃徒众分。

（14）年关

一年四季春复夏，就怕年终说官话。

----

① 子母饶，系模仿徽籍典商说话腔调，意指当业同行。

当家怀揣记事珠，眼望谢意心害怕。

（15）当规

自出书房进典门，搬包查当代管盆。

典中也有先生管，各样条规要恪遵。

（16）先生

先生即是管楼人，指教严明最认真。

莫要自轻常打骂，诸凡事情要留神。

（17）差讹赔偿

号头花色看分明，设有差讹过不轻。

典中赔偿都有例，任他亲戚不徇情。

（18）核查漏号

匆忙时刻要留心，漏号尤其仔细寻。

打到对同俱看出，莫云遗漏却无凭。

（19）查失票

代查失票有钱文，积少成多照股分。

莫把银钱看容易，还须半折半当荦。

（20）学算学书

收门以后有余闲，纵有余闲莫要玩。

学算学书皆有益，勿教提笔问人难。

（21）节俭

爱穿须要费多钱，粗布衣裳便可穿，

试想银钱容易否，恐钱用尽费周旋。

（22）升迁 ①

一事精通百事能，岁金渐渐可加增。

果然勤谨无差错，不待多年即可升。

（23）查当升卷包

查当新升到卷包，此时却比小官高。

莫将旧伴轻看待，喝出呼来作小妖。

（24）晓起堆包

晓起堆包不可迟，开门又到卷包时。

楼翁纵有包含量，过失还须自己知。

（25）莫务浮华

按月才能起俸金，银钱可见是难寻。

除添衣服无多用，莫务浮华枉费心。

（26）内缺

立缺全凭立品高，楼中货物重丝毫。

些须要小俱违例，纵会弥缝咎莫逃。

（27）精通业务

有已成方有幼年，升提总想在人前。

不拘内外俱烂熟，另眼相看势必然。

（28）莫误声名

诸公莫自误声名，有坏声名人便轻。

高不成来低不就，将来难以自为情。

---

① 本段述从业者恐怕失业之情。

弘扬传统典当文化，造就现代文明新典当

——"2002 中国典当论坛"开幕词

1987 年 12 月，以四川成都华茂典当行的成立为标志，古老的典当业在中国当代经济改革舞台上复出了，为中国典当史谱写了崭新的一页。

1997 年 11 月，出现了中国历史上第一个、也是国内迄今为止唯一的一个公立的正式典当科研机构——辽宁省社会科学院中国典当研究中心。1998 年 9 月，这个研究中心会同来自全国各地的数十家典当行成功地举行了中国典当史上的首次盛会："迈向新世纪的中国典当业——典当业复出十年全国理论研讨会"。

五年前，在大连举行的"迈向新世纪的中国典当业——典当业复出十年全国理论研讨会"的开幕词中，我首次把中国 1600 余年的典当历史概括为七句话，尔后在今年三月国家经贸委在杭州举办的新开办典当行经理培训班上，我又补充了一句话，如今合起来的八句话就是：

> 初见萌芽于两汉，
>
> 肇始于南朝寺库，

入俗于唐五代市井，

立行于南北两宋，

兴盛于明清两季，

衰落于清末民初，

复兴于当代改革，

新世纪有序发展。

如今，历史又已经向前迈进了五个春秋。回首最近这五年，全国典当业也大都顺利如愿地迈入了 21 世纪，为自身发展、为社会创造了可观的效益。而且，根据国务院的安排，主管机关也由人民银行改为国家经贸委。自经贸委主管以来，于 2001 年 6 月颁行了新的《典当行管理办法》。这个新的管理办法比原有的实行管理办法，在切合实际和规范管理方面向前迈进了一大步。而且，这一年多来，主管部门和行业本身的各种活动十分频繁，十分活跃。在少数典当行先后退出市场的同时，众多投资者纷纷看好这个行业和商机，几百家新典当行充实进了我们这个行业队伍。

面对中国典当业发展的下一个五年、十年，在"2002 中国典当论坛"的开幕词中，我提出了一个行业所面临的新的课题，那就是，如何弘扬传统典当文化，造就现代文明新典当。

典当，是主要以财物作为质押而有偿有期借贷融资的具有浓厚商业色彩的金融经营机构，是中国乃至世界历史上最为古老的非银行性质的金融行业，也是现代银行业的雏形和源头。在数千年中华文明史上，典当业的历史已有 1600 多年。

典当是社会发展到一定时期的历史产物。无论历来的人们对其或贬或褒如何评说，这个非主导性的民间金融行业，一直延续了十几个世纪，直到现代银行等金融业比较发达的今天仍然在社会经济生活中占有一定的位置，充分说明典当以其低风险经营来便捷地调剂资金余缺缓急的功能特点，在古今社会生活中均难以为其他金融机构所取代。

新旧典当业的基本共同之处，主要有三。首先，典当行业赖以存在的营业性质，仍然是以财物为质押，限期、有息的有偿借贷，而且仍然属于高利贷款融资。其次，新旧典当业在社会金融经济市场中，均处于非主导的地位，均属于非银行性质的金融机构。尤其是在现代银行业比较发达的今天，这种在金融市场中拾遗补阙的非主流性的辅助性地位，或说是经营的市场定位更为明显。第三，新旧典当业在社会经济生活中的功能及经营方针，均属一种灵活便利的调剂资金缓急余缺的非银行机构的融资渠道。这一点，也是其在当代金融经济体制改革中获得重出机遇的根本所在，即社会经济生活需求具有这种功能特点的非银行性质的融资机构。

新旧典当业的基本差别，大体主要为三个方面。首先，是社会的政治经济制度及开当资本金所有制性质的差别。在以往的封建社会或半封建半殖民地社会的政治经济制度下，由于开当资本金有寺库资本、官府资本、官僚资本、商人资本乃至殖民地中的外国商业资本（如东北沦陷时期的大兴公司典业及天津租界日本浪人的小押当等），因而有寺库质贷、皇当、官当。民当等多种所有制类型。中国典当业重新复出之初，有国有、集体、私有、个体多种所有制形式。但按照《公司法》和《典当行管理办法》的规定，均规范为"有限责任公司形式组建"成股份制的"特殊工商企业"。这一点，是基于国家根据公司法规范各类企业公司而对典当业实施的规范措施之一。其次，经营范围及出当客户发生了变化。旧时代的典当业的经营收当范围，以衣物家具等日用品和金银珠宝贵重物品为主，少量为生产工具或生产资料，出当的客户大多是城乡贫民或一时拮据窘急的中产阶层；如今则主要收当生产工具、交通工具和生产资料，兼及金银珠宝饰物等贵重物品，一般衣物家具等日用品很少收当，出当的客户以中小企业、私营企业、个体企业或急需资金的贵重物品持有者为主，经常以典当维持生活的贫民客户出当率较低。第三，典当行的经常方式从封建社会的传统小生产的全封闭或半封闭化，转变为开放式、公开化的经营管理。完全淘汰了旧有习用的典当业隐语行话、当字、旧当票样式和用语，以及传统的行帮组织与行规，采用了现代企业会计制度和新当票（契约）。清季曾国藩出任两江总督时曾通令禁用当字，非但行不通还落下了笑柄。如今适应当代金融市场需求的典当业，已将其自然摒弃。

可以预言，随着金融经济体制改革的不断深化和社会主义市场经济机制的日趋发育成熟与完善，中国的典当业的市场亦必将进一步扩大和活跃，典当业还将向前发展。这一发展态势，是国家经济发展方针和市场经济规律所决定的。一些经济比较发达国家或地区典当业盛衰的经验，也已为此提供了借鉴、佐证。

江泽民同志在1995年和1997年在美国哈佛大学的讲演中先后两次提出的关于"文化纽带"的论述。"文化纽带"是指文化的凝聚力和影响力。因而需要梳理中华民族文化的各种成分和因素，推陈出新，弘扬优秀的传统文化。我认为，传统典当文化也是值得关注的有益于行业自身发展建设和有益于社会文明进步的行业文化，企业文化。缺乏良好文化素质的行业，只能是急功近利的、没有前途的"土老帽儿"行业。对于具体的企业来讲，也是同样的道理和规则。

人所共知，典当业的行业形象一向不够好，总有一个高柜台、刁朝奉的奸商形象阴影伴随着似的。在今天这样新旧典当行亦有很大区别的时代，应当正视历史形成的事实和影响。社会观念的更新转化，是推动社会进步的重要因素之一。典当复兴所牵动的某些社会观念的转化的社会意义，事实上大大超过行业本身的社会功能。所以，要想营造现代典当行业的美好新形象，就像传统当铺门前的楹联说的那样，从自身做起，弘扬传统典当文化，造就现代文明典当新形象。

> 济一朝燃眉之急；供万家不时之需。
>
> 以质得财亲疏无异；因贫生息尔我相安。
>
> 缓急相需非侠义；有无共济是真心。
>
> 上输国课裕国富；下济民急慰民生。
>
> 急处来当，亦缘彼此两便；缓时取赎，只因义利双全。
>
> 事在危急，此间更有方便路；身居困海，吾家广告渡人舟。
>
> 上裕国富，富时取物困时典；下济民急，急处当衣缓处赎。
>
> 济困扶危，显接邦家高血脉；裕国便民，流通天地大精神。

典当业的根本社会功能在于调剂资金缓急余缺。这个一向被视为"高利贷"的行业之所以能够存在、延续 1600 多年，而且在中国一度中断 30 年之后得以复兴，根本原因在于社会经济生活需求它这种便捷地调剂资金缓急的功能。世界上其他经济发达国家或地区的典当业迄今仍然长盛不衰，根本原因亦在于此。我觉得，这些楹联所反映的传统典当文化还没过时，还具体地体现着这个行业的社会功能与行业精神。要用优秀的传统文化营养自身、自我教育，同时又营养社会、教化社会。典当文化亦不例外。尤其典当业，自古就是以慈善事业起步，由儒商经营发展过来的行业。中国历史上恐怕只有很少行业的学徒称作"学生"，典当业就是其中之一。不仅从事典当业务需要文化，更在于这个行业的一个优秀的传统是注重文化，是一个特别注重文化的行业。因而，现代的典当经营管理者、从业人员本身就更应是高素质的现代企业家。要通过弘扬传统典当文化，提高行业素质，健康有序发展，正确处理好义与利的关系，规范经营，服务社会，为社会创造更大的效益，进而造就现代文明典当新形象。只有这样，典当业才商机多多，为社会贡献多多。

　　造就现代文明新典当，更重要的一个方面是守法守规经营。近十几年各地典当行的经营状况显示，也的确有一些典当行在利益驱动之下违法违规经营，例如，超范围经营，收当违禁物品；恶意收赃，甚至于犯罪团伙相勾结沦为销赃的出口，借以牟取暴利；以高利为诱饵，非法吸纳聚敛社会资金；乘人之危欺诈出当人，肆意压低赎期或抬高利费比例；违约经营，提前处置未绝当物品，等等。诸如此类，不仅影响了社会经济秩序，还直接关系到社会治安和稳定。事实上，凡此种种违法违规行为，不仅败坏了本行业的社会信誉和形象，也正是这个行业的最大风险所在。因而，切实发挥本行业安全、便捷融资调剂资金缓急余缺的优长功能，守法守规规范经营、积极有效地服务社会，造就现代文明新典当新行风、新形象，是弘扬传统典当文化最根本的落脚点。

弘扬传统典当文化，
鼓励创办公益典当服务民生

——"2011 中国·大连首届国际典当论坛"学术报告

决定当代中国命运的改革开放走过了 30 年的历史，取得了令世界瞩目的辉煌成就。中国典当业的复出，是伴随国家改革开放的必然产物。

中国的典当业自 1987 年 12 月重登经济舞台以来，已经走过了二十多年。据不完全不统计，全国现有典当行 3000 多家，注册资本 580 多亿元人民币（下同），年典当金额已达 1000 多亿元，仅是"十一五"五年期间累计发放的当金就达近 6000 亿元，在缓解小企业贷款难、促进小企业发展等方面起到了积极作用，业已成为城乡居民尤其是中小企业快捷融资的重要渠道，是现代商业银行等主流金融业无可替代的重要补充。

20 多年之后的今天，典当业如何继续适应国家的进一步改革开放，在国家深入改革开放中发挥典当业的特定作用，这是典当业的经营与监管如何深化改革的问题。我认为，更新、优化经营与监管理念，是中国典当业继续适应国家进一步改革开放的需要，在国家深入改革开放中发挥本行业特定作用的关键性问题。二十多年的历程显示，更新、优化典当业的经营与监管理念，在加速建立典当业准入、退出市场正常机制的同时，应倡导弘扬传统典当文化，鼓励创办公益典当服务民生。

一、弘扬传统典当文化

唐代诗人杜牧《江南春》绝句咏道："千里莺啼绿映红，水村山郭酒旗风。南朝四百八十寺，多少楼台烟雨中。"南朝亦即东晋后在建康（今南京）建都的宋、齐、梁、陈四朝，其统治者无不好佛，尤以梁武帝为甚。一如《南史·郭祖深传》所载："都下佛寺五百余所，穷极宏丽，僧尼十余万，资产丰沃。所在郡县，不可胜言。"《南齐书》《南史》和《梁书》等史籍记载的有关南朝佛寺质库的三件史料证明，中国历史上有确切文字记载的早期典当机构就孕育于这"南朝四百八十寺"的寺院生活之中。从其诞生那天起，即与生俱来的带有慈善济贫解困的胎记。

缺乏良好文化素质的行业，只能是急功近利的、没有前途的行业。典当文化亦不例外。传统典当文化也是值得关注的有益于行业自身发展建设和有益于社会文明进步的行业文化、企业文化。对于具体的企业来讲，也是同样的道理和规则。要用优秀的传统文化营养自身、自我教育，同时又营养社会、教化社会。尤其典当业，自古就是以慈善事业起步，由儒商经营发展起来的行业。不仅从事典当业务需要文化，更在于这个行业的一个优秀的传统是注重文化，该行业是一个特别注重文化的行业。因而，现代的典当经营管理者、从业人员本身就更应是高素质的现代企业家。要通过弘扬传统典当文化，提高行业素质，健康有序发展，正确处理好义与利的关系，规范经营，服务社会，为社会创造更大的效益，进而造就现代文明典当新形象。只有这样，典当业才商机多多，为社会贡献多多。

在社会生活中，"贫"与"富"是相对的概念和生存状态。同时，也是动态的。既有一时"暴富"，也难免"临时窘困"。贫富差距，同样也是相对而又是动态的社会现象。世界各国典当业的出现发展，无不与"贫困"和"济贫"相关联。转变"帮富不帮贫""嫌贫爱富"暴利观念，回归典当业初始的本原，帮扶也帮贫。世界各国的典当业发展史上，几乎都经历过的一个具有共性的"波折"，那就是一度因牟取暴利而受"高利贷"负面影响所困扰，乃至被取缔。

各国都有各自的优秀传统典当文化。最能够简明生动地阐释中国优秀传统典当文化的，是典当业的传统楹联。我以为这样几幅至为经典，值得推荐：

济一朝燃眉之急；供万家不时之需。

以质得财亲疏无异；因贫生息尔我相安。

缓急相需非侠义；有无共济是真心。

上输国课裕国富；下济民急慰民生。

急处来当，亦缘彼此两便；

缓时取赎，只因义利双全。

上裕国富，富时取物困时典；

下济民急，急处当衣缓处赎。

济困扶危，显接邦家高血脉；

裕国便民，流通天地大精神。

什么是典当业的优秀传统文化？我认为，主要体现在三个方面：一是发端于慈善济贫，二是义利兼顾，三是规范经营。简单来说，就是"解窘救急，济困便民"，既是典当业本身性质、功能的所在，也是其优秀的行业传统。

弘扬优秀传统典当文化，推进典当业经营与监管改革深化，科学地运用市场规则，造就现代文明典当新形象，从而构建现代文明和谐的典当市场。

二、鼓励创办一定数量的公益典当直接服务民生

典当业的根本社会功能在于调剂资金缓急余缺，也就是一般商业银行、贷款投资公司等金融行业所共同的功能——"融资"。由于典当机构设施不庞大，经营过程中决策层次不复杂，因而办事效率要比其他现代金融机构高许多，所以具有灵活便捷地调剂资金余缺、缓急的优长。即如有学者所感叹道的，"中国典当制度，颇富科学管理精神。典当铺的内部组织，分工很细，纪律甚严，故效率高而弊端少。……可惜此一科学管理技术，没有受到士人的注意，而应用到传统藏书楼及工商管理方面去。否则中国的管理科学，早就在本土上生根发芽了"[1]。这一点，正是传统典当业能够在现代银行等金融业十分发达、繁荣的金融融资市场里还能据有一席之地，还很活跃的理据。

---

[1] 罗炳绵《近代中国典当业的社会意义及其类别与税捐》，台湾《近代史研究所集刊》第 7 期，1979 年。

中国和世界上大多数、特别是欧洲一些国家的典当业起源一样，都是发端于慈善、公益事业，本原是公益性质。目前，法国等国家或地区仍然存在公益性典当行与营利性典当行并存、互补的格局。欧洲大陆典当业比较发达的法国，早在 16 世纪中后期便呈现出民办营利当铺、官办营利当铺和官办公益当铺三位一体、共同发展的格局。法国于 1851 年颁布实施的《公益典当法规》规定，"公益典当在中央政府提倡及监管下由地方政府负责经营"。如今，法国的公益典当几乎形成了一统天下之势。显然，以微利维持自身生存与运营甚至政府必要时贴息的公益性典当行，对于为低收入和临时经济窘困的城乡居民尤其是中小企业的便捷融资帮扶，更具人性化，是关注民生、爱护人的尊严的更佳选择。

目前，在中国，根据现行有关法规，不仅专业的典当行业务经营范围已从单一的动产质押扩展到财产权利质押典当和房地产抵押业务。同时，这些业务也在各商业银行的经营范围之内。也就是说，商业银行的经营范围涵盖着典当业的经营范围。其中，将房地产抵押业务纳入典当业的经营范围，是与世界各国典当业有所不同的一个特点，这也是中国典当业适应经济体制改革需要的改变。

毋庸讳言的是，将房地产抵押业务纳入典当业的经营范围，加重了相当一些典当商急功近利的欲求和暴利观念。在直接便利居民以住宅作抵押便捷融资的同时，也自然刺激典当业把眼光瞄向距离民间日常生活融资需求稍远的更大宗的房地产抵押项目。于是，在利益驱动之下，不免出现忽视民品散件典当业务，或者干脆就不经营民品散件的倾向，乃至无序化甚至恶意竞争。在此情况下，创办一定数量的公益性典当行，有助于调整典当业市场经营格局和供需矛盾。

目前中国典当业的客源对象，主要是中小企业和社会居民散在客户两大主流客源。根据现行典当业管理法律法规，支持、鼓励典当业直接为扶持中小企业融资服务，中小企业已经成为中国典当业目前的一大主要客源。如果进一步由公益性典当行直接为之服务，则可进一步减轻有融资需求的中小企业的融资成本和负担，更可以直接面对有融资需求的社会居民散在客户扶贫济困。

几年前，沈阳市对通过典当融资方式创业的企业出台的免收典当综合费用的扶持政策，可给制订公益性典当行政策提供一定有益的启示。据报道①：

> 从 2008 年起，沈阳市就已经对通过典当融资方式创业的企业出台了相关扶持政策。创业者可持有效证件，按照典当业务规则，将其有效资产作为当物抵押给典当行，以获得创业运营资金。典当行应对创业者免收典当综合费用，对免收的典当综合费用由财政按照 27‰ 的月综合费率给予一次性补贴，补贴期限最长 6 个月。沈阳市这一独具特色的政策在 2008 年实施了一年，对促进创业起到了很好的推进作用，所以决定 2009年继续延期一年。据介绍，此次对初始自主创业者的典当融资支持，受惠面非常宽泛。凡沈阳市下岗失业人员、高校毕业生、科技人员、复转军人（含符合随军、随迁、随调条件的军官家属）、新生劳动力、城镇零就业家庭成员、有劳动能力并有就业愿望的残疾人、农村劳动力等，在法律法规许可行业内，创办企业实体或领取个体工商执照，从事初始型自主创业活动的，

---

① 以下有关记述系综合《沈阳日报》《沈阳晚报》等本地主流媒体的即时新闻报道。

均为典当综合费用补贴对象。根据相关规定，创业者创办的企业须具备以下三个条件，方可享受典当综合费用补贴。这三个条件为：创办商贸企业、服务型企业（国家限制的行业除外）、劳动就业服务企业中的加工型企业和街道社区具有加工性质的小型企业实体，或经营30个微利项目（见附表）的企业实体；企业当年新招用2人以上（含2人）就业；企业必须与新招用人员签订1年以上（含1年）劳动合同并按规定为其缴纳社会保险。

根据有关规定，申请典当融资的创业者应该先到沈阳市综合费用补贴试点典当行申请、咨询典当业务。符合典当规则，典当行同意典当，创业者向典当行领取并填写市统一印制的《创业实体典当综合费用补贴资格认定表》。之后，创业者持《认定表》、营业执照副本、本人身份认定要件、创办企业吸纳就业人员的身份证、与吸纳人员签订的劳动合同等5个要件的原件和复印件，到市创业指导中心办理典当综合费用补贴资格的认定。

利用典当融资渠道济困扶贫鼓励创业直接服务民生，由政府有条件地部分"埋单"融资费用，是一次非常有益的尝试性举措。应该看到，其更重要的积极意义在于显示出社会对公益性典当行的需求。典当业是以牟利为本的商业性融资结构，要其零利润运行和生存并不客观。但是，通过适度减免综合费用和让利，加之政府以及慈善团体等社会各界的适度扶持，就有公益性典当行的生存空间。海内外的相关历史经验、特别是法国等欧洲一些国家的现实经验，均可借鉴。关注民生，鼓励创办服务民生的公益性典当行，不失为可以试行的一种社会融资方式，可以逐渐融入正常的社会生活。因而，随着典当业改革的深入，有必要鼓励政府和社会慈善团体及个人适度创办公立或民营性质的公益性典当行，将设立公益性典当行作为帮助贫困群体解困救急的常规机构之一。

三、完善法规切实执法到位是弘扬传统典当文化的关键

中外古今的历史经验证明，社会上各种商业性行业的生存与发展，都离不开两个最基本的条件，一是社会的需要，二是有必要的法律法规和切实执法到位所保障的正常运行秩序。典当业的生存与发展同样离不开这两个最基本的条件。

适度创办公立或民营性质的公益性典当行，将设立公益性典当行作为帮助贫困群体解困救急的常规机构之一，将之视为开放搞活典当市场的举措之一，还需要创造必要的行业环境和行业秩序。

首先，是完善法规切实执法到位。这是保障典当业市场正常运行秩序的关键所在。国家商务部在最近召开的全国典当业监管工作会议指出，"典当业风险防控形势依然严峻"。中国内地典当业复出20多年的历程证明，相关法规的不够完善和衔接，以及由于种种暂时的条件限制还难以切实严格执法到位，是目前中国典当业健康稳定发展与经营的首要风险，也是推进典当市场深化改革开放搞活的关键所在，当务之急。

其次，是培养、形成正常准入和退出机制。这是开放搞活典当市场的基本要求。典当业是以地域性服务对象为主体的行业。在相

关法律法规的允许范围之内，健全典当业的准入和退出制度，使之典当业在市场机制的作用下形成典当市场秩序相对稳定的正常准入和退出机制，才能真正实现各地典当市场的开放搞活，自主进退。因而，随着典当业深层改革的要求，不再统一限定各地设立典当行数量，是推进典当业和金融业整体发展的必然。毋庸讳言，改革过程中难免出现"一放就乱，一统就死"，主要在于相关的法规制度还欠完善和监管的经验还不成熟。但是随着改革开放的深化和市场的成熟，这个状况总要被打破。改变这种局面，靠的是法规制度、秩序和机制。应当尽早、逐步开放典当业市场，不再搞审批中的配额准入。

第三，向外资开放典当资本市场。这是深化典当业深层改革的必然趋势，也是检验、推进典当业和金融业整体发展、成熟的必然。

在加入 WTO 之后国家遵守银行业对外开放的承诺，进一步推进和深化金融改革，目前已经开始允许外资逐步进入国内金融市场的大势之下，向外资开放典当市场是深化典当业深层改革的必然趋势。因而，应尽快通过试点探索经验，制定相应的法规和实施细则，向外资开放国内的典当市场。在相关法律法规制约监管之下，向外资开放的国内典当市场，才是健全、合理的市场经济体现。通过改善我国典当业资本结构，更有益于典当业在全球经济条件下提高自身素质和竞争力，促进典当市场健康稳定地发展。

第四，鼓励典当业的专业化个性化发展，实行分类分级管理。这是典当业深化改革的必然趋势。

根据社会发展和市场的需求，随着典当业经营范围在不断地扩展，特别是在同商业银行、担保公司等其他商业融资结构的激烈竞争中，由于专业人才、客源对象行业群体等的差别的制约，势必促使经营范围各有不同的侧重，从而形成专业化趋向。其中，公益性典当行，也可谓另一层面的一种特定的类型。个中，对公益性典当行，自当应给予必要的政策倾斜和税收等方面的优惠。监管方面，区分公益性典当和一般商业典当，实行分类管理。

因而，在监管方面建立典当行的专业型分类、分级，实行各类典当行的分类、分级监管制度和机制，对于培养健康和谐有序的市场秩序势所必然，是并非遥远的预期。

［附］"2011 中国·大连首届国际典当论坛"开幕辞

尊敬的各位领导、各位嘉宾、各位专家学者
女士们，先生们：

大家上午好！

由辽宁省社会科学院发起并主办的"2011 中国·大连首届国际典当论坛"经过数月的紧张筹备，今天终于在美丽的海滨城市大连隆重开幕了。首先，请允许我代表本次大会的主办方——辽宁省社会科学院，并以我个人的名义，对论坛的开幕表示热烈的祝贺，对前来参加本次大会的各位领导、来宾和专家学者表示热烈的欢迎。

众所周知，典当业是人类最古老的行业之一，堪称现代金融业的鼻祖。当今时代，典当业虽已退位于非主流的商业融资机构，但仍然作为一种便捷灵活的融资形式在社会发展与经济生活中彰显着独特的魅力。不管是在亚洲国家，抑或是在经济与金融都很发达的欧美国家，典当业都表现出非凡的活力。特别是在最近的两次金融危机中，更显现了这个古老的金融行业的生命力，充分发挥了其拾遗补阙的便捷融资作用。中国是世界上最早出现典当活动并形成典当业的国家之一，目前拥有为数众多的典当行并广泛活跃于社会和经济的舞台上，业已成为城乡居民尤其是中小企业快捷融资的重要渠道，是现代主流金融业无可替代的重要补充。可见，典当业在现代经济社会中具有举足轻重的作用。

我院民俗学文化学研究所原所长曲彦斌研究员一直热衷于典当理论的研究，并于1997年11月创建了辽宁省社会科学院中国典当研究中心，这是我国成立的第一个公立的公益性典当研究机构。多年来，研究中心的专家学者始终关注典当业的现状和发展态势，潜心研究典当业发展的现实问题，陆续出版了一系列研究论文和研究报告，并由曲彦斌教授创建了"中国典当学"学科，获得了学术界和业界的广泛好评。2004年，曲彦斌研究员率先倡议举办"国际典当论坛"，得到了海内外学者的广泛关注和赞同。经过5年的精心组织，积极筹备，终于促成了"国际典当论坛"的顺利召开。本届论坛得到了大连市政府及相关部门的大力支持与帮助，也得到了国内典当业、银行界的积极响应，更得到了来自海外有关方面的热切关注。特别是法国原内贸部、农业部部长，现任法国审计部所属巴黎信贷银行总经理、欧洲典当行业协会主席和国际典当机构协会副主席白纳德·康迪亚德（Bernard Candiard）先生，台湾当铺总会会长、久大典当机构总监王运鹏先生，以及国际典当协会、大连市工商业联合会、大连市区域经济开发研究会，及辽宁省社会科学院的老朋友、原大连市人大常委会副主任、大连大学党委书记赵亚平教授，自始至终都在热切地关注着本次论坛的举行，并为本次论坛做出了重要贡献。借此机会，也请允许我代表会议的主办方，表示由衷的感谢。

席卷全球的金融危机，给世界经济和金融体系带来了前所未有的冲击，典当业也受到很大的影响。典当行业如何在新的金融形势下求生存、谋发展，探索新的增长空间，已经成为当前迫切需要解决的问题。为此，本届论坛的主题设定为"金融危机背景下的典当业"，旨在通过国内外典当学界、典当业内人士的沟通与交流，深入了解和掌握金融危机背下典当业的现状和发展趋势，共同探索典当行业创新发展之路。

本次论坛不仅为典当业和学术界搭建了一个合作与发展的平台，更为中国的典当业与世界接轨打开了新的通道。作为本次盛会的策划者、举办者、参与者和见证者，我们感到骄傲和自豪。

我们相信，在各有关部门的大力支持和配合下，在全体与会者的共同努力下，本次论坛一定会收到预期的效果，达到预期的目的。

最后，预祝本次论坛圆满成功！

谢谢大家！

　　　　　　　　由时任辽宁省社会科学院院长鲍振东作开幕辞

行业参考

中国典当业复出十年的状况与发展对策

　　典当，是中国历史上最古老的金融行业，迄今已有 1600 多年的历史。如果简略地概括这 1600 多年中国典当史的话，那么，可以说是：初见萌芽于两汉，肇始于南朝佛寺，入俗于大唐五代，立行于南北两宋，兴盛于明清两季，衰落于清末民初，复兴于当代改革。

　　20 世纪 50 年代，兴衰沉浮了 1600 多年的中国典当业曾一度在社会主义改造运动中因取缔而消失。80 年代以来，随着经济体制改革的深化和社会主义市场经济体制的逐步确立，古老的典当业得以在中国顺应时势适时复出。以 1987 年 12 月 30 日四川成都华茂典当行和次年 2 月浙江温州金城典当行的率先成立为标志，至今，中国典当业复出已十年有余。

　　值此之际，以中外典当业的历史和经验为鉴，结合中国经济体制改革和社会主义市场经济的实践与国情，科学地总结、评价典当业复出 10 年历程及其状况，分析其发展趋势，研究、制订相应的对策，有助于典当业自身的规范化健康发展，亦有助于对市场经济体制下金融业行为的监督调控使之规范化。这是国家监管机关和典当行经营者、从业者的共同期望。

就此，根据本人的有关调查和分析研究，略谈几点见解，供有关部门、理论界和典当业参考。

一、关于中国典当业复出十年来的基本状况和评价

20世纪80年代以来实行的经济体制改革，促生了许多适应当代社会发展要求的新生事物，借鉴吸纳了许多有益经验，同时也为一些仍然具有现实意义的传统事物的复出或推陈出新提供了历史机遇。中国典当业的适时、顺势复出，重新进入经济舞台和金融市场，便是其中的一例。

典当业复出10年的历程业已证明，社会主义市场经济体制下的金融市场仍然需要典当这种非银行金融活动的存在和积极参与。因而，典当业一经复出便显示了比较活跃的态势。据统计，从1987年末到1995年末，在短短的八年里，全国各地经政府不同机构批准建立的各类典当行已达3000余家，注册资本金总额约9亿元人民币。1996年4月，中国人民银行颁行《典当行管理暂行办法》，经过一年多清理整顿，重新规范核准的典当行为1300余家，注册股本金总额约80多亿元人民币，从业人员有10000多人。实行股份制规范的典当行，注册股本金一律以500万元为起点，少数股本金多的达到4000多万元。除西藏自治区尚未设立外，全国1300多家典当行分布于30个省（市、区）的262个市和130个县；除安徽省外，其余省会城市均设有典当行，而山西省的典当行主要集中在省会城市太原。其中设有50家以上典当行的省为9个，依

次为海南、广东、四川、辽宁、河南、黑龙江、山东、河北和广西，广东、四川均超百家；设有20家以上典当行的城市有11个，依次为海口、成都、西安、重庆、沈阳、南昌、昆明、哈尔滨、郑州、天津和长春，海口一地多达80多家；设有10家以下典当行的省份有6个，依次为新疆（10家）、内蒙古、上海、北京、青海和安徽（2家）；大中城市设立典当行2家以下的有4个，杭州和宁波、福州、曲靖（均2家）。在设立典当行的130个县中，除广西合浦县设有3家，以及黑龙江的勃利、福建的东山、广东的广宁等9个县每县2家外，其余每县均设一家典当行。

复出后的当代典当业同传统典当业相比较，既保持了传统的行业特点，亦体现了由于适应现实制度规范、市场经济要求和在金融体制改革条件下而产生的时代区别。

古今典当业的基本相同之处，主要是：（一）典当及典当活动的性质，仍然是以财物作为质押的限期、有息有偿借贷，亦即高息质贷融资；（二）在金融市场中，仍属非主导性的非银行性质的金融机构；（三）其社会功能仍然属于一种灵活便利的调剂资金缓急余缺的非银行融资渠道。或言之，古今典当业的基本性质、功能基本相同。

古今典当业的基本差别之处，主要为：（一）古今代典当业的开当资本金多种多样，如寺库资本、官僚资本、商贾资本、外国商业资本等，如今统一规范为有限责任公司形式的股份制的"特殊金融企业"，并且明确禁止设立个体典当行；（二）在经营范围方面，旧时以收当衣物家具等日用品和金银珠宝债券等贵重物品为主，少量有生产工具或生产资料，如今则以收当生产工具、生产资料、流通的商品、交通工具为主，兼及金融债票、珠宝饰物等贵重物品，低值的日用品一般不予收当，收当的当值起点明显提高；（三）典当行完全摒弃了全封闭或半封闭的传统经营方式，改为公开化、开放式的现代金融企业经营管理方法。

十年来，复出的典当业经历了两个发展阶段。从 1988 至 1996 年上半年的八年多时间，为迅速发展的起步阶段。这一阶段，由于当时政府主管部门分工尚未明确，尚未颁行统一的相应法规，监管不力，因而典当业市场一度处于无序或失控状况。1996 年下半年至今为第二阶段。在这一阶段，根据中国人民银行颁行的《典当行管理暂行办法》，对典当行进行了全国范围的清理整顿、核发金融企业经营许可证，规范了典当行的资本金构成形式和组织形式、经营范围、经营方式等，从而使复出后的典当业基本上纳入规范化、有序化的发展轨道，在国家各级主管机关和有关部门的协同监管之下初步形成了依法经营、平稳健康发展的局面。

二、关于典当业近期发展趋势的简要分析

任何一件新事物的产生或传统事物的复出、推陈出新并为社会现实所认同和接纳，构以其相应的社会要求等综合因素为前提条件。我在《略论中国典当业的历史与现实——兼"中国典当学"刍议》这篇论文中，曾经谈道："历史决定了当年中国典当业的取缔，历史也给了它复出或说：'复兴'的机遇。典当业之所以在中国得以复出，简而言之，是适应现阶段社会主义市场经济发展的需要，是经济体制改革过程中金融体制改革的成果之一。"就是说，若非存在相应的社会要求，在金融市场中含有相当的需求份额，以及现行

经济制度的许可，那么典当业的复出与发展便失去了根本。是社会的现实需求选择了典当这种非银行金融机构便捷、灵活的质贷融资形式，在竞争激烈的金融市场中给予了它相应的市场占有份额和发展机遇。社会需求的，是典当业的性质和功能。

至于中国典当业未来的发展趋势，我在这篇论文中也谈道："可以预言，随着金融经济体制改革的不断深化和社会主义市场经济机制的日趋发育成熟与完善，中国的典当业市场亦必将进一步扩大和活跃，典当业还将向前发展。这一发展态势，是国家经济发展方针和市场经济规律所决定的。一些经济比较发达国家或地区典当业盛衰的经验，也已为此提供了借鉴、佐证。"我认为，中国典当业在相当长的一个历史时期，将会持续发展。其理论根据，是国家业已确定并付诸实施之中的大政方针。主要是：中国现在处于并将长期处于社会主义初级阶段，国家经济体制改革的目标是建立社会主义市场经济体制；要充分发挥市场机制作用，改善流通体制，健全市场规则，建立统一开放、竞争有序的市场体系，进一步发挥市场对资源配置的基础性作用。其间，金融、商品流通市场的资源配置和市场竞争，已为典当业发挥自身的功能优长创造了极好的条件和前景。就近期而言，国家确定在 2010 年之前，建立比较完善的社会主义市场经济体制，保持国民经济快速健康发展，是必须解决好的两大课题。国家所坚持的邓小平理论提出的"三个有利于"，即"是否有利于发展社会主义社会的生产力、有利于增强社会主义国家的综合国力、有利于提高人民的生活水平"，则是判断这一切的标准。这些，是典当业将出现持续发展的社会和历史背景。

中国人民银行作为国家指定的典当业主管机关，曾针对典当业复出的起步阶段的无序或失控状况，不失时机地提出了"要从当地经济发展水平和业务需求状况出发，作为从严审批，总量控制，合理布局，稳步发展"的指导思想，是符合实际的，正确的。

市场经济的核心机制，是竞争机制。典当业从其复出的起步之初，便直接进入了激烈的市场经济漩涡。在市场竞争中，金融市场的竞争尤其活跃、激烈。尽管典当业仅属非银行金融机构中的一支，而且以地方性的区域性金融市场直接的经营活动为主，但它自身灵活、便捷融资的特点在不断吸引客户，不断地扩大融资市场份额，在活跃了金融流通市场的同时也为自身的资本积累带来可观的效益。由于各地经济发展水平不同、市场需求程度不同和典当业自身经营水平的高低，各地典当业的发展水平也不可能是平衡划一的。有关的统计分析表明，东南沿海经济发达地区典当行设立较多，省会等大都市典当行业比较集中，全国几乎没有一家设在乡镇的典当行；仅海口、成都等在一座城市中便有典当行数十家；相反，像北京、上海这样的世界级特大都市却仅有几家典当行。凡此，直接反映了各地典当市场需求水平或说所占金融市场份额比例的不同，是决定着典当业发展规模的重要因素。但是。无论各地典当业目前的发展规模如何，都将遵照市场经济的发展规律和我国经济发展的前景，在总体上获得进一步的发展。就近期而言，这是典当业复出以来继起步和清理整顿之后的新的发展阶段。这个近期的发展阶段，是中国典当业的跨世纪发展新阶段，是深化行业及典当市场规范的新阶段。目前，中国现代典当业已经界临或者说开始进入成熟的阶段。

三、关于加强典当业及其市场规范的对策探讨

社会的跨世纪发展给包括经济、金融在内的各个领域都提出了十分艰巨的任务和创造了广阔的前景。

中国典当业跨世纪发展的新的历史阶段，主要在于加强对典当业及其市场的规范，使之在以往历史的基础上走向更符合时代要求的新的成熟。

根据上述分析研究和所面对的实际状况，我认为，政府监管机关、理论界和典当业本身，应在以下方面取得基本共识并付诸实践。

首先，是强化有关典当业及典当市场的法治化、制度化规范，依法治典。这是规范典当活动的根本所在。典当业复出之初，各地先后制定颁行了数种地方性法规，这一事实本身，就是从业者、监管机关和典当市场对法治化、制度化规范热切要求的显证。即或业已颁行的有关全国性法规，也难以尽善尽美完全到位，仍需要依法据实际情况进行适时修订完善。创造条件，积极准备，适时制订颁行符合中国有关基本法律和国情的《典当法》，业已列入有关方面的工作日程。与此同时，应尽快完善并强化各级政府主管机关的监管、执法系统，加大力度，使监管执法切实到位，对无证非法经营业户和违规经营行为进行严格执法、严厉查处，切实依法规范行业行为和典当市场，维护金融市场秩序。

其次，注意适时、适宜地调整典当经营政策，并使之纳入法制化、制度化轨道，保持政策的相对稳定性、连续性。目前，全国各地典当业普遍关切的涉及法规、政策的共性问题主要有四：（一）关于典当业负债经营问题；（二）关于"绝当"物品拍卖、变卖及其余额的处理；（三）关于典当行可否设立分支经营机构和异地股

东问题；（四）关于房地产等不动产抵押贷款可否纳入典当行经营范围的问题。这些，业已受到了有关理论界和国家有关部门的注意和重视。我认为，类似问题的处理，既关系国家宏观的市场经济导向和金融市场秩序的规范有序及稳定，亦关系着中国典当业在跨世纪发展中如何切实充分发挥本行业功能为经济发展做出应尽贡献的实际经营方针。为此，在注意界定典当行作为非银行金融机构性质的同时，亦应考虑到典当业的传统和自身功能特点。处理这些问题的原则，既要以有关法律法规为遵循和参照，亦应切实把握国家关于发展社会主义市场经济的宏观战略、大政方针和现实的基本导向，稳中有活，活而不滥。在一时把握不准或难以预测效应的情况下，不妨先行单项或局部进行有限制的试点、试行，再据试验结果正式制订具有普遍性的统一政策。

第三，加强典当学理论研究，尽快扭转理论滞后状况。典当学是经济学、金融学的一门分支学科，是一个带有较强的社会性和商业性的科学领域。中国典当业有着1600多年的悠久历史，多年来中外学者们曾从经济、金融、历史、社会、政治、民俗、法律等不同的科学视点考察、研究典当现象及相关问题，但是将之构建为一门相对独立的科学理论体系则是刚刚开始。最近，我在《略论中国典当业的历史与现实》中提出并讨论了这一课题，并以"兼'中国典当学'刍议"作为这篇论文的副题。毋庸讳言，相对中国典当的历史和现实要求而言，典当学理论研究迄今仍然是滞后的。无论是何原因造成的这种状况，典当学理论研究的滞后，直接影响到有关法律法规的制定与完善，以及监管执法和经营操作，乃至有关人员专业素质的培训和提高，难以科学、到位和尽如人意。已有香港学者注意到传统典当业的内部经营管理至今不失借鉴意义，但我们至今仍未能充分发掘利用。典当学是一门应用性较强的理论，尽快建设"中国典当学"，理论的科学体系，是目前当务之急，也是典当业复出十年之后跨世纪发展阶段任务的重要目标之一。为此，我建议并呼吁政府有关部门、全国典当业都关注支持中国典当学研究，积极采取有力措施加强专门科研机构建设和科学研究，迅速扭转典当理论研究滞后局面，为现实服务。

第四，在加强理论研究的同时，有计划、分层次地开展典当监管执法和从业人员的专业培训，提高其基本的专业素质，是规范典当业及其市场的根本保证，是实现跨世纪发展目标面临的急切工作。尽管有些监管、从业人员已具有相关学科的学历或专业技术职务任职资格，但是仍然缺乏系统的典当学专业科学理论知识，是影响其监管执法和从业经营水平的重要基础因素。应创建培训基地，以实施"持证上岗"制度来强化分期分批培训，将此作为规范典当业及其市场的一项重要制度和措施。

第五，尽快建立健全各地方和全国性的典当行业协会，发挥其自律、协调、交流以及可以授权的协助政府主管部门监管功能，维护行业合法权益和典当市场秩序。中国是世界上最早实行行会制度的国家之一，在有历史文献记载的中国行会形成之初，便已产生了典当业同业行会并形成了协助政府进行行业管理的传统。国家建立完善社会主义市场经济体制的导向性措施之一，便是借鉴中外经验逐步适度地通过行业协会组织进行行业管理。中国典当业的各级行业协会组织，应从组建之初便依法赋予其比较完善的功能，不流于形式，切实发挥应有作用。对于目前业已建立起来的行业协会组织，应及时进行调查，总结经验，加以完善。各级政府典当主管系统和各级典当行业协会，是现代典当行业规范秩序中不可或缺的两个组织保证系统。

社会的跨世纪发展，为复出不久的中国典当业提供了新的挑战和历史机遇。把握机遇，迎接挑战，规范有序地稳步健康发展，是中国典当业在跨世纪时代所面临的新历程。

原载《社会科学辑刊》1999 年第一期

典当业需要有所规范地健康发展

——从《典当行管理办法》的颁行谈起

小引：新旧典当业的比较

典当，是主要以财物作为质押而有偿有期借贷融资的具有浓厚商业色彩的金融经营机构，是中国乃至世界历史上最为古老的非银行性质的金融行业，也是现代银行业的雏形和源头。在数千年中华文明史上，典当业的历史已有 1600 多年。我用八句话作为中国典当历史与现实发展轨迹的简要概括，即："初见萌芽于两汉，肇始于南朝寺库，入俗于大唐五代，立行于南北两宋，兴盛于明清两季，衰落于清末民初，复兴于当代改革，近期仍将继续发展。"

典当是社会发展到一定时期的历史产物。无论历来的人们对其或贬或褒如何评说，这个非主导性的民间金融行业，一直延续了十几个世纪，直到现代银行等金融业比较发达的今天仍然在社会经济生活中占有一定的位置，充分说明典当以其低风险经营来便捷地调剂资金余缺缓急的功能特点，在古今社会生活中均难以为其他金融机构所取代。

任何商业性金融机构的设立，都是适应市场经济需求的结果。相去几十年前被取缔的传统典当业，重新复出的典当业业已具有当代社会经济、文化和市场需求与制度规范的印记，形成了一些新旧典当业的异、同之处。首先，典当行业赖以存在的原营业性质，仍然是以财物为质押，限期、有息的有偿借贷，而且仍然属于法律法规所允许的高利贷款融资。其次，新旧典当业在社会金融经济市场中，均处于非主导的地位，均属于非银行性质的民间金融机构。尤其是在现代银行业比较发达的今天，这种在金融市场中拾遗补阙的非主流性的辅助性地位，或说是经营的市场定位更为明显。第三，新旧典当业在社会经济生活中的功能及经营方针，均属一种灵活便利的调剂资金缓急余缺的非银行机构的融资渠道。这一点，也是其在当代金融经济体制改革中获得重出机遇的根本所在，即社会经济生活需求具有这种功能特点的非银行性质的融资机构。典当业的性质规定了它的基本功能在于以财物作为临时质押融通资金，以解决急需资金的窘困。这一点旧时典肆的一些楹联广告，表达得至为清楚。如："上裕国富，富时取物困时典；下济民急，急处当衣缓处赎"；又如，"济困扶危，显接邦家高血脉；裕国便民，流通天地大精神"等。不过，新旧典当行在经营范围及出当客户方面发生了变化。旧时代的典当业经营的收当范围，以衣物家具等日用品和金银珠宝贵重物品为主，少量为生产工具或生产资料，出当的客户大多是城乡贫民或一时拮据窘急的中产阶层；如今则主要收当生产工具、交通工具和生产资料，兼及金银珠宝饰物等贵重物品，一般衣物家具等低值的日用品很少收当，因而出当的客户以中小企业、私营企业、个体企业或急需资金的贵重物品持有者为主。可以预言，随着金融经济体制改革的不断深化和社会主义市场经济机制的日趋发育成熟与完善，中国的典当业的市场亦必将进一步扩大和活跃，典当业还将向前发展。这一发展态势，是国家经济发展方针和市场经济规律所决定的。一些经济比较发达国家或地区典当业盛衰的经验，也已为此提供了借鉴、佐证。

一、议论了数年的话题：典当业亟须专项法律法规的规范

市场经济的需要激活了中国典当业。但是，没有规矩，不成方圆；典当业要健康、有序地可持续发展，就必须要有相应的法律法规加以规范，就一定要有有关国家机关依法进行强有力地监管。

正是因为现实市场经济对典当业的需求，以及当前新典当业刚刚兴起，也就伴有许多急待研究解决的问题，诸如建立健全相关的法律法规规范典当市场，也包括如何界定和确认典当经营的合理税收，乃至"出当"是否可视为消费行为、是否需要纳税和如何纳税等问题。

1987 年 12 月，典当业消逝 30 多年之后在中国复出了。在没有相应的专项法律法规规范典当活动和典当市场之前，国内的典当市场一度陷入了混乱状态，光是审批设立典当行的政府部门，就一度多达十几个。这些无疑阻滞了行业的发展，甚至在一些地方还出现了一些影响社会治安和社会稳定的事件。1995 年 5 月，公安部发布了《典当业治安管理办法》。1996 年 4 月，中国人民银行颁布了《典当行管理暂行办法》，并随即据此对全国的典当行进行了全面的

清理整顿。作为新中国第一个典当法规，对典当业的有序发展起到了一定的推动作用。但由于典当业刚刚复出不久，新型典当业该如何发展，还处于"初始化"的探索性阶段，加之相关的理论研究滞后，致使有些条款与现今的典当业发展实际存在一定的距离，社会有关方面反应较大。随即，中国人民银行就根据社会的反映和国务院领导的批示，组织专家调查研究，对"暂行办法"进行了长达三年多的修订，直至改由国家经贸委作为典当行的主管部门。

2000年的下半年，根据国务院的决定，中国人民银行同国家经贸委就典当业的监管职责进行了交接，改由国家经贸委统一监管。国家经贸委接管之后，又立即进行调研继续修订这个"管理办法"。最后，这个"千呼万唤""左盼右盼"的管理办法终于正式出台。人们渴盼法规尽快出台，就在于期望这个重新复出不久的古老行业规范、有序地健康发展。这一点，亦正如新管理办法第一章第一条开张明义所说，"为规范典当行行为，加强监督管理，促进典当业健康发展，根据有关法律法规，制定本办法"。这个管理办法，就是典当行的"行业大法"。

二、新管理办法特点之我见

现今的这个"管理办法"，较之前一个"暂行管理办法"有了很大的突破。说它是"突破"，事实上是指更加符合现实的国情和典当业经营发展的实际了。例如：第一，在典当行的注册管理方面，进一步简化了申请设立典当行的行政审批程序，把原来分成筹建与开业两个阶段，合并成了一个阶段，这一点比较符合典当业市场的实际，典当业本身就是以快捷、便利的功能特点赢得融资市场份额的。同时，把典当行注册资本金的最低限额划分为两档，根据典当行业务范围和规模的区别，由原来的 500 万元起点调整为 300 万元和 500 万元两个档次。在有限定地允许典当行设立分支机构，规定所设分支机构的典当行"注册资本不少于人民币 1000 万元"。第二，在经营管理方面，扩展了典当行的经营范围，突出的就是，典当行现在不仅可以经营动产、财产权利的质押，还可以经营属于不动产的房地产抵押；同时，有条件的允许典当行负债经营，即第五章第四十二条规定的"典当行从金融机构贷款，余额不得超过其注册资本；典当行分支机构不得从金融机构贷款"。这一点，就把典当行同其他企业摆放到了同等待遇、平等竞争的同一平面。第三，绝当物的处理，是古今中外典当业经营活动中的一个传统上就特有的、次生的、伴随的经营方式，一个特殊的流通渠道，没有这一项，也就难以叫典当活动了。《典当行管理办法》改变了此前的《暂行办法》过于谨慎的"一刀切"式的规定，根据具体绝当物价值大小采取了相对灵活而又有所限制的处理方法，即第五章第四十条规定的三项原则：一是"当物估价金额在 3 万元以上的，可以按《中华人民共和国担保法》有关规定处理，也可以双方事先约定绝当后由典当行委托拍卖行公开拍卖；当地无拍卖行的，应当在公证部门监督下公开拍卖。拍卖收入在扣除拍卖费用及当金本息后，剩余部分应当退还当户，不足部分向当户追索"；二是"绝当物估价金额不足 3 万元的，典当行可以自行变卖或者折价处理，损溢自负"；三是"对国家限制流通的绝当物，应当根据有关法律法规，报有关管理部门批准后处理或者交售指定单位"。这三个原则，同时兼顾了典当行和当户双方的权益，比较合理。第四，收当赃物问题。古今中外的典当业在经营活动中，都不可避免地要与赃物打交道，都难免受到赃物问题的困扰。各国、各地区的典当法规中，都充分注意到，并做出相应的规定。例如台湾地区两年前在讨论制定新的"当铺业管理法"时，即注意到了"长久以来部分当铺业者与窃盗犯勾结销赃，以合法掩护非法，常为大众所诟病。借着'当铺业管理法'的制定及监督管理，希望能导正业者的经营，摒除社会大众对当铺业的疑虑"。同时，也在于由此而"避免不知情业者触犯赃物罪，……保障业者权益"。相对而言，大陆的新法规就比较宽松合理一些。当然，个中，既不可排除不法经营者有意或说恶意通过收当赃物以谋取更大利益的可能，也不可排除守法经营者误收赃物现象。对此，第五章第四十一条规定："典当行发现或者怀疑当物为赃物，应当立即向公安机关报告。典当行收当赃物，如经公安机关确认为善意误收的，原物主应当持当物所有权证据办理认领手续，按典当行实付当金数额赎取当物，但可免交当金利息和其他费用。"如此规定，显然是对守法经营者利益的有效保护。至于个别利欲熏心的业户非要在收当赃物上牟取非法利益，既是违反本管理办法第三章第二十四条规定的违规行为，也是其他有关法律、法规已有明文规定所不允许并要受到严厉制裁的。

作为曾经应邀参与组织修订这个法规的学者之一，依我之见，这个新的管理办法，有这样几个值得肯定的、比较突出的特点。

首先，是重新界定了典当行的属性，比较公正合理地确定了典当业在现实市场经济活动中的位置，使之更趋于科学、合理，符合现行市场经济的国情和典当业市场的实际。例如，在第一章里就明确规定："本办法所称典当，是指当户将其动产、财产权利作为当物质押或者将其房地产作为当物抵押给典当行，交付一定比例费用，取得当金，并在约定期限内支付当金利息、偿还当金、赎回当物的行为。本办法所称典当行，是指依照《中华人民共和国公司法》和本办法设立的专门从事典当活动的企业法人。"古往今来，关于典当和典当行，有许多种界定。应该说，这些界定既保持了典当的基本属性、功能，又直接明确了现行的经营范围，同时也明确了典当行的法律地位，既符合典当市场的现行实际，又有科学性。

其次，是从制度上最大限度地降低了典当经营者和典当市场的风险，保护经营者与客户双方的合法权益。例如，第四十二条关于典当行的资产按比例进行管理的规定，要求"（一）典当行对同一法人或者自然人典当余额不得超过注册资本的30%；（二）典当行从金融机构贷款，余额不得超过其注册资本；典当行分支机构不得从金融机构贷款；（三）典当行对其股东的典当余额不得超过该股东入股金额，且典当条件不得优于普通当户"等，均尽可能地进行了严密地规定。在允许典当行向其他企业那样可以负债经营的同时，也同时作有典当行从金融机构借款的余额不得超过其注册资本金的相应规定。又如上面已经谈到的有关绝当物的处理规定，等等。典当行是个高回报也是个高风险的行业，其风险不仅直接涉及典当行自身的利益，更重要的还在于关系到社会的稳定。因而，严密制度，把风险控制在最低限度，对于制定管理办法是十分必要的，甚至是首先要考虑到的事情。

第三，就是注意到了要具有前瞻性。比如第六章第四十六条的规定，"外商及港、澳、台商投资典当行的试点及管理工作由国家经济贸易委员会负责，具体办法由国家经济贸易委员会会同有关部门另行制定"，显然是考虑到了加入世界关贸总协定之后随之而来可能会出现的典当业市场情况。假如没有这一点，也就失去了应有的前瞻性，短时间内的修改，有碍法规的相对稳定性和严肃性。又如，行业管理和自律问题，这次明确地写进了管理办法。无论在中国典当史还是世界典当史上，典当业的行业组织自律与管理，都是有历史传统的。同时也是当代国际上企业行业管理的重要手段。几年前，国家已在进行这方面的试点工作。本管理办法的第六章第五十三条对此做了明确的规定："全国性典当行业协会是典当行业的全国性自律组织，经国家民政部门核准登记后成立，接受国家经济贸易委员会管理与指导。地方性典当行业协会是本地典当行业的自律性组织，经当地民政部门核准登记后成立，接受所在地经济贸易委员会管理与指导。"这样，就为典当行业逐步进入现代化的多方位行业管理，作了预先的准备。

总体来看，《典当行管理办法》适应了市场经济和新时期典当行业发展的需要，为典当行业的规范、有序地健康发展奠定了基础，创造了积极的条件。

尽管如此，客观而言，这还不能说是一个十分完善的法规，还需要在实践中，比较稳妥地不断修订完善。而且，受有关条件的制约，如目前还没有制定物权法等于典当经营活动直接相关的法律，就难以使这个法规更为完善、更加到位一些。又如，这个管理办法与其他法律法规的有效衔接等问题，在遇到具体典当经济纠纷、法律纠纷时，有些问题就会显现出来。不过，应该看到，这个法规才刚刚出台，还应坚决、稳定地贯彻实施。让其在实践中经受检验，随后再深入进行相关的理论研究之后再接着探讨就是了。对此，有些看法就不多谈了。

原载国务院发展研究中心"国研网"2001 年 10 月 4 日首发专稿

关于"中国典当业复出十年来发展状况"问卷调查的分析与评价报告

典当，是主要以财物作为质押而有偿、有期借贷融资除金融经营机构。中国的典当萌芽于两汉，肇始于南朝专库，入俗于盛唐五代市井，立行于北南两宋，兴盛于明清两朝，衰落于清末民初，复兴于近十年改革，迄今已有 160 多年的历史，是中国最古老的金融行业之一，是现代银行的雏形和源头。20 世纪 50 年代，中国的典当业被取缔；80 年代末，在经济体制改革中适时顺势复出。从 1987 年 12 月 30 日成都华茂典当行和次年 2 月温州金城典当行成立至今，已十年有余。

据统计从 1987 年 12 月到 1995 年末的 8 年里，全国先后成立了各类典当行 3000 余家，注册资金总额约 9 亿元。根据中国人民银行 1996 年 4 月颁行的《典当行业管理暂行办法》，经过一年多的清理整顿，到 1997 年 10 月，全国典当行有 1300 余家，注册资本金总额约 80 亿元，从业人员约 1 万多人。这些典当行分布在 30 个省市自治区的 262 个市和 130 个县。

典当业的复出，是适应社会主义市场经济发展的要求，经济活动实践证明，典当业以其便捷，灵活的经营方式，在为中小企业，个体户和城乡居民调剂资金，缓解余缺方面，发挥了积极有效的作用，是银行等主导性金融流通渠道所难以取代的低风险的特殊融资渠道。可以预言，随着金融经济体制改革的不断深化和社会主义经济市场的发展，典当业还将进一步活跃和向前发展。为了总结十余年全国典当业发展经验，深入了解经营者所关心的有关问题，促进典当业的规范有序健康发展，为政府决策和主管机关修订有关法规，调整制定有关政策并依法监管提供参考性依据，我们在会同有关机构成功举办了"迈向新世纪的中国典当业——典当业复出十年全国理论研讨会"的基础上，一运用社会学调查方法，进行了一次典当业现状的问卷调查。

本次问卷调查以个人典当从业经营人员为对象，有采用提出问题，设定可供选择答案，由被调查者自行选答的方式。总计向 900 多个典当行发出了调查问卷，收回问卷 101 份，约占发出问卷的 11%。

一、从业者对本行业发展状况的评价

典当业复出十年来，已经取得了较大的成就。这在问卷中有明显的反映。

（一）对典当业目前状况在问卷中有 47% 的业户认为发展良好，只有 2% 的业户认为很不好。在短短的十年发展中，加上整个社会等对行业的认识不足，缺少明确的规范，有近一半的业户认为发展良好确实很不容易。

（二）有71%的业户认为目前典当业的普遍状况是适应社会主义市场经济的需要，这说明典当业的复出是社会主义经济体制改革的产物，实践也证明典当业在为中小企业和城市居民调剂资金余缺、解决生产、生活中的实际困难发挥着作用。

（三）从典当行业对社会公众的影响看，39%的业户认为影响良好。在旧时，典当业几乎完全和高利贷相结合，经营典当业的户主和官府的达官贵人勾结，也和各种黑社会势力勾结，欺压贫苦大众，人们被逼无奈才到典当铺去当东西，实际上有60%—70%的典押物变成死当，因此几乎所有的民众对典当行印象极坏。典当业刚刚复出十年来，又加上市场很难规范，就有39%的人转变了观念，这是典当业的一个很大成就。

（四）有43%的业户认为典当业近期发展会出现好的势头，只有2%的业户认为势头不好。在当前这个行业还没有被大多数消费者所认识的情况下，有43%的业户对本行业的发展前景表示乐观；这说明本行业很有发展前途。

（五）关于典当行业经营的范围，业户经营近十年的经营经验，摸索了一些经营方式和内容。有些想法是可以马上进行的，有的想法可到金融市场进一步完善和其他行业进一步整顿后再实行的。

关于经营范围和绝当物处理意向表

内容	可	否
不动产（房屋）	96%	3%
可负债经营	81%	19%
可设分支机构	89%	11%
绝当物品处理		
全部拍卖	8%	

内容	可	否
有限额拍卖	60%	
与客户协商	32%	

（六）典当业客户对目前典当业的管理的认识和表示的态度。对典当行的基本属性的认识，其中有89%的业户认为典当行是一种金融经营机构，认同按金融经营法规来进行操作，这和中外历来典当业属性相吻合。

对股本金最低限额的认识，其中68%业户认为要有最低限额的股本金，其中500万元的占44%，200万元的占21%，100万元的占3%。还有32%的业户认为规定最低限额的本金不妥，而是认为不同地区，应具体分类，根据经营范围，制定最低限额。

绝大多数的业户还希望互相之间交流信息和经营经验。也反映了绝大多数业户希望通过建立协会，自行建立规范，保护自己合法经营，在经营实践中大多业户对经营人员的素质的提高给予很大的关注。92%的业户认为建立从业人员持证上岗的制度，来增强全行业人员的素质很有必要。95%的业户认为应当对主要从业人员分期分批的进行专业知识的培训。多数的业户认为应当建立"典当师""主任典当师""高级典当师"之类的专业技术任职资格制度，以适应典当高科技含量物品增加的现状。

（七）关于典当业的知识来源，多数业户感到不满意。目前典当人员典当知识的来源、有16%的人是从书刊上得来的，17%是从有关会议中得来的，87%是从经营实践中得来的。因此大多数业户希望大学经济系中建立典当专业，出一些书报刊物，专门介绍典当知识、大多数业户认识到典当从业人员应当具备高中以上学历。

二、对目前典当业存在的问题的分析

我国在 1987 年典当业复出前面临两方面的问题。一方面我国绝大多数民众对典当业的认识停留在封建社会典当业的水平，认为现行的典当业仍像高利贷盘剥的一样，对穷人是冷酷无情，对业户敲骨吸髓；典当铺当东西的人总是穷困潦倒、走投无路，或是赌鬼、烟鬼、色鬼；总之大众对典当行印象极坏。另一方面社会主义市场经济需要经济生活更加活跃、经营方式多样性。典当的方式和某些内容能补充社会主义经济的某些缺陷。但是社会主义典当业决不能和古老的封建的典当业相同，也不能照搬西方资本主义的典当方式，需要创造的是社会主义的新型典当方式。社会主义新型的典当形式，既无前人的经验，又无今人的样品。在面临两种困难的局面下，复出的典当业运行了十年，虽然取得了一些经验和成绩，但也暴露了一些问题。这些问题主要有：

（一）经营业主中相当多的人信心不足，对前景表现得不是很乐观。在问卷中有 52% 的业户认为目前的状况不乐观，2% 的业户认为很不好，29% 的业户认为目前典当业不适应社会主义市场经济的发展的需要。

（二）目前公众对典当业的了解程度还很低。问卷中比较了解的占 8%，84% 的业户认为公众对典当业不很了解，8% 的业户认为公众对典当业根本不了解。

有 54% 的业户认为目前典当业对公众的影响不好。在分析影响不好原因时有 21% 业户认为封建社会当铺的坏经营方式仍然影响现代公众，67% 的业户认为典当行业自身和整个社会对典当行业经营方式和内容、宗旨宣传不够，也有 12% 的业户认为是目前经营中存在的实际问题所致。如市场不规范、经营方式混乱、业务纠纷多。关于问卷中所问目前典当业是否发挥了自身的功能和特色时，60% 的业户认为发挥不充分。

（三）对目前典当业风险的评估，6% 业户认为基本无风险，76% 的业户认为有风险，18% 的业户认为风险很大。这一方面说明目前大多业户对现行法规和管理方式表示怀疑，另一方面也说明现有业户的实际经营水平低，经营中出现了较多问题。

（四）在分析目前典当业出现了较多纠纷的原因时，85% 的业户认为现有的法规不够完善，15% 的业户认为经营不规范。这一方面说明政府机构，特别是金融管理机构要加大对该行业管理的力度，尽快制定比较完备的法规。另一方面现有从业人员要尽快提高经营技巧和改变目前不合时宜的经营方式。

（五）对典当业的管理问题。在问卷中大多业户对现有的管理方式和力度表示不同程度的不满。在回答现有的法规是否符合本行业和市场经济需要时，只有 1% 的业户认为符合，83% 的业户认为尚待修订和完善，16% 的业户认为不完全符合，需要做一些改动和完善。

在问及国家主管部门监管状况时，认为监管很好的有 23%，认为监管不力的有 22%，认为监管过严的有 54%，监管过宽的有 1%。这一方面说明大多业户对现有的监管不满，这里面确实存在着监管方面的问题，另一方面也反映了目前的大多业户存在着经营中的实际问题，如求利心切和相当多违法、违纪问题。

（六）从问卷中可以看到相当多的企业从业人员，经营素质低，文化水平不高。这次问卷调查问卷回收率只有 11%，主要原因是大多业户的从业人员，对这次调查认识不足，认为与他们经营无关，实际上这次调查，对典当业经营的方向、经营的方式和种类，国家对典当业法规的制定都起参考作用。这说明这些从业人员觉悟较低。大多业户对目前的从业人员现状表示不满，希望建立持证上岗制度，加强对从业人员的培训，建立相应的专业技术职称等。

（七）关于社会上对现有典当行业宣传的力度，大多数业户表示不满。在问卷中现在从业人员中 52% 的典当知识是从同行业活动中得来的，这与旧时师傅带徒弟，徒弟的大多知识是从师傅那里学来的一样。现有从业人员业务知识只有 22% 是从各种新闻媒介中得来的，26% 是从有关会议或上级发的文件中得来的。真正从现代教育中得来的等于零。其中 20% 业户对现有从业人员的专业知识和文化水平认为很不适应，67% 的业户认为现有从业人员应尽快提高专业知识和文化水平，只有 13% 的业户满足现状。

三、对典当业发展的意见和发展趋势的展望

（一）典当行业的发展要循序渐进，要和整个国民经济的发展和国民的消费观念的变革及国家法制建设相适应。虽然典当行业在我国已有一千多年的历史，但那毕竟是封建社会金融的经营方式。1987 年末成都复建第一个典当行后，在短短的几年中全国发展到 3000 多家，这与我国经济改革后经济迅速发展，经济建设加快，需要资金有关；更多是见利忘义的纯商家行为。很多业户对现代社会主义典当行业的金融经营方式根本不懂，仍采取了封建社会时期的典当方式。有的业户用股金名义或高息吸收大量资金，违背国家金融政策，用高利向外贷款，很多资金有去无回。还有非法业户弄

虚作假，骗取金融许可证，从事违法活动。有的业户根本未经有关部门的审批，成立黑典当行，更有甚者，诈骗他人钱财。以致使人民银行 1996 年对全国典当行业进行整顿。

在问卷中有 96% 的业户认为典当行业应当包括房地产等不动产作为抵押贷款，实际上这些业户对我国目前的房地产经营状况和现有房地产国家政策认识不足。目前我国现有房地产所有权有相当多的数量不够明确，有的房产证只有使用权，而没有所有权的法律效力。而有所有权的法人却不能行使自由买卖的权利。有的房产权还没有和继承权相顺应的法律规定。有的房产权的继承人间有不少纠纷，法律也没有明确规定。现行的房地产市场很不规范。因此典押房产或不动产不但会带来众多的纠纷，有些地方也无法律相依，这往往使抵押金无法收回，抵押品也无法处理，使典当企业背了大的包袱。但是不应绝对禁止典押房产或其他不动产，而应随着我国房地产市场的进一步完善，各方面法规的确立和完善，根据每个典当行实力，分期分批放宽典当经营范围，在对产权归属明确无误的情况下经营房地产业务。绝对不要一哄而上，不管企业的能力大小，一齐经营房地产，这样必然出现混乱状态。

关于负债经营的问题，这要取决于业户的经营实际能力和信誉能力，更重要的是取决于我国的金融业的良好的运作态势。在目前的状况下除极个别的事例外，不要负债经营。如果负债经营，应有经济实力较强企业做担保。

问卷中还有 89% 的业户认为根据业务的需要可以设立分支营业机构。实际上在目前大多公众并没有对典当业充分认识，在多数公众对典当消费很陌生、金融市场法规还不健全、典当业现有业务人员的业务水平较低和法制观念较差的情况下，设立分支机构无疑会给目前典当业造成大的混乱。前一阶段有些地方设立了过多典当行，超过了市场所需，因此出现了一些违法乱纪的事件，为本地区的金融业制造了混乱，为典当业造成了巨大损失。因此扩大经营规模，增多机构，增加经营范围；要逐步展开，不能操之过急，但是也不能等待，必须逐步完善与典当业有关的法规，在广大的公众中大力宣传典当业的有关知识和在国民经济建设中的作用，创造更好的社会环境。争取在短时间内使典当业，无论从经营规模上，还是从经营范围，都有较大的发展，使该行业更好地促进社会主义经济的发展。要赶快制定典当业发展的计划，争取五年内在地级以上城市每市至少建立一家典当行；在十年内多数县城每县建立一家典当行；在百万人口以上的特大城市每市设立五家典当行；在商品经济发达的地区相应的多设些，而在商品经济还不发展的地区，决不能东施效颦多设，否则会为本地区的经济发展带来负效应。

国家应对广大业户存在的实际问题尽快解决，增强广大业户经营的信心，但也不能操之过急。在发展典当行业中逐步发展，要把它控制在与我国金融经济发展和国民经济发展相适应的范围内。要按颁布的《典当行业管理暂行办法》，对全国典当行业进行清理整顿。有些业户因自身发展的需要，要求国家给以一个宽松的环境的心情是可以理解的，但是，仍有一些业户想超出典当行业的经营范围，对国家监管表示极大不满，问卷中 54% 的业户认为国家对该行业监管过严。实际情况中监管工作可能存在一些缺陷和问题，但也反映了相当的业户产生发财心切，有超范围经营的一些想法。当自己一些欲望达不到时表现了悲观情绪，有 52% 的业户对目前的总体状况不乐观。

（二）尽快建立适应社会主义市场经济发展的管理体制和管理

办法，加大监管力度。虽然从 1996 年人民银行颁布《典当行管理暂行办法》后，政府对全国典当行业进行了整顿，解决了一些实际问题，但是仍存在着一些实际问题。有的个别地方审批权仍归多家，多头管理，超过了经营范围，违规经营。如变相非法集资、高息高贷、本金不实，有的企业根本没有资金或仅有很少资金，悬在空转。还有一些非法典当行不挂牌经营，在一些边疆地区有未被批准的业户公开挂牌经营，对业户进行欺诈。现行的法规有些地方可能不适应本行业的发展，有的地方可能力度不够或者过窄或有漏洞，问卷中有 85% 的业户认为现行的法规不够健全造成了业主和业户的很多纠纷。

法规的不健全，特别是目前的暂行办法，使很多的经营者感到风险太大。在问卷中 90% 以上的业户认为本行业有风险，10% 的业户认为风险很大。因为法规不健全也使广大公众对该行业经营信心不足，以致影响典当行的经营效益。

所以尽快制定典当行业的正式法规，加大对典当行业的监管力度是非常必要的。

（三）加强对典当行业经营方式和经营人员的素质以及国家对该行业管理办法的科学研究。建议设立典当研究院。它的研究内容主要有：1. 研究社会主义典当业与封建社会和资本主义社会典当行业异同，现代典当行业哪些方面可借鉴我国古代和现代西方社会中典当行业中成功经验。2. 研究法规和章程，为国家有关部门制定对现代典当行业实行的各种法规，为各类典当行制定各种章程提供科学依据。3. 为典当行业的人员使用、人才培训、人员普及制定具体办法。4. 为各种典当物品、质量、标准、真伪提供科学鉴定的办法。5. 为典当行业对质押品定价、质价和处理死当的具体办法提供依据。

科研机构的主管部门可是人民银行或是委托的分行。大的典当行可自行设立科研机构，对本行的经营和管理进行研究，提出参考建议。

（四）社会应加大对典当业的教育的投入。建议在经济类大学成立典当业经营管理专业，个别学科可设硕士、博士点，通过高校培训一批有科学知识的高级典当管理人才。在全国成立有相当大专水平的专科学校和中专水平的中等专业技术学校。在问卷中98%的业户都认为，目前典当业务和典当理论需要较强的专业知识，92%的业户认为目前的从业人员的文化水平和文化科学知识不适应当前的实际工作，大多业主急切需要有较高文化水平和较强专业知识的人才，因此，把对典当行业专业知识的人员培养纳入国家教育计划是非常必要的。当然典当行业还有别于其他行业，因为只有典当知识不一定能胜任典当任务，必须还有一定的典当经验，因此把目前从事典当业的有一定文化基础人员送到有关学校培养是必要的，把目前所有典当行业从业人员进行分批培训是很有必要的。

（五）应加大社会对典当业宣传的力度。宣传的方式，一是各种媒体的宣传，目前在各种广告中很难见到典当行的广告，在各种媒体的报道中也对典当的报道极少。很多公众对典当业的了解是从历史小说、戏剧、电影中得来的。除去在各种媒体上多做一些广告，多出一些宣传品和典当知识类的商品外，还要举办一些典当知识竞赛类的活动。建议有关机构出一种介绍典当知识类的刊物和介绍典当信息类的报纸。二是典当业者在城市的社区、农村中介绍典当业的有关知识，开拓与典当相类似的信托，寄卖活动，扩大法规允许的业务范围。

健全典当行业的法规，加大对现代典当业的科学研究，加强对现代典当业的宣传力度，在广大从业者的努力下，今后的典当业必然为社会主义市场经济的发展，为整个国民经济的发展做出较大的贡献。

本篇署名：曲彦斌等，原载《迈向新世纪的中国典当业——中国典当业复出十年纪念文集》，辽宁人民出版社 1999 年出版

简论中国当代典当业的市场定位

——中国典当理论高级研讨会发言要点

一、典当行的性质与经营业务范围

一般说，典当行是主要以财物作为质押而有偿有期借贷融资的金融经营机构，是中国乃至世界历史上最古老的金融行业，是现代商业银行的雏形和源头。

无论典当行还是商业银行，其经营性质和经营范围，都直接关系到《中华人民共和国担保法》的规范和制约，这也是目前规范金融市场秩序、规避金融业经营风险的最主要的法律依据，是典当业市场定位的法律依据。

根据《担保法》的规定，主要经营质押借贷业务的典当行，其经营范围应该是：（1）动产质押，即由债务人（出质方）将出质的财产按合同约定交由债权人（典当行）占有，以出质财产占有权转移给典当行作为留置担保来借贷融资；（2）权利质押，即由债务人（出质方）将有效汇票、支票、本票、债券、存款单、仓单、提单，以及依法可以转让的股份、股票、商标专用权、专利权、著作权中的财产权等其他可以依法质押的权利按合同约定交典当行作为担保借贷融资，同时需向相关管理部门办理出质登记。

根据《担保法》第六十三条的规定，典当行经营质押贷款作为债权人的权利，应当是：按合同占有债务人（出质方）出质的动产；"债务人不履行债务时，债权人有权依照本法的规定以该动产折价或者以拍卖、变卖该动产的价款优先受偿"。收质的权利质押项目如出现"债务人不履行债务"的情况，根据第八十一条的规定，适用于《担保法》上述条款的优先受偿办法规定。典当行收取的费用，应不超出《担保法》第六十七条规定的范围，即："质押担保的范围包括主债权及利息、违约金、损害赔偿金、质物保管费用和实现质权的费用。质押合同另有约定的，按照约定。"

在没有理由加以限定和调整《担保法》规定的上述质押范围的条件下，均应成为典当行依法经营的业务范围。同时，鉴于我国房地产市场的成熟和实行住宅商品化要求，传统既有的房地产典当业务亦应获得典当法规的认可与规范。其操作原则应当是，典当行的房地产抵押，应参加《担保法》的质押原则规定加以必要的限定和规范。

二、典当行与商业银行经营业务的同异交叉

中国的商业银行，是在旧有的典当、钱庄、票号和银号等传统金融业的基础上，借鉴国外商业银行的模式产生的。商业银行主要经营信用贷款和抵押贷款，是直接关系国计民生的主导性金融行业。

相对而言，典当业则是辅助性的非主导性的小型金融行业，虽也同国计民生相关，但不具有关系所在地区或全国性经济生活、金融市场的主导性作用。

根据《担保法》和关于银行业的专门法规，商业银行开展的抵押贷款业务范围，包括了动产和不动产几乎全部依法有权处分可以抵押的财产。就是说，其抵押的范围包含着典当行质押的业务范围，只不过抵押是在不转移占有权的前提下"将该财产作为留置债权的担保"，而不是"债务人或第三人将其动产移交债权人占有"作为担保。也就是说，典当行经营的业务范围同商业银行存在大面积交叉，几乎都在其业务范围之内，但只是其中有限的一个较小的部分。

不过，典当行并不会冲击商业银行业务和与之形成无序竞争。这主要是由典当行的性质、各自的优长及业务范围等条件直接制约和限定的，主要是：

其一，典当行的性质决定其只能以质押贷款为主并参照质押原则开展房地产等小部分有限的抵押贷款业务；商业银行则是信用、抵押乃至质押担保贷款业务全面开展，机遇多，市场广阔。

其二，商业银行规模大，实力雄厚，可以拆贷、吸储资金，融资经营的渠道宽广；典当行则主要依靠自有资金运营，即或许可其融资，具体额度、方式、期限等也应是十分有限的。运营资金的限制（全国现有典当行注册股本金总额才不过大约80多亿元人民币，而且尚存在一定的不实情况），决定着典当行远不具有同商业银行的竞争能力。

其三，各商业银行及其分支机构不仅具有独立经营高额贷款项目能力，而且还有合力经营的便利，以经营大中型项目为主。典当行之所以能在金融业占有小份额市场，除其自身规模小、经营风险小的优势外，更主要在于其当赎手续简便、快捷。类如典当质贷的散件小项目对于商业银行来讲往往因为成本高、手续烦琐不便而不受理或难以成交，这些则大都是典当行所从事的主营业务，几乎不存在竞争。

三、其他相关问题的思考

1. 法规与监管。可考虑由央行分行颁行统一管理办法，各分行视各地区实际情况分别制定实施细则，报央行审批后颁行。试行三年左右再行进一步修订全国统一法规。

2. 实行典当行等级制。根据十年来各地典当行经营实践和监管需要，借鉴历史和海外经验，对典当行实行规模等级管理（不超过三级）。对不同等级的典当行，进行股权结构比例、资本金、总资产、业务范围、融资方式与额度、当期、各种费率、是否可设分支机构，以及违规处罚等方面的限定。

3. 典当行地方布局。根据近年（如"九五"期间）各地基本经济结构现状、经济发展水平和金融市场状况的有关指标，分别确定各省、市设立典当行的基本等级结构和比例指数。

1999 年 6 月 20 日作于长白山天池脚下二道河镇

点赞"票据典当学"：
网络信息化的经营智慧

在应约为《中国大百科全书》第二版撰写的"当铺"这个词条文字中，我写道："中国古代的典当活动于两汉初见萌芽，作为专业的典当机构肇始于南朝寺库，当时名为'质库'或'长生库'，意思是质押在寺院的库里生息。唐五代时，市井社会开始出现了寺库而外的典当机构。至宋代，中国的典当业形成了专门的行会组织，并于明清两代格外兴盛，到清末民初开始逐渐的衰落，直至20世纪50年代末最终被取缔。1987年12月，以四川成都华茂典当行的成立为标志，古老的典当业在中国当代经济改革舞台上复出，为中国典当史谱写了崭新的一页。"

且不论中国典当业源远流长约近两千年的兴衰沉浮史，仅就1987年末中国典当业在中国当代经济改革舞台上复出至今这三十年，中国和世界都发生了非常巨大而深刻的变化。甚至，几十年前，人们无论如何也想象不到这以万恶的高利贷著称于世的当铺，还能重返社会经济生活的舞台，还会堂而皇之地再次走进人们的日常生活！谁能说得清，在这半个多世纪的阶级斗争过程中，有多少因为是典当业主或出身于这个家庭，或与之相关联而受牵连之祸，发生多少悲惨的事件和冤案，有多少为之家破人亡。然而，人类社会历史的发展大势，亦如毛泽东本人曾经的预言"人间正道是沧桑"。

"俱往矣"，如今的现实是，典当业非但回归社会生活舞台，而且始终要与时代同行。

大约十年前，我在题为《弘扬传统典当文化，造就现代文明新典当》的短文中谈到过，"典当是社会发展到一定时期的历史产物。无论历来的人们对其或贬或褒如何评说，这个非主导性的民间金融行业，一直延续了十几个世纪，直到现代银行等金融业比较发达的今天仍然在社会经济生活中占有一定的位置，充分说明典当以其低风险经营来便捷地调剂资金余缺缓急的功能特点，在古今社会生活中均难以为其他金融机构所取代。新旧典当业的基本共同之处，主要有三。首先，典当行业赖以存在的营业性质，仍然是以财物为质押，限期、有息的有偿借贷，而且仍然属于高利贷款融资。其次，新旧典当业在社会金融经济市场中，均处于非主导的地位，均属于非银行性质的金融机构。尤其是在现代银行业比较发达的今天，这种在金融市场中拾遗补阙的非主流性的辅助性地位，或说是经营的市场定位更为明显。第三，新旧典当业在社会经济生活中的功能及经营方针，均属一种灵活便利的调剂资金缓急余缺的非银行机构的融资渠道。这一点，也是其在当代金融经济体制改革中获得重出机遇的根本所在，即社会经济生活需求具有这种功能特点的非银行性质的融资机构"。

如何实现典当业在新时代的新使命，是典当业者必须认真应对的问题。为此，我在《典当理论研究亟待加强》这篇文章中明确的指出："由典当史学、理论典当学、典当法学和应用典当学四个分支领域构成的典当学，目前应特别关注和加强典当法学和应用典当学两个领域地学术研究。中国典当业复出的十几年历史证明，典当法学和应用典当学两个领域的学术研究一直是个直接制约着现代典当业规范有序发展的'瓶颈'。"其中，特别强调了"应用典当学"。我认为："应用典当学以典当活动和典当业的经营管理为主要研究对象，是典当学直接介入并指导实践的分支研究领域，是典当学作为一门应用性较强的科学的直接体现，直接体现出典当学研究的主要科学价值和社会意义。当前的应用典当学研究突出关注的内容是典当业的经营管理，典当业务操作，典当行的设置布局与监管，典当业务的风险与防范，典当契约与财务制度，典当活动中的当物鉴定、评估和保管技术，典当市场分析，阶段性的典当业发展分析评价，行业总体发展的中短期预测，以及典当企业文化建设，等等。为此，应用典当学研究要根据具体的研究内容、目标，采用切合实际的科学方法，如实地调查法，问卷调查法，定量分析法，定性分析法，综合归纳法，乃至建立数理模型等。"

如今，潘树旗先生构建的《票据典当学》学说框架和操作方法，无疑是"应用典当学"的一个分支领域的重要突破与创新。

现代典当业只有不断创新，才能与时代同行，才能跻身于时代发展的大潮。否则，只能被现代文明所淘汰。2011 年 5 月首届"国际典当论坛"的大会主旨精神是"弘扬传统典当文化，服务现代文明社会；让世界认识典当，让典当贴近民生"，目的在于让曾经比较封闭的典当业融入现代文明为现代社会进步服务，让全世界各国、各地区的典当业者和典当学者相互增强了解，促进信息沟通与合作，让古老的典当业通过现代文明的洗礼获得新生，更好地为平民、为需要它帮助的人们和企业服务。

现代文明社会的一大标志，就是以高科技支撑的互联网时代，网络生活最大限度地融入了当今社会的各个层面和角落，其触角几乎无所不在。传统农耕文明那一套延续千年的典当业经营理念及其方式，都已经成为历史。置身于以高科技的互联网时代，游离于网络之外，脱离网络生活，任何行业都是没有出路的，事实上也是根本不可能的。何况，作为处于金融市场中拾遗补阙的非主流性的辅助性地位的典当业，尤其不可能游离于网络之外。

可以说，无论是典当行的设置布局与监管，典当契约与财务管理，典当活动中的当物鉴定、评估和保管，典当市场分析，典当业务的风险评估与防范，阶段性的典当业发展分析评价等典当经营的操作层面，行业总体发展的中短期预测等监控层面，乃至典当企业文化建设等等信息平台，无不是网络技术所能涵盖的优长所在。但是，这一切又无不是需要从业者的认知、开发和操控，需要必要的知识与智慧。

可以认为，"票据典当学"的应运而生，正是根据行业自身特点，找准自身定位，选好符合自身定位与特点进入渠道，力求在互联网经济时代再创辉煌的一项创新举措。《票据典当学》构建的出版，为中国典当业全面进入网络信息时代，为中国典当业深化网络信息化经营管理，打开了一个崭新的视野。我们满可以很有信心地企望中国典当业全面进入网络信息化时代，这是时代发展大势的必然，更是典当业谋求生存的必须。

世上"球迷"甚至"超级球迷"很多，但不是谁都会成为足球运动员。历代社会都会有众多关心政治的人，却不可以要求他们每位都成为职业政治家。世界上历来都有许多非职业的发明家，很多发明创造甚至都出自普通人的业余创造，但不能因此而指责职业学者和科学家,亦不可奢望全社会人人都成为科学家。但是,国民整体的科学文化素质高,势必会涌现更多的学者、科学家等优秀的智者,自然也会涌现更多有益于推进人类社会进步的发明创造。芸芸众生,平庸者居众,但人生各有姿彩,不好要求人人皆为智者,但培育智者、爱护智者、彰显智者,应成为社会的主流风尚,这个社会才有希望,才够得上一个文明的社会。

典当业的信息化经营管理,是有着悠久历史传统的典当业形成新时期典当文化的基本建设,是古老的典当业文明进步的重要时代标志。尽管当代典当业从业者中有许多前所未有的各类人才,堪谓"藏龙卧虎",却未必每位从业者都一定要有所发明创造。但是,需要积聚智慧,需要培育优秀人才并使之脱颖而出,让他们的智慧为行业所用,那么,这个行业就是一个有潜质、有希望的行业。

尽管本人是首先构建"中国典当学"基学说基本理论框架者,亦毋庸讳言,本人对"票据典当学"理论及其方法方面的知识,还极为肤浅。但是,我以治学大半生的学者的敏感意识到,电子金融网络平台为票据典增添了新的安全、便捷的翅膀,也催生了"票据典当学"的应时诞生,因而不由得对此予以首肯和赞誉。学术无止境,一门学说的建立、形成与成熟,需要更多人的参与以及实践的检验,是需要时间和过程的,并非一人一事之功。

有鉴于上述,我热诚地祝贺潘树旗先生《票据典当学》的正式出版面世,祝贺以此为标志的中国版本的"票据典当学"的问世,祝贺中国典当业创新进程中取得的这一可圈可点的成果。

为网络信息化的经营智慧:"票据典当学"点赞!

2018 年 9 月 12 日作于沈阳北郊邨雅堂

略议东北亚典当业的现状和发展态势

——以中、日、俄和蒙古为例

典当，是主要以财物作为质押而有偿有期借贷融资的具有浓厚商业色彩的金融经营机构，是中国乃至世界历史上最为古老的非银行性质的金融行业，也是现代银行业的雏形和源头。

典当业作为历史悠久的融资行业，它孕育了近现代金融业。典当是社会发展到一定时期的历史产物。无论历来人们对典当业或贬或褒如何评说，这个非主导性的民间金融行业，一直延续了十几个世纪，直到现代银行等金融业比较发达的今天仍然在社会经济生活中占有一定的位置，充分说明典当以其低风险经营来便捷地调剂资金余缺缓急的功能特点，在古今社会生活中均难以为其他金融机构所取代。因而，目前各国的典当业依然保持着旺盛的生命力，发挥着自己独特的功能和作用。东北亚地区的典当业，也不例外。

这里，主要以中国以及日本、俄罗斯和蒙古为例，就东北亚地区典当业的现状和发展态势略做简要的分析和评述。

一、中国典当业的历史、现状与发展态势

中国的典当业，坎坎坷坷、起落沉浮，走过了 1600 年。我把中国典当业的历史总体地、简要地概括为八句话，这就是：初见萌芽于两汉，肇始于南朝寺库，入俗于唐五代市井，立行于南北两宋，兴盛于明清两季，衰落于清末民初，复兴于当代改革，新世纪有序发展。

任何商业机构的设立，都是适应市场经济需求的结果。如果不存在相应的市场需求，便失去了其设立之本。中国典当业的复出，亦不例外。复出之初，全国典当行一度多达五六千家。经过几次清理整顿和陆续审批，到目前为止，全国总有典当行 1400 余家，注册资本金达几十亿人民币，从业人员一万多人。

相去几十年前被取缔的传统典当业，重新复出的典当业业已具有当代社会经济、文化和市场需求与制度规范伪印记，形成了一些新旧典当业的异、同之处。

新旧典当业的基本共同之处，主要有三。首先，典当行业赖以存在的营业性质，仍然是以财物为质押，限期、有息的有偿借贷，而且仍然属于高利贷款融资。其次，新旧典当业在社会金融经济市场中，均处于非主导的地位，均属于非银行性质的金融机构。尤其是在现代银行业比较发达的今天，这种在金融市场中拾遗补阙的非主流性的辅助性地位，或说是经营的市场定位更为明显。第三，新旧典当业在社会经济生活中的功能及经营方针，均属一种灵活便利的调剂资金缓急余缺的非银行机构的融资渠道。这一点，也是其在当代金融经济体制改革中获得重出机遇的根本所在，即社会经济生活需求具有这种功能特点的非银行性质的融资机构。

新旧典当业的基本差别，大体主要为三个方面。首先，是社会的政治经济制度及开当资本金所有制性质的差别。在以往的封建社会或半封建半殖民地社会的政治经济制度下，由于开当资本金有寺库资本、官府资本、官僚资本、商人资本乃至殖民地中的外国商业资本（如东北沦陷时期的大兴公司典业及天津租界日本浪人的小押当等），因而有寺库质贷、皇当、官当、民当等多种所有制类型。中国典当业重新复出之初，有国有、集体、私有、个体多种所有制形式。但按照《公司法》和《典当行管理办法》的规定，均规范为"有限责任公司"形式组建成股份制的"特殊工商企业"。这一点，是基于国家根据公司法规范各类企业公司而对典当业实施的规范措施之一。其次，经营范围及出当客户发生了变化。旧时的典当业的经营收当范围，以衣物家具等日用品和金银珠宝贵重物品为主，少量为生产工具或生产资料，出当的客户大多是城乡贫民或一时拮据署急的中产阶层；如今则主要收当生产工具、交通工具和生产资料，兼及金银珠宝饰物等贵重物品，一般衣物家具等日用品很少收当，出当的客户以中小企业、私营企业、个体企业或急需资金的贵重物品持有者为主，经常以典当维持生活的贫民客户出当率较低。第三，典当行的经营方式从封建社会的传统小生产的全封闭或半封闭化，转变为开放式、公开化的经营管理。完全淘汰了旧有习用的典当业隐语行话，当字，旧当票样式和用语，以及传统的行帮组织与行规，采用了现代企业会计制度和新当票（契约）。清季曾国藩出任两江总督时曾通令禁用当字，非但行不通还落下了笑柄。如今适应当代金融市场需求的典当业，已将其自然摒弃。

由于经营典当行资金投入虽大但回报丰厚、回报快，而且风险较小，因而，全国各地商业资本纷纷看好典当市场的投资前景。由于时下中国典当业所处市场环境比较好，政策比较宽松，相关法规所允许的经营范围已经延伸到了房地产抵押、有价证券等国外大多数国家和地区典当业所不允许开展的业务，所以，许多外资已经开始试图进入中国典当业市场。可以预言，一旦外资被允许准入中国的典当业市场，或者放开典当市场的准入由市场自行调控的话，中国的典当业，一定会出现一个前所未有的繁荣局面。应该注意到，大陆现有典当行总数，仅仅同台湾地区典当行的总数差不多。尽管两地存在着种种差别的因素，这个反差仍然显示出典当业存在着进一步发展的潜力和前景。

也就是说，随着金融经济体制改革的不断深化和社会主义市场经济机制的日趋发育成熟与完善，中国的典当业的市场亦必将进一步扩大和活跃，典当业还将向前发展。这一发展态势，是国家经济发展方针和市场经济规律所决定的。一些经济比较发达国家或地区典当业盛衰的经验，也已为此提供了借鉴、佐证。

二、日本典当业的历史、现状与发展态势

1989 年的 7 月 8 日，正当中国的典当业刚刚复出（通常以 1987 年 12 月 30 日四川成都成立了我国改革开放后复出的第一家典当行"成都市华茂典当服务商行"作为新中国典当业的复出的标志）尚不足两个整年之际，日本确定了历史上第一个典当业的纪念日"当铺日"，每年的这一天，日本全国的当铺都要大搞各种促销活动。

日本的典当业大体经历了这么几个阶段。

　　一是发端阶段。中国的典当业发端于南朝佛寺，日本的典当业也同佛教有缘。作为中国近邻的日本，公元 6 世纪时频频派遣"遣唐使""遣唐僧"到中国学习中国的社会制度与文化。其间，也把中国佛寺设立"质库"的做法移植到日本国内佛寺。日语至今仍把当铺叫"质屋"，就是由此而来。此即日本学者藤野惠在《公益质屋法要论》中写道的："自奈良朝至五朝之间，留学中国之僧侣，将中国之无藏长生库之制度，传至日本。为日本寺院增值财产营造伽蓝之财源。"

　　日本的奈良朝相当于公元 710—784 年，是日本佛教文化十分繁荣的时期。日本典当业大约发端于公元 9 世纪前后，亦即日本的平安时期（794—1192 年）。其间，日本的公卿贵族凭借强大的经济实力和在政府中日益显要的地位骄横专权、左右朝政，甚至达到了随意废立天皇的地步。因而，迫使皇室和一些权利较微的贵族往往假托出家，通过广为布施捐赠，笼络寺院僧人与之结为联盟，促使寺院经济逐渐发达，进而以其拥有的雄厚财力开办"寺库"（寺院的当铺）。

　　二是走出寺院进入社会阶段。中国的典当业走出寺院进入社会是在唐代——"入俗于唐五代市井"。日本的民间资本开设典当，则起源于公元 12 世纪前后亦即日本镰仓幕府时期（1192—1333 年），当时称作"库仓"。此后，到了室町幕府时期（1336—1573 年）时期，开始大规模出现民间资本开设的典当。到 14 世纪后期，伴随着商品经济的进一步发展，致富的商人纷纷拿出一部分资本开办典当，称作"土仓"。"土仓"的经营活动在收当金银珠宝、衣物、农具等常规行质押品的同时，也往往接受土地抵押融资。这个时期，有鉴于当时典当业和其他高利商业资本的发达所带来的相关社会问题，政府曾先后颁发"德政令"限制土地的典押和开征重税以增加财政收入。

这期间，由于典当业的高利贷同广大下层民众当户之间的矛盾日趋激化，致使历次农民暴动中大都发生袭击当铺夺回典当物品、烧毁当票暴力事件，极大地冲击了当时的典当业。为此，室町时代之后，幕府以法律形式对典当经营活动做出一些规定。例如，规定可以收当个人日用品，但身上穿的衣服典当期限不得超过一年，至于武器之类物品则可达到两年当期。还于 1538 年做出规定，"当户如欲负债潜逃得依法论处，当铺取利须受政府监督，暴徒袭掠当铺得予制裁"，等等。

三是稳步发展阶段。德川幕府时期（1603—1867 年），是日本典当业的一个稳步发展的重要阶段。主要表现在相关法律进一步健全、当户社会身份的层面上升，亦即金融市场环境较好等三个方面。期间，政府先后有针对性地颁行了一些典当法律法规，使得典当法规进一步健全和完善。例如 1765 年的一项法规，针对大批僧人经营当铺的状况做出规定禁止僧人从事典当业。1790 年颁行的《百项条款》，对过期当物的处置、典当行侵权行为的制裁等诸方面，做出了比较详尽的规定。再如，居武士、农民、手工业者和商人"四民"之首但俸禄低微难以维持家室温饱的武士，由于要经常性地应对经济拮据而频频出入典当，这时已经成为典当经常性的稳定客源。另外，此间钱庄等城市金融业和典当业一样遍布城乡村镇，金融市场活跃，为典当业的发展创造了比较宽松的社会环境。从而，为日本典当业的稳步发展提供了多方面的有利条件。

四是历史上的顶峰阶段。1868 年日本明治维新之后，确立并逐步实行了资本主义制度，这种社会制度促使典当业的发展进入了日本典当史上的顶峰时期。日本全国典当的数量，尤以明治初期为最多。20 世纪 70 年代中期，当时全国共有大小当铺大约 2.5 万家，放款总额 2500 万日元，平均每家典当行放款 1000 日元。这个放款数总额虽说还不算很大，但已经在一定程度上能够满足农民、小商贩和手工业者等的社会融资需求。特别是当时的典当利率较低，月息仅仅一分六厘，很容易被当户接受，典当行的生意也就红火。一如《日本金融通史》一书所写道，"当铺等下级金融机构，在整个明治时代中，有不少存在，其资金量视地方不同，竟有超越银行以上者"。到了明治后期，由于日本政府为不断扫除发展资本主义的各种障碍，在金融领域里采取了促使商业资本和高利贷资本向银行资本倾斜、转变的政策，客观上对典当业则是一种排斥，典当业开始走向衰落，生存、发展的空间逐步缩小。

五是 20 世纪以来继续繁荣的阶段。20 世纪以来，日本典当业仍在金融领域发挥着自有的独特社会功能。由于社会的贫困化趋向导致平民们经常光顾典当，社会的需求要求典当业继续发挥其特有的便捷融资功能，使之继续繁荣发展。据统计，大正八年（1919 年）时，东京有半数平民家庭曾经利用典当方式融资，全年平均每户家庭出入典当行的次数约达 24 次，平均每月至少 2 次。若按典当者人次计算，则每人典当 89 次，每月多达 7 次半，也就是说，平均每 4 天便要出入一次典当行。据大正十二年（1923 年）日本内务省警保局的调查，当时全日本共有民办的营利性典当行 19649 家，个中尤以东京、大阪、神户、名古屋、京都、横滨六大城市的典当行最多，合计多达 2393 家。

19 世纪之初的大正元年（1912 年），受欧洲典当业的影响，日本开始出现了公益性典当行。到昭和四年（1929 年），短短的十多年里，全国的公益性典当行已经发展到了 210 家，质押融资总额达到了 823.3 万日元。昭和二年（1927 年），日本颁行了《公益质屋法》，完善了典当业管理法规。

"二战"之后，作为战败国的日本，在国内经济凋敝、失业严重、社会贫困化迅速加剧的背景下，典当行交易额逐年递增，典当行也越开越多，典当业又得以从 20 世纪上半期的衰落态势逐渐走向繁荣。1960 年前后，日本典当行的数量再创新高，一时间多达两万多家，几与近百年前的明治时期的景象相媲美。

至当代，在日本商业银行等多种金融机构多头并举的金融市场的激烈竞争中，典当业经过不断调整，如公益性典当行已经退出了典当市场，营利性典当行始终占据着符合自身独特功能特点的、十分稳定的社会定位。现有的 4750 家典当行，都是私立的，规模不大，最大的典当行的注册资本金也仅仅一亿日元（约合人民币不到 700 万元），大约合平均三万多人口一家典当行；虽然没有像美国那样有上市的典当行，但平均密度却是世界上较高的。典当业为了适应市场竞争中的生存，经营服务有了极大的改善，今天遍布于日本城乡各个角落的典当业在为社会提供便利、便捷服务的过程中，业已摆脱了当初那种高利贷商人的社会形象。加之政府允许其扩大经营范围，可以经营房产抵押业务，可以向银行借贷融资，使之得以持续、稳定地占据着自身份内的那一块融资市场，即主要面向民众个人小额质押贷款，回归到这个行业兴起之初的那种原始的市场定位。这也是许多国家和地区现代典当业的基本发展态势和走向。

三、俄罗斯典当业的历史、现状与发展态势

俄罗斯的典当业发端较晚，仅仅有几个世纪的历史。不过，无论社会政治经济制度如何更换、交替，俄罗斯的典当业始终没有中断，保持了连续性发展。

据史料记载，沙皇俄国时代，俄罗斯时兴官办当铺但仅仅限于首都圣彼得堡和中心城市莫斯科，分布范围较小，其他城乡各个地区则主要还是民办的私营典当行。当时实力最雄厚的质押贷款机构，要属国家抵押银行兼营的向社会公众发放贷款的典当行。

1917 年苏联十月革命之后，所有的旧式典当行完全被改造为国有企业，当物范围、当期以及利率等经营规则，统由各地方政府制定并报请中央政府财政委员会核准后才得实施。按照当时的规定，除有价证券外，其他的一般动产均在典当经营范围之内。折当率实行的是差别制，比如收当贵重物品，是按市场时值估价的 90% 折当；收当的其他物品，大都按市场时值估价的 75% 左右的比例折当。当期，一般以 4 个月为限，不过允许在清偿利息之后续当展期至第 14 个月为止。至于典当利率，全国各地不一。苏联首都莫斯科，当物 1 卢布以上、5 卢布以下者，典当月利率从 1.5%、1.75% 到 2%，均视典当发生额而浮动。

同旧有的典当行相比，虽然经营方式并无大的改变，苏联国有性质的典当机构，商业信誉非常好。在公众眼里，这些典当行与国家银行没什么不同，甚至有人干脆就把典当行视为"国家的贷款银行"。当人们生活拮据不便告贷时，就往往首先想到去典当行解急。这样，也就营造了一个符合市场需求的、很好的典当市场。20世纪 80 年代后期，典当业在苏联仍很兴旺。1987 年，莫斯科共有

8 家典当行，均属国有官办性质，当年典当金额累计高达 7800 万卢布（约合 4 亿元人民币），上交国库的利润也有 1000 万卢布。该市典当业非常红火，每天清晨，典当行门口经常出现当户排队等候出当的情景，而这条排队的"长龙"几乎是整天都不会间断。正因这样，形形色色的莫斯科当户及其典当情结，让这里的典当生意异常火爆。

　　1987 年 9 月，莫斯科政府曾经着手对典当业的经营管理进行改革。其主要的做法，是将典当行员工组织成作业队来集体承包该典当行，限定上缴利润等费用，其余部分则用于继续经营之需和典当行员工的福利支出，同时扩大经营自主权以增加典当行的营业收益。

　　苏联解体之后的 20 世纪 90 年代初，俄罗斯的典当业进入了国有典当行改为民办典当行的崭新时期，使得私营典当行取代了众多的国有公营典当行，实现了所有制、资本金的根本性转变。比如圣彼得堡市由几位苏联空军部队官员建立的"伦巴蒂联合典当公司"，运营到 1995 年已经是拥有 3000 多名股东、持有 50 亿卢布（约合 230 万美元）资本金、占有该市 8% 的典当市场份额的大型典当行。该典当行通过招募专家开发财务数学模型分析当前市场状况，发掘最佳经营参数，设计交易策略，从而赢得了典当经营的良好业绩。1996 年，该典当行增加了 7 万多位客户，并新开了两家典当行，平均每月交易 3 万余笔，进而以位居第二占有了全市典当市场份额的 39%。

　　如今，在不断加速私有化进程的俄罗斯，典当业正以前所未有的速度繁荣发展，以其独有的功能为俄罗斯的经济改革与社会进步做出特有的贡献。

四、蒙古典当业的现状与发展态势

典当业是蒙古的一个新兴行业。

"典当"和"当铺"这个词不是蒙语的固有词汇。蒙古典当业发展较晚，但是普及得很快，几乎没遇到一些常见障碍，这同蒙古人不存钱而可以靠借钱过生活、几乎每个家庭都有债务的社会生活习惯直接相关。甚至家里一时拮据没钱交水电费了，就当点东西先用着，待有了钱再赎回来。有人由于做生意的资金一时周转不开，或是子女出国读书等原因而急需要大额现金，若从银行贷款，很可能因个人信用、偿还能力以及手续复杂等原因而拿不到贷款误事。典当行的利息虽说高了一些，但办理的手续相对便捷许多，即或急需大额现金，只要拿得出相应的质押、抵押物品，办理好合同与公证，就可以把急等要用的钱拿到手。由于进典当行解决手头拮据问题的手续简便，于是典当也就渐渐地走进了人们的日常生活，为社会所认同。所以，蒙古的典当行数量颇多，仅是其首都乌兰巴托一地就多达 1000 余家。这些全部都是私营的典当行，营业面积都不大，主要集中在金店、大商店以及生活服务中心、茶馆周边。

蒙古典当行的营业面积一般都很小，约在 10 平方米左右，在典当行门上有一个接取东西交易用的小窗口。因为蒙古语原本没有"典当"和"当铺"这个词，所以典当行招牌上写的是俄语文字，字母后面标着所收取的利息数额，使人一目了然。典当行收当取的物品，主要是金银首饰，此外还有家电和地毯等生活日用品，月息大都在 10%—12% 之间。在约定期限之内不能及时赎回的当物就成了"绝当品"，典当行则有权出售、处置。处置出售的绝当物品价格非常便宜，主要是根据收当时的折价外加利息。所以，几乎每天都有人专门上门询问收购，典当行根本不用担心绝当物的积压。

同各国、各地典当行业一样，收当赃物也曾经是蒙古典当行的一个通病，一种社会问题。2002年初，蒙古警察总局预防犯罪处在针对连续发生的当铺被盗案对首都乌兰巴托和其他大城市的典当行进行的防盗安全检查过程中，意外地发现许多典当行竟然存放着大量被盗赃物。据统计，由于典当可以当场给付现金，在蒙古发生的众多盗窃案件中，有20%—30%的赃物被送进了典当行。于是政府做出规定：如果典当行收取赃物并进行转卖，警察机关将有权处以当事人刑事拘留、没收赃物乃至关闭典当行的处罚。其结果，致使典当行在收当时不仅要检验出当者的身份证，还要登记居住地址和身份证号码，以备检查之用。如果手续不全，无论东西多好多便宜，利益再大，也不敢收当，从而有效地扼制了典当行恶意收赃的问题。维护了社会治安秩序。

尽管典当业是蒙古的一个新兴行业，但发展态势较猛，前景看好。

五、关于东北亚典当业现状与发展态势的总体评价

其一，总而言之，东北亚各国的典当业尽管历史有的很长、有的非常的短，但具有一个共同的特点，那就是，近年里的发展的态势甚猛，发展前景看好，潜力颇大。其根本原因在于，即或是现代商业银行等金融业十分发达的现代社会生活之中，典当业仍有其不可替代的生存基础和发展优势，体现了社会生活的多元化与社会需

求的多元化。

其二，在资本金和经营体制方面，都趋向于私有化经营，是个带有根本性的、主导的发展态势。这一发展态势，是市场经济规律所决定的。

其三，在真正实现"世贸协定"所认同和规定的公平、开放原则之后，典当业必然将突破国度和地域性障碍与限定，跨国、跨地区经营或资本运作。作为业已加入了"世贸协定"的中国，尤其应当尽速地、积极地做好应对的准备。尽管这是个"永远难以做大的小行业"，也不容等闲视之。

这几点，就是我多年从事典当研究以及关于东北亚典当业现状与发展态势的总体思考和主要的评价。

六、一项倡议：适时举行"世界典当论坛"

典当业原本是一个具有慈善性质的古老行业，一个始终与平民生活密切相关的全世界普遍共有的行业。

发端于宗教慈善活动的典当，是人类社会历史上最为悠久的融资行为和专业机构，是现代商业银行的源头。在人类社会现代化进程中，无论是东方文明还是西方文明的历史轨迹上，典当都留下了它特有的活动辙痕。特别值得注意的是，在全世界商业银行、证券公司等现代金融业都非常发达的、活跃的当今时代，典当行这种业已退位为非主流的商业融资机构，仍然在世界大多数国家和地区的经济生活中继续发挥着其便捷灵活、拾遗补阙的独到的融资功能，体现了其有别于商业银行的独特的、顽强的生命活力。即或是在经济与金融都很发达的美国、英国、法国等欧美国家，典当业也表现着顽强的活力。典当业重新崛起于 20 世纪 80 年代末期的美国，在最近 10 余年来，业成为拥有全球最大规模典当业的国度，无论是典当行数量、市场容量、发展战略，还是管理方式、营销手段、经营效益，都令世界各国的典当业瞩目。

典当业原本是一个具有慈善性质的古老行业，一个始终与平民生活密切相关的全世界普遍共有的行业。被视为世界典当业最主要发源地的中国，典当业有着 1600 多年的悠久历史。目前，全国有典当行近 3000 家。在典当业从中国传入日本大约 10 个世纪之后的 1989 年 7 月 8 日，确定了世界典当史上的第一个典当业的纪念日——"当铺日"，每年的这一天，日本都要大搞各种有意义的活动。这个举措，为我们提供了富有积极意义的启示和借鉴。

鉴于上述，作为中国建立最早的、也是迄今全国唯一的一个公立的典当学专业科学研究机构——"辽宁省社会科学院中国典当研究中心"的主持人，我和我的同事，特向东北亚以及世界各国、各地区的典当业、典当学者和与典当相关的组织、人士，包括各国的政府和非政府组织，发出倡议，倡议适时举行具有连续性的"世界典当论坛"的首届会议。

"世界典当论坛"的主旨精神，应当是：弘扬传统典当文化，服务现代文明社会；让曾经比较封闭的典当业融入现代文明为现代社会进步服务，让全世界各国、各地区的典当业者和典当学者相互增强了解，促进信息沟通与合作，让古老的典当业通过现代文明的洗礼获得新生，更好地为平民、为需要它帮助的人们和企业服务。

我相信，全中国的典当业同道、典当学者，都会为此做出积极的努力。

由于东方是世界典当业主要发源地，我期望这个倡议能首先获得东北亚、亚洲各国政府和有关方面的积极支持。至于具体更多的未尽事宜，则有待我们共同进一步的协商、讨论决定。

让我们一起成为举办"世界典当论坛"这个具有非凡历史意义的公益活动的发起者，共同举办好这个别开生面的论坛。

2004 年 12 月

《中国典当史话》摘要

自序

自序

初见萌芽于两汉，肇始于南朝寺库，

入俗于唐五代市井，立行于南北两宋，

兴盛于明清两季，衰落于清末民初，

复兴于当代改革，新世纪有序发展。

"夏商西周到春秋，秦朝西汉新东汉，三国两晋南北朝……"说起来，还是出自我读初中时的历史老师教诵的中国历史朝代歌所获得的启示，我把大约1600年中国典当业的历史作了上述简要概括。虽说还谈不上押韵上口，十来年了，这八句话在业内已经不胫而走。

由于典当业是在中国消失了几十年、刚刚复出将近20年的"新行当"，很多人对当铺的印象大都定格于过去那种带有强烈政治色彩的宣传效果上。即或是从业者，对自己所从事的行业的历史也往往模糊不清。因而，在关注并躬身实践中国典当学研究以来，每每会产生一个念头，那就是想试着采用通俗、通畅的文字，记述1600年的中国典当史，让中国十数万典当从业者，以及其他对此有兴趣的读者，轻松地掌握这个行业的专门史。于是，历经四五年的断续写作，终于草就了这本小书——《中国典当史话》。沈阳出版社编辑闻讯，力主把这本小书纳入由其策划、编辑的"史话系列"之中。就这样，它便有了及时面世机会。

大约五年前，在"典当业复出十五周年全国理论研讨会"的开幕词中，我曾发出"弘扬传统典当文化，造就现代文明典当新形象"的倡议。我认为"典当业，自古就是以慈善事业起步，由儒商经营发展过来的行业。中国历史上恐怕只有很少行业的学徒称作'学生'，典当业就是其中之一。不仅从事典当业务需要文化，更在于这个行业的一个优秀的传统是注重文化，是一个特别注重文化的行业。因而，现代的典当经营管理者、从业人员本身就更应是高素质的现代企业家。要通过弘扬传统典当文化，提高行业素质，健康有序发展，正确处理好义与利的关系，规范经营，服务社会，为社会创造更大的效益，进而造就现代文明典当新形象。只有这样，典当业才商机多多，为社会贡献多多"。为此，业内人士似乎就更应该了解本行业的历史啦。但愿这本小书提供的知识会有所帮助。

这本小书杀青付梓之际，又适值几年前我在东北亚经济社会发展国际研讨会上提出的适时举行"世界典当论坛"的倡议，即将进入操作阶段。因而也可以说，是献给"世界典当论坛"的一份薄礼。

是为序。

2007 年元月二十九日作于雅俗轩

引子：进入媒体视野中的现实当铺故事

央视记者在沪上感受到的新当铺

央视国际频道2003年9月有一个以"上海典当行——老店新开"为题的专题报道。报道中说，在人们的印象中，典当行往往与剥削、压榨等字眼相关联，高高的柜台，面无表情的朝奉，拿着小包袱去典当的穷人，是许多人想到典当行时脑海中浮现的画面。如今，迅速崛起的典当行又是一种什么样的生存状态呢？在上海繁华的路段，摄像机的镜头引导观众看到，大幅的典当广告牌赫然出现街头，而各种车辆上的流动广告更是随处可见，典当业的自我宣传和竞争意识，给人留下了很深的印象。采访中，记者访谈到的几个实例，显示了复苏的典当业给人们现实生活和事业带来的便利。

一位任小姐，就职于上海的一家外企，是一位收入可观的白领丽人，家境也比较殷实。前不久，公务繁忙的任小姐有了带薪休假的机会，于是想携父母一起到日本旅游，放松一下身心，领略一下东瀛胜景。但在去旅行社办理出境游手续时，遇到了一个不大不小的麻烦。任小姐说："刚开始去旅行社办理业务时，旅行社提出来，我父母每人需要 5 万元的担保金，对于我来说，一方面说因为我是单身女性，所以这方面要求比较高，提出要 20 万元，总共加起来就是 30 万元，我家里没有这么多现金。"无奈之下，任小姐首先想到了求助银行。"去（银行）问了一下，银行方面说，大概办抵押的手续比较烦琐，要一个多月（的时间）。我们家也等不了，想要这个月就要出去玩。"任小姐的本意是用自己的房产做抵押，在银行办理一笔短期个人贷款，但银行严格的贷款程序，漫长的审批时间让任小姐失意而归。就在任小姐几乎对自己的日本之行不抱任何希望之时，不远处的一家典当行吸引了她的目光，抱着试试的心态，她走进了这家典当行。结果，使人感到峰回路转。任小姐出乎意料地很快就拿到了自己想要的东西——典当行出具的 30 万资金担保证明，而整个过程只用了六七天的时间。当然，代价也颇为不菲——3000 多元的手续费，但在急于出国旅游任小姐看来，这笔支出物有所值。任小姐说："我觉得蛮值得的，因为一方面父母年纪大了，我想趁他们身体好的时候带他们出去玩，这一次能很顺利地办好，出去玩，我觉得就很值得了。"几天后，任小姐办妥了所有的手续，如愿以偿地坐上了去日本旅行的班机。

一些上海人特别是年轻人如今成了典当行的常客，当手头紧时，就到典当行借钱应急。他们选择典当行而不是其他融资渠道，是因为银行贷款手续烦琐，周期太长，而向亲戚朋友伸手，除了面子上难看外，还会欠下一笔人情债。因此，虽然典当行的手续费较高，这些年轻人还是愿意来典当行借钱应急。而对于民营中小企业来说，时常会遇到的资金周转不灵的情况，典当行的出现，为他们提供了一条快速的融资渠道。上海民营企业东兴集团董事长张国平，在上海青浦区经营着 4 家工厂，他已经是第二次来典当行融资，而这次的金额是 60 万元。他说："假如一个投资项目确实有很厚的利润，在资金上银行不能全部解决的话，有缺口的话你也可以找典当行。它的手续简练，但是它的利率比较高，这就是一对矛盾。假如你确实有一个好的项目，在成本上能划得来的话，我想这也是一个渠道，因为总的你还是赢利的。"

昔日穷人伤心地　今朝富人融资忙

"昔日穷人伤心地　今朝富人融资忙"，这是报上一篇关于典当报道的精彩标题；而其副题"典当行：挺直腰板进去的地方"，仍可谓锦上添花。因为该标题，通俗、简明地道出了古今典当行在社会生活中的不同作用，以及人们的真实感受。

时代变了，新复苏的典当行也变了，变得与社会生活越来越贴近了，尤其是在形象上变得越来越"亲民"了。

有人说，典当在历史上就是个高利贷行业，如今的典当行的年利润率也可高达 30%—40%，仍然还是"暴利"。那么为什么走进典当行的人越来越多，什么人偏偏喜欢这"高利贷"呢？改革开放后杭州成立最早的典当行恒丰典当行的王总经理分析，旧时进当铺的要么是为生计所困的穷人，要么是家道中落的"败家子"。现在情况完全不同，如今典当行不再是"穷人的伤心地"，而是"富人资金中转站"。他说，在贷款融资方面，典当行对银行的金融业务正好起到拾遗补阙的作用，它的突出特点是应急。因为一些生意人的经营规模不是很大，他们的资信条件还达不到银行的要求，所以尽管现在银行的信贷业务已经相当方便，但还不可能覆盖所有需要资金的人群。中财典当行的裘庆红说，目前进典当行的顾客以急于还贷的私人企业主、急需资金周转的生意人居多，而纯粹因为日常生活来典当的都是遭遇急事（如生病住院、孩子入学、购房等）或意外情况。据浙江省经贸委内贸办统计，从当物种类的比重上看，金器占了40%，汽车等交通工具占25%，房产、生产资料等占到15%，家电、高档手表、古玩字画、服饰等占20%。这样算来，拥有金器、楼房、汽车的富裕阶层和生意人所当之物几乎占了全部当物的80%。富裕阶层已日趋成为典当行业务的主力人群。几年前，杭州市东坡路一位经营服装的老板要到广州去进货，把夫人的黄金首饰往他这里一放，拿了钱就直奔机场，货出手赚了钱就赎回首饰。有段时间这位老板成了恒丰典当行的常客，几乎两三个月来一次，每次贷款几万元，结果现在他的生意做大了。用这位老板的话说，做生意急用钱，去银行贷款太麻烦，找朋友借吧，人情也搭不起，不如花上几百元找典当行。

新典当便民花絮

　　很多媒体记者在采访中都发现了新兴典当行在现实生活中的众多便民事例，这里不妨且选辑数则。

　　最大金额的典当。一位老板急着做一笔大生意，但手头的现金不足，经朋友介绍来到中财典当行，他把自己两套总共400多平方米的住房抵押，在典当行当天拿到200万元现金，15天以后他生意做成高高兴兴地赎回房，并交了 2.5 万元综合服务费，有人问他赚了多少钱，他只说："两万五还不到我赚的一个零头！"

最小金额的典当。一位在舟山服役的战士回老家衢州探亲，路过杭州时钱包丢了，小战士急得团团转，后来一位好心的三轮车师傅免费把他带到恒丰典当行。小战士把全身最值钱的一块电子表放在了柜台上，并说明了情况，工作人员破例给他当了 20 元钱。

最实惠的典当。服装换季，没有仓库，占着店面不说，还积压了资金，有位服装老板就打起了典当行的主意，他把皮衣拿到典当拍卖行当掉，准备冬季来临皮衣销售转旺时再赎回来去卖——只要支付 3.6% 的综合服务费，等于给自己找了一个绝对安全的仓库，不仅省了一笔较大的仓库租金和保管费，还腾出了流动资金。

最有面子的典当。某公司小陈有一天正在上班，忽然接到一个外地来杭州出差的同学的电话，说要过来看他。小李想请同学吃饭，可身上带的钱不多。他利用休息时间去了写字楼附近的典当行，用自己的诺基亚手机典当了 500 元钱。5 天后，小李付了十几元钱服务费赎回了手机。他认为，去典当行借钱比找同事借钱好，悄没声息地借了钱又不丢面子。

元旦典当小高潮　春节赎回小高峰

"拿东西去当一笔钱过节的人元旦比春节多，对部分特殊人群来说，他们的春节比元旦过得舒心。"这是 2003 年春节过后的一天，杭州恒丰典当行老总向记者发出的感叹。

如今的典当行虽然是富人进得多、为生产经营所需去得多，但对少部分人来说，有时也是一个既能救急又不失面子的"临时钱柜"。因此在节前或节日里，典当行往往生意兴隆。据了解，2003年元旦时杭州不少典当行都出现过一个典当小高潮。以在杭州"历史悠久"的恒丰典当行为例，元旦时仅一个上午，新当、续当的客户就有 37 个，而这个数字在前几年是没有的。浙商、中财等典当行那天也都做了十多笔或数笔业务。可在春节期间，到"恒丰"当东西的一天只有六七个人，倒是赎回的一天就有二十多个人。其他几家典当行的情况也差不多。据分析，可能是许多人拿了年终奖金或红包，不像元旦时那样临时拮据了，不需要再去当物，相反却有了钱把以前当掉的黄金首饰、手机等赎回去。而另一个现象倒是值得回味。据中财典当行介绍，春节前有二十多个企业经营者为给员工发工资、奖金，用自己的房子或企业的设备去当过数额不小的钱，而个人为生活所需去当东西的几乎没有。老板们节前进当铺，为一部分员工舒心过年创造了条件，从一定程度上说，个人年节时进当铺的自然就少了。

汽车押给典当行照样潇洒开回去

把汽车开进典当行，以解资金短缺燃眉之急的现象屡见不鲜，但把车当了还可开回去这倒还是件新鲜事。原来，车主把汽车典当给典当行拿到贷来的钱之后，车辆可由典当行保管，也可自行开走。浙江中财典当行自 2002 年 2 月开出此项业务以来，短短几天就接到了 11 笔业务，最高的一次，一部奥迪车就当了 50 万。2003 年的一天，杭州某公司急需用钱，眼看银行贷款无望后，公司派人一次就把 4 辆汽车开进了典当行，当天拿到了 80 万元的典当金，还当即又潇潇洒洒地开着车出了典当行。同商业银行的汽车质押贷款相比，典当行里的汽车质押贷款则方便得多。到典当行里的汽车质押贷款只要带上机动车辆登记证、身份证和户口簿即可。到典当行填完一份合同后，典当行的估价师就会根据车辆的新旧程度、开过的里程数等情况对车子进行评估。然后，车主再去三墩杭州机动车辆管理所办理抵押登记手续，办完后即可按估价的4—7折拿到典当金。最快的一天就可拿到，最慢的也不过两天。

到当铺去"淘金"

古往今来，典当业在经营活动中都难免要遇到"绝当"问题，处理"绝当物品"，业可谓典当业的一项经常性的正常业务。就是汉语中有个"提当货"，指的就是典当行处置的"绝当物品"。不过，如今，随着社会生活水准的提升，"绝当物品"的档次和价值也迅速提升，已经远非人们印象之中的那些破衣烂裤旧估衣了。于是，到典当行的"绝当物品"中去"淘金"，也成了一种像逛商场、逛超市一样很有趣的事情。

有位记者告诉读者说，"绝当柜"里有宝藏。如果你想送礼给亲朋好友，或者想选购贵重手表、照相机、钻石金饰或其他用品，甚至是想收藏一些古董名牌钟表以及其他稀奇古怪的东西，希望将来可以保值增值的话，不妨到典当行里去转转，真的会有一些惊喜发现呢。走进典当行的展售"绝当物品"的大厅转上一圈，会不知不觉地有"眼前一亮"的感觉。展柜里琳琅满目，数百种戒指中又分出钻戒、宝石戒、黄金戒等多个种类，光是品种之多，都让你惊叹不已；柜台里还囊括了玉器、相机、手表等小件实物。在杭州城几家国营和民营的典当行里跑了好多圈，记者真发现了不少宝贝，如名表首饰便宜三分。一只全新的进口欧米茄国际名表，保修卡、质保书等都齐全，市场上要卖 20600 元，这里标价 13800 元，足足便宜了 6800 元，是原价的三分之一。至于七八成新的商品，便宜的幅度就更大了。全金带劳力士手表，市场上新的 16 万元，这里七八成新，仅售 6 万多元，还可还价；原价 2 万多元的中档劳力士，这里只要 8500 元。

金银首饰无论新旧都比市面上便宜至少三分之一。典当行里，1 克拉左右的钻石镶嵌金戒指，市场上原价 6 万多元，这里只售 3 万多元。而且凡在这里出售的 20 分钻以上的钻石珠宝首饰，都要经过"国家轻工业珠宝玉石首饰质量监督检测中心"检测并由他们出具质保证书，让消费者买个放心。此外，这里还有瓶装洋酒，如轩尼诗 XO，1 升装，原价 1000 多元，这里只售 780 元；0.7 升装，原价 800 多元，这里只售 580 元。

为什么别人典当的东西，典当行还能卖给别人？在典当业中，这种东西叫作"绝当品"。据了解，目前全国的各典当行大都以月为单位，当期最短一个月，最长六个月。如果逾期不赎也不续当的话，那么客户典当的物品将成为绝当，可以由典当行自行变卖或由拍卖机构公开拍卖。刘女士与丈夫开了家贸易公司，她整天忙于和订单打交道，疏忽了和双方老人沟通。某天她得知 80 岁的老公公很想买台电动按摩椅，却不便开口时，心里内疚得连夜冲到购物商场，谁料，钱包里的现金换不回台售价 1 万元的按摩椅，偏偏公司财务又银根收紧，支不出这笔款。思前想后，她踱进了商场附近的一家典当行，意外地发现了一台绝当的全新电动按摩椅，功能与商场里的差不多，就是款式陈旧了些，价格只售 3000 元。刘女士立即把它搬到了老公公家，连老人们都不敢相信这是"捡"来的便宜。

　　至于当铺里卖的货品为啥那么便宜？行家说，现在上当铺典当的当户与以往不同，绝大多数不是"穷人"，而是做生意的老板，他们临时调调"头寸"，一个月时间周转一下资金。万一企业亏损了，规定时间里"头寸"调不过来，他们就会"绝当"。当铺为了加快资金周转，只要将本和利息收回，就会将典当物以很便宜的价格出售。还有一些人，有的从国外带回来自用的国际名牌手表、摄录机、照相机、首饰等，因为各种原因需要钱用，就将这些东西放到这里寄售；有的是将别人送的礼品放到这里寄售；这样卖出买进都便宜。但是，典当行"绝当柜"里的货品大多数只有一件或几件，很少批量供货，商品流动性也很大，今天看见了，过几天就不一定买得到。因此，常到这些"绝当柜"里翻翻拣拣，并与市场上的价格进行比较，遇到合适的或者自己需要用的，就应"先下手为强"。偶尔遇见可收藏的古董国际名表或古董钟、已"绝种"的老式照相机或其他稀有古董，价格便宜，将来又有巨大升值潜力的，那你就等于捡了一个金元宝。据杭州另一家典当行的业务部经理助理介绍，典当行卖的"宝贝"多是一些客户刚买来就到当铺来"调头寸"的，其式样和成色绝对称得上新。而且，价格几乎只有市场上出售价格的20%。由于绝当商品具有"低成本销售"的特点，加之品质有保证，每天都有络绎不绝的客户到典当行"绝当柜"里觅"宝贝"。

　　典当行不仅在其店里处置"绝当物品"，还有的利用互联网在网上处置。在一家坐落在市中心的典当行里，一位顾客正忙乎着将网上交易成功的物品送到买者手中去。他说："这是我第一次在网上挂名卖'绝当品'，这次卖掉的是一部诺基亚手机，样式和颜色都不算太过时，前些天挂上去的东西，没出三天就有了回音，关键是要同城交易，买家非常爽快地就拍下了这款手机，价格真的比市场上便宜好多，而且也有典当行开出的发票保证，保证让顾客放心。"可见，网络已是典当行一个扩展业务的平台，方便更多人知道、了解"绝当柜"里便宜又质量上佳的货品。

投资典当业成了很受关注的一个热点

典当业历来就是一个低风险、高回报的行业。特别是根据现行《典当行管理办法》规定的经营范围，已经远远突破了传统意义上的典当业务。机动车、有价证券、企业经营权的典当，直至房地产抵押，都在现代典当业的经营范围之内。这些典当业物，数额大，周转快，回报就相应更高。投资典当业成了很受关注的一个热点，特别是私人投资者看重的一种商机。

《今日早报》的一位记者从杭州贸易局获得的消息表明，杭州辖区内 11 家典当行和 3 家分支机构 2003 年全年实现典当金额 23 亿 6887 万元，利润总额 1526.3 万元，分别比上年猛增 8.4 倍和 5.7 倍。"民营资本的进入，尤其是民营企业灵活的体制、明确的经营目标等等，都给杭州典当业的发展注入很大的活力。比如中财典当，在民营资本注入后，已一跃而为龙头企业！"杭州贸易局的有关负责人告诉记者，典当业自从民营企业加盟后，在开拓典当业务、扩大典当规模、创立特色经营、强化风险管理、提高经济效益等方面进行了很多创新。杭州的民营企业从 2002 年下半年才挺进典当行业。经过 1 年多的发展，去年民营企业典当金额、利润总额分别占全行业的 70.9% 和 81.4%。在杭州典当行业总注册资金 17915 万元中，民营资金已占 61.8%。

　　历经 1600 余年的中国典当业正以前所未有的强劲态势发展着，如果说上述小引是个开篇的话，那么，作者期望通过下面的记述为读者提供了解中国典当所必要的基本知识。

一、典当概说

"要想富，开当铺"：一个高回报的行当

客家人有句流行谚语说，"要更富，开行开当铺"。这话，也就是常言所道，"要想富，开当铺"。这话并非空穴来风。因为，当铺的"生财之道"，主要靠三个方面。一是收取出当人的一定的手续费、保管费和所约定的高额利息；二是假若当户暂时无力赎回当物的话，就得根据合同的约定进行续当，续当的同时还得按规定缴纳续当利息，以免变为"绝当"那就赎不回来啦；三是万一当户赎不起当物形成了"绝当"，当铺并不害怕，因为，由于收当时已经给当物的估价压得很低，当铺即使以低于市价的价钱出售绝当物，也仍然有很高的利润空间，仍能赚上一笔钱。也就是说，除非收当时鉴定与估价看走了眼，正常情况下，当铺总是处于坐收高利回报的有利的一方，而且的风险极小。于是，就有了"要想富，开当铺"的说法。

的确，无论是靠开当铺发迹的，或是靠开当铺敛财致富，从著名富商、官僚乃至皇室，古今均不乏其例。例如，曾经荣任布政使，阶至二品顶戴、服享黄马褂的清代江南巨贾、"红顶商人"胡雪岩，除经营钱庄、军火等外，还经营多家典当。在小说《红顶商人胡雪岩》中有一段写道：胡雪岩在上海，一直等得到左宗棠的确实信息。左宗棠已于十月十八日出京，但不是由天津乘海轮南下，经上海转江宁去接两江总督的任，而是先回湖南扫墓，预计要到年底快封印时，才会到任，胡雪岩本打算在上海迎接左宗棠，等他动身赴江宁后，再回杭州；见此光景，决定先回去了再来。回到杭州的第二天，他就将公济典的管总唐子韶约了来，将打算全盘调动廿三家典当的管总，趁彼此移交的机会，自然而然做了一次大清查的计划，告诉了他。"子韶"，他说："我这二十三家典当，你算是他们的头儿。这件事，我要请你来做，你去拟个章程来；顶好在年里办妥当，明年开头，家家都是一本新账，界限分明，清清楚楚。你说呢！"云云。

清朝乾嘉时间荣兼当朝一等公、首辅大学士、领班军机大臣等多种要职的和珅，贪婪无度，多方聚敛钱财，其中就包括他被弹劾后抄没的十余家当铺，本银八十万两；也就是嘉庆四年（公元1799 年）下诏宣布和珅二十二条罪状中的"大罪十九"，在通州、蓟州开"当铺、钱店资本十余万，与民争利"。皇亲贵族开典当牟利，这在着重描写清代贵族生活的《红楼梦》中得以多处反映，并成为其铺叙情节、刻画人物的有机组成部分。而且，在曹雪芹原著的前八十回里，写及典当活动、物事者多达十数处。第四回"护官符"上所谓"丰年好大雪，珍珠如土金如铁"的薛家，就在"鼓楼西大街"开着一家以"恒舒"为铺号的当铺。这是在第五十七回里，借邢岫烟和宝钗之口说明了的。如今，无锡一位在业内颇有些影响的典当行经营者曾坦言，自打她当了典当行的总经理，还没赔过。因为，自古以来典当行就是个高回报的所谓"暴利行当"。所以，也就难免会有许多人都觊觎这个行当了。

然而，对于 20 世纪 50 年代后出生者说来，这"当铺"已经是十分陌生的事物了。因为，除了在"三言"、"二拍"、《红楼梦》，以及鲁迅、茅盾等的文学作品中，略知那是一种高利盘剥的"可恶"行当，那典当的高柜台、恶朝奉形象似乎已经定格成了典当行的象征符号。此外，其他有关的事物也就毫无感性认识了。

1987 年 12 月，以四川成都华茂典当行的成立为标志，古老的典当业在中国当代经济改革舞台上复出了，为中国典当史谱写了崭新的一页。如果说，这条新闻当时还未引起更多人关注的话，那么，数年之后，忽然有那么一天，当人们突然发现典当行"卷土重来"，就存在自己的身边了；紧接着，典当行的广告牌立到了繁华街头，"急用钱，找典当"的广告词也堂而皇之地上了报纸、电视。这时候，还真想认真知道一下这古老、陈旧而又名声十分恶劣的"劳什子"，到底是怎么个一回事呢？

典当：一种民间融资行为和机构

典当，在中国历史上主要有质、赘、典、当、解、押以及质库、质肆、解库、长生库、典库、押当铺、当铺、小押、当店等称谓，如今通称"典当"。主要以财物作为质押或抵押而有偿有期借贷融资的民间金融商业经营机构，是中国乃至世界历史上最为古老的非银行性质的金融行业，也是现代银行业的雏形和源头。"当铺"这个名称，广泛流行于清代，例如清·陈康祺《燕下乡脞录》的记载，"（和珅）通蓟地方，当铺、钱铺资本十余万，与民争利"。

"典当"这个词，在汉语史上最初出现的时候，是指以物作为抵押借贷行为，亦即南朝宋·范晔《后汉书·刘虞传》中所记："虞所赍赏，典当胡夷，瓒数抄夺之。"在此，"典当"这个双音合成词的"典"与"当"，是两个同义词素的并列。在现代汉语中，"典当"有两种所指，一是指典当行为、活动，一是指典当行或典当业。典当行及典当业的形成，直接滥觞于典当行为或活动，既是应社会生活的需求而出现的具有商业属性的融通资金活动行为，同时也逐渐发展成了中国历史上最古老的金融行业。

简洁言之，所谓"典当"，乃是主要以财物作为质押而有偿有期借贷融资的具有浓厚商业色彩的金融经营机构，是中国乃至世界历史上最为古老的非银行性质的金融行业，也是现代银行业的雏形和源头。在数千年中华文明史上，典当业的历史已有1600多年。

现行的《典当行管理办法》第一章对"典当"和"典当行"的规定，既保持了典当的基本属性、功能，又直接明确了现行的经营范围，同时也明确了典当行的法律地位，符合典当市场的现行实际。

典当业的性质规定了它的基本功能在于以财物作为临时质押融通资金，以解决急需资金的窘困。

典当行同商业银行经营业务的同异和交叉

典当行的性质。首先，典当行机构的活动是一种以金融活动为本的金融经营机构。这一点，业已是一种共识。其次，就其经营性质而言，则属以牟取利润为目的的商业性设施。这一点，同现代的商业银行是一致的，将传统典当行视为中国现代金融业的雏形或源头，主要便是基于这两点。

典当与现代银行在经营方式上是有所区别的。现代银行以信用贷款为主并以担保来减少风险；典当行直接以质押作为放贷的前提赖以最大限度地降低风险。

中国的商业银行，是在旧有的典当、钱庄、票号和银号等传统金融业的基础上，借鉴国外商业银行的模式产生的。商业银行主要经营信用贷款和抵押贷款，是直接关系国计民生的主导性金融行业。相对而言，典当业则是辅助性的非主导性的小型金融行业，虽也同国计民生相关，但不具有关系所在地区或全国性经济生活、金融市场的主导性作用。

根据《担保法》和关于银行业的专门法规规定，商业银行开展的抵押贷款业务范围，包括了动产和不动产几乎全部依法有权处分可以抵押的财产。就是说，其抵押的范围包含着典当行质押的业务范围，只不过抵押是在不转移占有权的前提下"将该财产作为留置债权的担保"，而不是"债务人或第三人将其动产移交债权人占有"作为担保。也就是说，典当行经营的业务范围同商业银行存在大面积交叉，几乎都在其业务范围之内，但只是其中有限的一个较小的部分。

传统典当行的基本类型

　　根据历史上发生过的情况，按照产权拥有者的社会身份来区别，则可分为四大类型。即：佛寺的长生库、寺库；皇帝、皇室贵族的"皇当"；官府或官僚资本的"官当"；由商贾兼营或典商专营的民营资本典当即"民当"。从分类学来讲，这种分类实际上属于发生学分类法的分类。这种分类法，便于考察典当业与社会政治、经济方面的历史背景，研究相关的社会制度、经济政策。

　　从发生学视点来讲，典当是在社会经济生活中由于融资的需要而产生的一种金融活动，并由此而形成的一种兼具商业性质的金融行业。

　　纵观古今中国典当业发生、发展及现实概况，需要从两个互相关联的视点来分析其类型，区别就是资本金构成的分类、经营规模的分类以及专业化分工类型。

　　（1）资本金构成的不同类型

　　典当行资本金的构成，往往主要表现为具体某家典当资本的所有权。在中国典当史上，从资本金构成来分析典当类型，主要有寺库质当、公当、皇当、私当和股份制等。

　　（2）经营规模类型

　　经营规模类型，主要表现为因注入资本金多少而形成的经营规模大小之分。注入资本金的多少是决定典当经营规模的主要因素。典当资本金决定其经营的规模大小，规模的大小直接影响到经营的范围。典当的经营范围，主要是指其收当物品的种类及大小。

　　典当经营规模的大小直接关系到其营业设施乃至当期、当息和当税等。近人徐珂《清稗类钞·农商类·典质业》中说："典质业者，以物质钱之所也。最大者曰典，次曰质，又次曰押。典、质之性质略相等，赎期较长，取息较少，押则反是，所收大抵为盗贼之赃物也。"此外还有所谓的"代当"，多设于乡曲小邑，领用典当之款以作资本，押得之货，再转押于典当，或须将货运送至典当，或由典当派人监察，此则视双方所订契约而定。在其后出版的宓公干著《典当论》中提出，"我国典当通常分典、当、质、按、押五种"，"山西、安徽称质，广东、福建称按"。实际上仍不外是四种规模类型，所谓"质"与"按"属同一种规模类型。

典当行经营规模大小类型之外，是专业化分工类型。元末明初小说家《三国演义》的作者罗贯中在《三遂平妖传》中写有一个巨富胡员外开有三家不同专营类型的典当，一家专门收当绫罗缎匹，一家专门收当琴棋书画，一家专门收当金银翡翠，三家专业典当即为经营范围的三种类型。现代典当行在经营范围上，虽有少量有专业范围倾向，如有的以房地产为主，有的以机动车辆为主，有的以金银首饰工艺品为主，有的以有价证券为主，皆因资本规模或从业人才专长等条件而异；不过，大多数典当行在收当范围上仍然是综合性经营。

传统典当的独特设施

在历来各类金融、工商设施中，典当业的设施，尤其是它的营业铺面的构造，是比较特殊的。最典型的，当属旧时当铺的高大柜台和栅栏。

日本学者宫尾茂，在其所著《支那街头风俗集》的《支那看板

鲁迅像

新潮出版社 1923 年 8 月出版的鲁迅短篇
小说集《呐喊》原版封面

集·质屋（当铺）》里，介绍到中国当铺时，他注意到，当铺的店堂前，是七八尺高、带围板的大柜台，当当客举起手往里递送当物时，才仅仅伸到距离柜台上沿一尺多远的地方。显然，在外国人眼里，那实在感其高而不便，令之惊讶怪异。因为，他们尚未看惯这种柜台设施。

　　1922 年冬，鲁迅在为其第一部小说集《呐喊》所作的自序中回忆道："我有四年多，曾经常常，——几乎是每天，出入于质铺和药店里，年纪可是忘却了，总之是药店的柜台正和我一样高，质铺的是比我高一倍，我从一倍高的柜台外送上衣服或首饰去，在侮蔑里接了钱，再到一样高的柜台上给我久病的父亲去买药。"读至此，则很容易使人想到丰子恺那幅题为《高柜台》的漫画。画面中，一个衣着褴褛的男孩子跐脚仰视典铺柜台前的朝奉，左手扶着柜板以求立稳，扬起的右手向上举起一包要当的东西，然而那被高高举起

的当物尚未够及高柜台的上沿。尽
管画面上的柜台并非鲁迅文中说的
那样有他当时个子的一倍高，但亦
约比画中男孩的个子高出一半。

在浙江两级师范学堂读书时期的鲁迅

　　鲁迅出身的绍兴周氏家族，本
身也曾主要以经商，特别是靠经营
当铺发家。当时浙江典当业主要为
安徽帮和绍兴帮所把持，周家典业
显系绍兴帮。鲁迅生于清末光绪六
年（1880 年），1902 年去日本留
学，时年 22 岁。1922 年他撰《呐喊·自序》，当时回忆的少年时代
其父病殁前，为经济窘困所迫经常出入当铺的感受，已相去 20 多
年，那还是清季末年的事。也就是说，据鲁迅少年时代的经历所见
得知，典当铺面设置高柜台之制，至迟于晚清即已存在了，民国以
来仍沿行其制。时去若干年代之后，少年鲁迅所出入的当地当铺之

丰子恺的漫画《高柜台》

时，其家族业已败落，那当铺恐已未
必是周家所有。当然，即或是同宗族
人所有的当铺，恐亦是朝奉高居大柜
之前，认钱认物不认人的。

　　典当业独特的高大柜台之制始于
何时，已难究考，是否滥觞于唐代僦
柜的铺面陈设，尚难断言。清末民初
典当的一般设施通常是在大门之内陈
列一扇巨大屏风，或是在大门之外建
一堵巨大的"影壁墙"，用意都是一样

的，既可遮掩当铺内部情况，又方便顾客闪身进入店内，以免被熟人碰见而难为情。其次，进得门来迎面就是一排一人多高的高大柜台，柜台上镶满栅栏，"朝奉"居高临下地同当户交易。柜台后面，也就是当铺的营业室里面，高脚凳、水牌、账簿、试金石、卷当床、储物柜等，一应俱全。至于当铺最核心的库房设施，通常都设在楼上。库房里，除了保存金银首饰等细软当物的保

当铺高柜台

险柜外，主要就是一排排的货架了。分作若干层的货架都排着号码，井井有序。在过去，出于安全的考虑，当铺通常都严格控制伙计随意离店，要求他们必须在店内集中食宿。因而，其必备的设施就是宿舍和伙房了。

不过，此仅一般情形，各地情形并不尽一致。比如旧时广东的"当押店"建筑，其"总门"，一般都辟有不同方向的两个门，由这门口进，经那门口出，成为一条通道。其用意：一方面是使该店的目标显眼，易引起来往行人的注目。一方面使有些为着面子，不愿进当铺的人们，认为是通道，则进出也不成问题。大门口建大木栅或铁栅，大门内留一条巷，或一个空间，才到达当楼柜台。当楼高出地面大约一个中等个头的人伸手仅到柜台为准。柜台下段用麻石为外墙，中间镶钢板，里面才砌三隔或五隔青砖。柜台上面到顶点，建造坚固的铁栏，内加一重铁丝网。柜台前面，开两个至三个窗口，仍有铁门可以开闭，也可以扩大，以便大件押物的进出。这

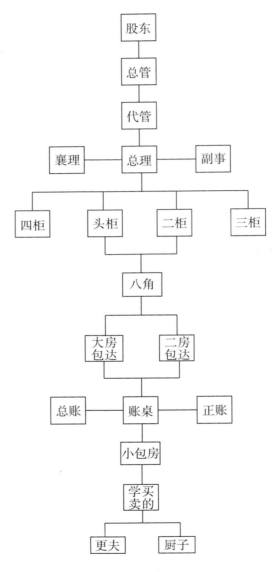

旧时北京典当行人员配置结构示意图

个地方，一般名之为当楼。当楼旁或经一条小巷进去第一度铁栅内，是一间大厅，为会客之用。厅后一所大空间，以贮放押入家私及笨重杂架。再进第二度铁栅内，一条长形冷巷，直到铺尾，才进第三度铁栅，

上海恒源当铺铺面

里面便是当楼货仓。仓里构造如碌架床形，贮放皮革，衣服，及细软货物；另建有火柜，以备春季开炉烤烘皮革，另设一大夹万，贮放金银珠宝及贵重饰物。凡贮放货物的货仓，四面是旱墙（不受天雨淋），以防潮湿。当楼之上尚建有三楼或四楼，天面是平台，设备一千数百个大埕，内贮清水或沙土，如在乡间则贮白石灰，也有用竹筒载石灰者，为防火及御盗的准备。而且，建筑当铺，还必须与四邻屋宇有相当距离，以防附近失火波及本店。临街的墙壁下段，用麻石砌成外围，中间隔以钢板，内里用三隅或五隅青砖筑砌内墙，以防盗匪挖掘墙壁。每层楼四面多开小窗，窗里四面砌小麻石，中间竖小铁枝，只使空气流通，虽小猫也不能进出，于必要时，可据作枪眼，以抵御盗匪进攻。这种坚固的建筑，在城市较简单一点，若在乡镇墟集等地方，通常建于扼要隘口，据作碉堡，并备有枪械弹药，以为防守之用。

再如清末民初武汉典当的建筑设施，大概是这样的：当铺的房屋及一切设备，对保证安全防止天灾人祸，考虑得相当周到。房屋多半做的是风火墙，有的还是夹墙，夹墙之中用竹子作筋，浇以糯米浆。门板厚至三四寸，木质甚坚，外包铁皮，或加一层竹条用铆钉铆上。建筑坚固，屋内有宽大的楼房，也就是库房，房内是密密

层层，以木柱或竹子装置如叠床式的架子，将收进的质押品（衣服等）分为"存箱"和"入楼"两类，按照收当的月份、字号、顺序放置于架上，每一件上系一个小木牌，牌上写明号码及当本金额。所谓"存箱"，并不是真的将衣物置于箱内存放，而是将衣物折叠成一个正方形，用一张牛皮纸一包，再用麻线一扎放在架上。所谓"入楼"，就是将衣服卷成一个约一尺二寸长的圆卷，用麻线一扎，系上木牌放入架上。至于金银首饰，则于内账房设有首饰库，将收进质押品按号用皮纸包成一个长方形小包，顺日顺号放入铁保险柜内。每家当铺除投保火险以外，店内还购备消防器械。当铺的柜台与其他商店不同，柜台的高度达两米，在坚厚的木质外面还镶着竹条，在竹条上钉上密密麻麻的铁靴钉。这种钉子钉头圆大而厚，钉脚较长，质量牢靠，是特制的。柜台内面为柜房，装设较外面平地高两尺多的地板，这种设备，不仅防范森严，而且气势凌人。

　　至于以北京为代表的北方当铺的设施，则又有不同。据一位自小就从业于当铺的高叔平老人在回忆录中介绍：当铺是一种独特行业。当铺房屋是按业务需要建置的。柜房，也就是对外的营业室，一般占房五至七间。迎门通面栏柜，柜台高达一米五六（外地栏柜竟有高达两米的）。柜台高的原因是怕顾客情急殴斗。由于柜台高，故在柜内设有踏板，高约四十厘米，有的用两层踏板，高达六十厘米，这样，就在形式上把营业员摆在比顾客高人一头的地位了。柜房是过堂式的，前后设门，从后绕进。进门处有一层罩壁，罩壁顶部设有一个悬龛，龛内供奉着三尊财神，通称"三财"，即赵公元帅、关夫子和增福财神。罩壁前面设一条桌，通称大桌，是放置取赎单据（当票）、登录本（花取）等的办公桌，两旁有条凳，以备一般店员休息之用。罩壁后面放置一张比通常床铺大而高的木床叫

"卷当床"。床头备有成束的麻绳。此种麻绳叫"钱串"，是在整理和叠卷所当进的衣物时用的。罩壁两边，一边近墙角摆放账桌，账桌后面是宽大的坐凳，这就是账房先生（帮账）记门账、开当票、签小号、穿号、算账等的办公桌。靠近账桌，另有一张柜橱式的桌子为管钱桌，是管钱的（出纳员）办公之处。另一边设一桌两椅，名曰客座，是经理人的座位。踏板上，分左右设置四个高凳，是营业员按等级定座的座位。此外，柜台外面门楣上挂有"望牌"，两边墙上还挂有"过五牌"和"过半牌"，一般柜房设施都是如此。客房，是为接待来访和持有大宗业务的顾客而设置的，也用作经理休息室和宿舍，一般备有两套或三套，每套占房二至三间。室内布置略同于一般的接待室，无甚特殊，只是在正客房墙上挂有木牌，名曰"小牌"，记载着昨天的业务数字，是供经理人看的日报表，半公开的。首饰房，是用来保管珍贵物品的库房，又是内账房。房内设有备以收藏瓷器、座钟等的木橱和用以放置首饰、佩表等小件珍品的屉拒、存储银钱的钱柜以及算账用的办公桌、椅、橱等。所以它是铺内重地，是禁区，非指定的人不能擅入。号房，是保管所当进来的衣服、财物的库房，也是存储除了珍品以外全部架货财产的地方，一般占房三四十间。建筑设施要考虑到防火、防潮、防鼠、防虫。基于迷信观点，主号房门旁建有两个小洞即小龛，砖砌门楣，左龛供奉火神，右龛供奉号神（即耗子、老鼠），都写有牌位。号房内用竹、木搭设架子，架子分层分格，名为架眼。两排架子中间是走道，名为号桶子，最底层架下离地约三四十厘米，其空隙名为下架子，备以存储锡器品。一般架子的构造，为通高二道梁的架梯子，竖置钉牢，然后横放粗竹竿缚住，架梯子之间也要设置高低梯子、折梯、高凳若干，以备提取物品之用。晚间，号房不能点灯，另置玻璃手提灯笼若干盏，放置在柜房外专设的灯架上，以备取用。更房，这是当铺所特有的。备值更守夜人员夜间值勤、日间休息的房间。一般要占房两三间。

凡此可知，典当业的建筑和设施，因行业性质与地理文化因素的制约，其基本特征是颇有特色的。

典当行设施的特点与功能

各类商业建筑设施，多因地域及行业经营特点和具体功能需要等因素而形成相对不同的地域性、行业性特征。典当业的建筑设施亦不例外，要受这些因素的制约，在大体相类的同时，又因地理文化环境而异。例如北方气候、温湿度，比南方干燥，即可不像南方典当那样特别强调防潮问题；而南方冬季远莫如北方寒冷，故无须备有取暖设施，亦无因取暖火炉不慎失火之虞。典当是一种特殊行业，典当的建筑和设施也必须按业务性质的需要建置。特别是典当业因其常年都需要储藏来往钱财、细软，防火、防盗当然成为首要的安全问题。一旦有失，非但造成损失，引起索赔纠纷，甚至将影响信誉，破坏人们对其稳定可靠的信赖心理。因而，建筑与设施尽量坚固、完备、合理。由此，则又使之增添许多神秘的森严色彩，严如监狱或堡垒似的。据知，有些典当为防盗窃劫掠，专门建有值更守夜的鼓楼。清·顾禄《土风录》卷四"鼓楼"条即载："城隅有楼曰鼓楼，典质家亦起楼置鼓，以守夜。"显然，典当业财大招风惹眼，保证安全首先从建筑与设施等基础方面着手。前天津当业会长王子寿先生的《天津典当业四十年的回忆》说："在建筑方面，按当行旧制，所有城区老当商，均系自建高大坚固的铺房，铁门铁窗。库房、首饰房内部均有护墙板；尤其是首饰房，多建在天井中心，四面不靠街道，除经管人和副经理坐柜以外，其他同人一概

《典当论》所载某当铺柜台前拥挤的当户

南京大学收藏的20世纪初江南某当铺按照
《千字文》字序编制的典当账簿

不准进首饰房。当铺的门柜，比一般商号高出一尺以上。至于租界当商，因限于地势，多系租房改装，很少自建铺房。约在 1924 年，法租界义生当白昼被抢，各当商纷纷在门柜上安设木质或铁质的栅栏。"确保安全，防火、防水、防盗，是典当业设施设计所必须要考虑到的功能性特点。

典当活动的一般流程和经营管理

简要说来，典当行的业务活动就是当和赎。根据传统典当业的历史经验和现代典当行的经营实践，总结起来，典当的经营行为主要为五项业务活动，即收当、当物保管、受理续当与挂失、赎当和绝当物处理，每项业务又由若干互相关联的操作环节组成，是其最主要的几项经营活动，是其开展业务活动的基本操作流程，是典当行基本经营秩序之所在，也是经营典当行所必须把握的主要工作环节。围绕上述诸项经营活动流程，历代典当业者积累了许多成功的经验。

中国一些经典可被国外借鉴乃至发展性地运用于企业管理中去，取得令人瞩目的成功。中国现代工业起步较晚，但千百年来的民族工商业管理中是否还有值得研究和发掘、借鉴的东西呢？我想，答案应该是肯定的。只不过是，这一点往往被忽略，进行这方面的研究、考察工作较少，或说还很不够。典当作为一种抵押借贷的高利贷行业，在我国已经有 1600 多年的历史了，其中有许多值得借鉴之处。

正如一位香港学者，在探讨中国近代典当业的社会意义时所感叹的，"中国典当制度，颇富科学管理精神。典当铺的内部组织，分工很细，纪律甚严，故效率高而弊端少。……可惜此一科学管理技术，没有受到士人的注意，而应用到传统藏书楼及工商管理方面去。否则中国的管理科学，早就在本土上生根发芽了"。众多历史文献所提供的各种信息表明，具有 1600 多年历史的中国典当业，宋代以来，尤其是明清以来，已经是一个积累了丰富经营管理经验，并形成了本行业固有文化模式的行业。仅就典当的组织管理、工作秩序和比较完整的规约制度来讲，也已显示出独有的营运机制与知识体系；加之各种相应的当行习俗惯制，已构成具有本土民族文化传统的特定行业文化模式。这种营运机制的核心在于尽可能有效地谋利，其特点是积极、紧张、严格、有序，其他均为此而产生和存在。

古代诸行百业之中最早的"科层化"企业管理模式

由于典当业是中国除钱庄、银号而外的又一民间金融流通设施，每日过往、收支的主要是钱财实物，乃至珍宝，从验物收当、记账、保管、付赎乃至死当处理，各个经营环节如不能秩序井然地安全运行，非但不赢利，恐怕连本都将赔进去。因而，在长期经营实践中，典当业逐渐形成了本行业固有的经营管理模式与运营机制。

明代典当行业内部经营的条理化、规模化趋势，是本行业发展的需要和成熟的标志。这一点也在明人小说中有所表现。例如《金瓶梅词话》第 20 回"孟玉楼义劝吴玉娘，西门庆大闹丽春院"中写道，西门庆因娶过来李瓶儿后又暴获两三场横财，便"又打开门面两间，兑出 2000 两银子来，委傅伙计、贲第传开解当铺"。至于经营中的具体分工情形，书中写道："女婿陈经济只要掌钥匙，出入寻讨，不拘药材。贲第传只是写账目，秤发货物。傅伙计便督理生药、解当两个铺子，看银色，做买卖。潘金莲这楼上堆放生药。李瓶儿那边楼上，厢成架子，阁解当库衣服首饰，古董书画，玩好之物。一日也尝当许多银子出门。陈经济每日起早睡迟，带着钥匙，同伙计查点出入银钱，收放写算皆精。西门庆见了，喜欢得要不得。"如此内部经营分工，虽然尚嫌初始简略，业已比此前历代缺乏分工合作的情形有了进步。

至清朝，则进一步形成了比较细致的职事分别，出现了比较能够适应兴盛时代的典当业经营体系。可以说，发展到了典当业的企业管理模式，是中国古代诸行百业之中最早的"科层化"企业管理模式。在一部题为《典当须知录》的清末抄本专书中，详细记述了从业人员所应熟知的"勤务""防误""防弊""典中各缺慎言择要"以及"典规"等诸项内容。同时，记述了清季典当业通行的内部职事分 10 余种。例如，负责对外事务的"上席"；"代东承理首缺""事无巨细，皆所应管"类如总经理的"执事"；专司收货之责兼教导学生的"司楼"，助手为"副楼"；"通柜友之首领，息柜外之争端"的"掌头柜"；专司会计账簿事务的"写账缺"以及助手"副事""写当票"者；司看当物估价值的"柜缺"；从事诸般杂务的"学生"，乃至"打更司务""厨房上灶"等等，各有专项职事分工。

典当业的经营管理，首先在人员设置格局及分工合作方面是颇有讲究、自成系统的。各个环节既环环相扣，又有严格的分工，各司其职，各负其责。

众"朝奉"分工合作，职责有别

一般情况下，典当业的人员设置与分工，大抵分为五部分、四个等级层次。

　　首先，是名为"外席"或"外缺"的总管，亦即铺中经理，一般由典商亲任或聘任，由其总理铺内一切事物，地位在"一人之下，众人之上"，权力高度集中，对内系"一元化"领导，兼出面办理对外各项社交往来应酬。其次，是"外缺"和"内缺"，为日常营业和保管钱财的两个平行环节。

　　外缺，由头柜、二柜、三柜、四柜组成，依各自身份、等级从左至右排列坐于铺面柜台之前，负责验物、定价、决定收当与否，直接与顾客交易，即所谓"朝奉"。其中，尤以头柜最为显要，是个富于业务经验、谙熟人情世故、办事精干老练而圆滑的行家里手。其余各位，均属协办人员。当铺经营好坏，头柜至关紧要，因而其薪俸等待遇均受优惠，在同事中地位亦高。当铺的社会形象，亦即人们对典当业的基本看法、印象，悉由此出。

　　内缺，由保管、出纳钱物的人员组成。其中，管楼的（即管首饰楼）负责金银首饰等细软贵重当品，其余衣物器皿之类由管包的负责，管账的负责管理总的账目，管钱的负责银钱出入。

　　中缺，根据柜台交易，按其唱述内容，负责书写当票，清理当票，将收当物品打包、挂牌等项事务。

　　学生，是未满学期的学徒，负责上述除柜台交易而外的其他业务环节中的辅助性工作，如到架上按牌寻找取赎的当物，检点核对打包当物后往当簿上盖印之类，以及指派的其他杂役。

　　此外，还有守夜更夫、厨房伙夫等人，是当铺日常营业的辅助、内务人员。

　　旧时北京当铺的人员设置，较上述一般情况略为复杂一点，如多设一个地位仅次于三缺而在其余之上的"踩八角的"角色。他是个总揽一切杂务的多面手，从头柜、管账的到打包的，如逢缺勤或一时繁忙，就去顶替或协助工作，有如球赛中的机动替补队员。可以说，这一角色的设置是颇有见地的，在人员精干、紧凑的典当业中，其应急的作用对于保证正常营运秩序是十分重要的。

当铺采用的从业人员多少一般都据其经营规模而定，七八人、十几人不等，但人员的等级、地位以及待遇，悉因其担负的职责而层次分明。例如，20世纪中北京一家典当从业人员的工资待遇，十几个人，即各有分别，月薪由5角到1元，零钱从没有到二股，等等。但这些又并非一成不变，职位晋升，待遇亦增；营业效益好，股金则增值，显系一种鼓励、刺激从业者积极向上、努力奉献所在企业的人事管理制度。当然，从业者的报酬与企业产权拥有者所得，差距甚大，但两者是成正比关系的，因而才产生这种管理机制。

典当每日工作单调、琐碎，但业务营运始终保持井井有条，已成惯制。试以北京的典当行为例。那时，每晨七八时即行开门营业，全体同仁，须在营业时间以前起床，预备一切。由管钱者分发各伙有银钱若干，以便受质物件之用，各部备有一定账簿，专员司之。经手之收付，现款数目，受押物品，至晚间停止营业时，结一总数。并结出当日出本若干，取利若干，一一结算清楚，同人手中所存现款，一并缴入钱房。由管钱者，集中登入账簿，并查各柜友缴入现款，与账簿上，是否相符，有无错误。一方面核对，一方面叫号（叫号即口唱号码，名目，当本，与门账及其他有关系账簿相核对，其声音另有韵调。门外过者。皆能听之），核对相符，即由主管人盖印戳记，由"大包房达"将押物按序贮入库房，存放于标明字号之架上，首饰则由管首饰者，收入首饰房，各种核对复核手续完毕，方得停止工作。每年例须盘货一次，根据门账上之未经取赎者，由当家的亲自检验，按照字号将该物品检验相符，盖一图记。

此项手续，多在冬腊月举行，用以防备平时是否有疏漏之处。总之典当业之组织，较称完备，故在管理方面，因各部分互相牵制，甚难发生弊端及错误也。

一位北京"老朝奉"记忆中的"典当流程"

据北京"老当铺"高叔平的回忆，北京当铺的对外营业时间，分为夏、秋两季更换制。夏季从早五点至晚八点，营业十五个小时，称之"五八下"。秋季改为"倒打五八下"，即从早八点营业至晚五点，九个小时。上述官方调查所记，仅系一般营业活动梗概情况，而在"老当铺"这些亲历者说来，则要较之更为细致、生动，个中还颇有一些当行的专门行业习惯用语（行话），尤可说明其经营管理之严密。且再举一位北京"老当铺"的忆述，以详察其日常营运情形。据他的回忆，当时每成交一笔，算作一号。其手续，通常在账桌前设有排好号数的成串竹牌，每牌上系有二尺多长的白小线，成交时先由营业员拿着当物来账桌前，掣一根号牌，高唱报账；账桌先生根据所报物品和金额开具当票，接着由管钱的负责付款。待以上手续办齐以后，即将号牌拴在这一号的当物上，并将当票和钱一并交给顾客。在收当时，照例大宗业务需由大缺来经手，其他人员应尽量相让，但在接待赎取时，因其业务只需核计收款，手续比较简单，所以可由地位较低的人如大包衣等抢先办理。新开张一般没有赎取业务，但由于在特殊情况下也有当天即来取赎的，称为"打即"。这时需由账桌先生在账内注明收当日期的地方写一个"即"字，以表示此账即时注销，但不写"即"字而写"大吉"。

当铺是按月计息的，当天回赎也要付一个月利息，以后每月可让五天，名为"过五"，即一个月零五天仍算一个月，过了五天即须按两个月计算。这种办法至 1929 年有所改变，即不满一个月可按半月计息，过了十五天才算满月，称为"过半"。

收当以后，当物如是衣服，由徒弟整理，或折叠打包（扁包）或打卷，名曰"卷当"。卷当完了，插上号牌，送交账桌先生等待穿号。如是首饰，需由先生用纸包好然后穿号。所谓"穿号"，即是把已经填写好品名、件数和金额的"小号"，与牌子的号数核对相符（这里门账、小号、牌子的号数必须一致），然后用号锥（一种特制的锥子）将小号上部斜线划开。小号是同样三个数，扯下一个斜角（上有号数，这斜角名为"号崽"），掖在包内或卷内，以防小号被蹭掉后查对，另一斜角捻成纸标，穿在包皮或衣里布上。穿完以后撤下牌子，由徒弟分别放在临时货格上等待归号（入库）。当铺掌柜（即营业员），不仅要有一套识货估价的本领，更要具备一套好"缸口"（即能说会道的口才），因为每项业务，虽说是少当则少赎，但来者大多是急等钱用，希望能多当，故需往返磋商、磨牙斗嘴。有时请经理人看货评价，名为"过眼"；往返协商，名为"磨买卖"；成交以后，高声唱叫写票，名为"报账"。

当的一经上号，就得等待入库，取时也有固定手续。柜房罩壁前有一张大桌，这张桌子又名取赎桌，上面放有一本取赎票据的登记册，这本登记册是就所收到的取赎单据随来随登，不排次序，所以取名为"花取"。需得事后再根据每日排好了次序的票据另录清册，名为"清取"。此处还备有"票押"（形如说书艺人所用"醒木"），以及备为找零的零用钱。营业员在收票子（办理计息及收款手续）后，要在票上签上自己的代号（所用代号，并非人名缩写，而是号行指定的专门用字，如"光、明、正、大、吉、祥、平、安"之类。一经指定，即不改变，除更夫、厨师之外，经手钱物人员悉以此签署，以便出现问题可逐环节追究各人责任），由徒弟登记"花取"并签上代号，拿赴号房取货。收进价款暂放在这张桌上，待物品取来，核对号数，掣下小号，然后解绳发当（即将当物交付赎取人）。发当后即将票据、现款押在一起，以便于由管钱人按份核对收款后，随手将当票连同小号插入票签（有的单位，在这里另设专人核查，将进位零头款扣下，名曰"得成"），等到晚上业务终了以后，应将当日所收单据汇订成册，供先生算账。每天临近上门时，要将当日收进的当号归号，即由徒弟叫号，先生核账盖印，打更的抱号入库。包衣哒（打包的）在库房验收。归号时的叫号，也和"对点"时的叫号一样，要悠扬婉转地唱出韵调来。

每天上门以后，由先生主持算账。先结门账，打票子，等数字汇齐，由先生唱数；由三缺以下的包衣、徒弟等人，则各持算盘，环坐打数。算账完了，一天的行事就算结束，只剩下徒弟磨墨，贯牌子（即整理号牌），练算盘，学当字，打更的择钱串（即摘下钱串形的当幌）了。

唱收唱付：新说成旧，好说成破

旧时北京郭全宝有段著名的传统相声叫《当行论》，说的正是这一情况。不妨摘录一段：

甲：我一想，两块就两块吧，少当少赎，还少花利钱哪。我说："您给写吧，我当啦。"他拿起我的皮袄先褒贬。哎！听说这也是他们这行的规矩，新绸子也说旧的，新大褂也告诉你是旧布。他这一褒贬的？

乙：怎么褒贬的？

甲：拿起皮袄来先喊："写——"这儿喊"写"呢，那么写

票的先生把笔准备好了，净等写什么东西和号头儿。"写！老
羊皮袄一件……"我一听，不对呀，我爸爸那件袄是羔二毛剪
茬儿呀，得咧，老羊就老羊，反正赎的时候得给我这件东西。
他往下一褒贬可难啦。"老羊皮袄一件，虫吃鼠咬，缺襟短袖，
少纽无扣，没底襟儿，没下摆，没领子，没袖头儿！"我说：
"拿回吧，我赎出成尿布啦！"

　　尽管是民间艺术中的夸张说法，但仍是真实情况的形象写照。
这种行业规制，各地当铺都如此。一如前天津当业公会会长所说：
"写当票时，无论所当物品质量新旧，一律冠以破旧字样。比如：
一般衣服，每每冠以'虫吃鼠咬'字样；完整无缺的皮袄，也要写
成'光板无毛'；金表说成破铜表等等。目的是预防万一在存储期
间有所蚀损，可以杜塞当户争执。但当行对架贷保管，特别经心，
多少年来从无蚀损，为的是死当时可多卖钱。"当然，这样预为贬
值性处理，亦不外欺诈当户以渔利的盘剥手段之一。然而，其乘当
户用钱之急一时顾不上许多，当面将所要写入凭据的贬语照直唱述
给当户，终归是一种迫人认可的恶劣做法。

　　人们对旧时典当交易活动印象至深者，莫如掌柜的朝奉（大缺、
二缺等柜台营业人员）在收当时唱述当物的情景。他们例行将好说
成次、将新说成旧、将完整说成破损、将贵重说成低贱，意在压低
估价，和避免取赎时的纠纷。因而，当面怎么唱述的，也就怎样写
到当票上去，不管顾客认可与否，最终以落笔票据为凭。例如，凡
衣服多称之"破"，皮毛称之"虫吃破光板"，书画称之"烂纸片"，
翡翠、白玉称之"硝石"，碧玺称之"皮石"，鸡血、田黄贵重石料
称之"滑石"，赤金称之"冲金""淡金"，锡称之"铅"，紫檀、红

木、花梨木等称之"杂木",等等,悉依此例贬称落笔在票据上面。

收当物品的养护与保管

收当物品的保管,是当铺除营业而外的又一重要管理工作。这些"架本",是其最重要的基本流动资产。北京等地的北方典当业,对收当物品大都例行挤架子、对点、抖皮衣之类的定期清理、养护习惯,成为一项管理规制。

挤架子,即每两三个月由管理库房的人员对架上物品进行一次集中清理,摆放整齐,并例行享受一次洗澡、吃客饭的待遇。清理过程中,要将赎出的空号眼补上,故称挤架子。

对点,是每年春秋两季由当家的或副事主持的架货盘点。事先,抄出一份库存清账,准备出"春典"(春点)或"秋典"(秋点)印章。然后,主持者指挥包衣等杂役逐件将架上物品搬下来,并唱说架号、数量、金额等,每见与账上所记相符,即盖上一印,再整理上架。一般每次这样的盘点,都需要十天半个月,人手不够,就同行间互请人员协助,此间例行改善伙食。如清点后全部无误,说是"喜相逢"。清点之后,即行"封印",酬谢清点人员,名为"谢将"。一般情况下,很少有账物不合的。

抖皮衣,是春秋两季对收当的皮毛制品进行去潮防虫养护,春季在谷雨、立夏之间,秋季在秋分前后进行。届时,由管库头目率领各位属下徒弟逐号取出皮毛制品拆验抖晾,但不能晒,凌晨开始一直干到晚间。发现有生虫子的,立即采取措施处理,虫蛀严重的还要找人修理才行。结束后,亦例行洗澡、吃客饭。

典当业掌握、查验收当物品赎期,是架本保值、周转的重要一环。大多数当铺都在柜台旁挂块"望牌",用以显示当期,按照所执行当期月数选择《千字文》开篇一些字依序表示各个月份，如"天、地、元、黄、宇、宙、洪、昌、日、月、盈、者、辰、宿、列、章、安、来"，即代表十八个月赎期的各个月份，这些字分别记在各号收当的当票、架签上，同时用望牌显示哪个字号收当期满。所选用《千字文》中的用字，以为不吉利者，即以另外的音近字代替，如上述的"昌"代"荒"，"者"代"昃"之类。当商的文化心态，亦由此可见一斑。望牌上的各代用字可顺序推移，如天字牌当票到了第二个月期，即将其移至二字上面，余亦依序移动。这样，取赎者持票赎当时，掌柜的根据当票上的编字即可从望牌上知道其已经收当的月数和是否超过赎期。可以说，"望牌"是典当业根据本行业营运特点而形成的一种特有的有效管理手段，为旧时各地当铺所普遍采用。

《清稗类钞·门阀类》记载，清代江西丰城白马岩吴家，就是像上述那样采用《千字文》编制典当往来出纳账簿号码。吴家是个大家族，按照家族的祖训，家族所有的当铺资产、股份都不可分，而是由各房每月轮值管理当铺，也就是各房每轮值一次就用过《千字文》中的一个字。各房每轮值一遍，例行设宴，邀请众族任以及各当铺伙计们欢聚一场，以示庆贺。由于各房轮值一次仅仅经营一个月的时间，时间短促无暇作弊，所以，这个家族的当铺得以存续了200余年之久。

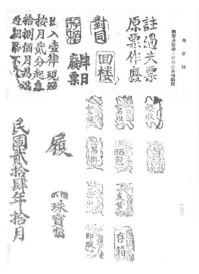

《典当论》所载
民国年间典当印记

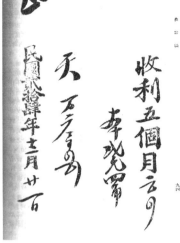

《典当论》所载某当铺民国二十四年的
一张典当利息收据

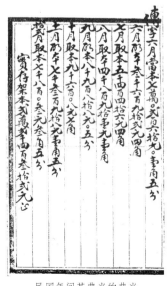

民国年间某典当的典当
"公账"账簿

民国年间某典当的典当
"架本簿"样张

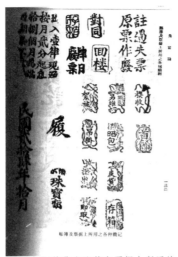

民国年间某典当账簿和票据上所用的
各种印鉴

二、独具特色的典当文化

别出心裁的典当业招幌和楹联

千百年来，典当行业形成了本行业独特的招幌和楹联，成为构成传统"典当文化"最基本的、主要的特色部分。

所谓"招幌"，即"招牌"与"幌子"的复合式通称。成书于公元前的《韩非子》《晏子春秋》记述的酒家"悬帜甚高""其表甚长"，是迄今我国最早见诸文字记载的商业招幌。如果说，以高大、森然的营业柜台为特有的显著标志的典当建筑设施，使人望而即知是什么店铺，具有某种标志功能的话，那么，典当业专门用以作为行业标志的招牌、当幌则更加独特、别具一格，属独行专有。典当招幌分为两类，一类是文字招幌，一类是象形招幌或标志幌。

别具一格的幌子："钞桶"与铜招牌

现在说说典当业的象形幌。

旧时典当业使用象形幌或标志幌，主要是北方，而且兼以字幌为辅助幌。个中，北京是比较典型的。一如杨肇遇在《中国典当业》里所说："北平颇为特异，其他之典当，墙上并不大书其当字，惟门前悬特制巨大之缗钱两贯，初至者，往往误以为钱铺，实则为典当之标记耳。此因习惯不同，而设备以异也。盖欲显明目标，使人易于寻觅也。"当铺的店铺门首，悬挂特制的商标，名叫"钞桶"，又称"当幌子"。杨肇遇说，"钞桶"最初的构造，"上下皆为铜质，中部为黑布，下部为红布，统以幌竿悬于大门之左端，形同古刹之旗杆，悬一贯商标。后因交通不便，此特制之商标，则悬于门前，通常为二贯。又以中部黑布，容易破坏，或遇阴雨之天，种种不便，中部之布，乃以木质易之，髹以黑漆，仍名之曰'钞桶'。'钞桶'之意，殊难索解，有人谓象形当物者，以青布褶裙裹铜钱一串，其用意是否如斯，则无从究定矣。此两贯之商标，各垂于一个鹅头式之铜管上，故俗呼为鹅脖子者以此。近代典当之建筑，多改新式。旧日所谓'当幌子'之商标，一律废弃，第于大门两旁，挂两座铜牌，书名字号，此亦为典当业演进之一也"。

典当招幌是典商用以标示经营内容、规模和招徕顾客的特殊标志，也是一种别有意义的装饰，其是否醒目、庄重直接关系到当铺的生意与信誉影响。因而，一向为典商格外看重，并形成相应的习俗。这种有关招幌的习俗，亦正是典商固有心态的体现。以北京为例，当年当铺门前设有旗杆，有的还设有牌坊，旗杆或牌坊上挂着幌子，铁钩铜头和木制大钱两串，下悬红布飘带。这幌子是被看成神圣不可亵渎的。平时不许让它落地，如有落地即被视为大不吉利。每天开门，由更夫用幌权挑起，挂在旗杆上，名曰"请幌子"。关门前，将幌子挑下来挂到门洞内房梁的铁环上。进入 20 世纪，市面设施改变了，由于市容关系，由当时政府提出要把牌坊、旗杆拆除。各家迫于形势，竞相仿效东安门内路北一家于 1900 年后开设的裕通当幌子式样改建。裕通当由于位在东安门内，临近皇城，是禁区，不许设旗杆、牌坊，因而他们就在栅栏门楣上做块铜质的三面牌。牌面錾有"云头""方胜""万字不断头"等花样，形如挂檐，叫作"云牌"；后部嵌在楣檐上，前面伸延半方形，再在云牌檐角上挂两个幌子。对此，当时同行觉得新颖，称为"双幌子裕通"。以后这种式样得到推广，在拆除牌坊时，双幌子成了通行式样。不过当时有些当铺，没有设幌子，只在门前两侧挂两块字号铜牌。所谓铜牌是木制包铜的，遇到雨雪天气，改挂同一式样的包铝板的牌子，名为"雨牌"，也和幌子一样每天按时挂摘。

据了解，近几十年香港、澳门的当幌，则是扁盾形连缀一个圆圈形状。据认为，其形状是由蝙蝠衔制钱的造型演化而来，象征"福"与"利"。有人说，"其意义是于人于己均有福有利，自己获利同时又可造福社会群众"。

典当业的文字招幌

文字幌在各类招幌中是继实物幌和标志幌后起的一种市招，但在迄今所知典当业招幌中，它又先于实物幌、标志幌。

北京典当业使用象形幌较早，继而亦渐为字幌所取代。即如《中国典当业》所记，"北京商铺，以营业种类，榜书墙壁之上，除酱园、煤铺而外，典当亦其一也。每在街巷，见墙上，有一大'当'字，即知为当铺之所在。津沪等处，亦皆如是"。典当业的文字幌，是将直接表现本行业经营内容的"典""当""质""押"之类单字，颇醒目地书于墙、屏或悬挂的招牌上面，招徕顾客。今所见最早的典当业文字招幌形象，是北宋·张择端《清明上河图》

中"赵太丞家"对过巷中那座解库门面上的"解"字招子，系当时"解库"名称的简称。明清时，由于质铺多称之"典当"或"当铺"，在铺门前挑挂两面大书"当"字的"一字招"木牌，成为一时的行业习惯。长方招牌四角用铜片包饰，"当"字之外间或书以小字铺号；至清朝，因迫于政府律令而以小字在牌下端标示"军器不当"字样。

清末民初，广东典当业不实行领当帖缴帖税制度，而是缴饷银，因而其字招则多书以"饷按""饷押"字样。而且牌子形状亦有区别。据说，"当押店的招牌式样，是由清政府规定而相沿下来的，三年当店是葫芦形，两年按店是圆形，一年大押和半年小押，均属方形。在招牌上除店名外，还要刻明'当'、'按'、'大押'及五两二分、十两分半和押物期限。至半年期限的小押，则仅刻期限，不刻小押，只刻'饷押'，也无五两二分或十两分半的标明，这是当押行一般的通例"。再如在广东新会县，当铺一般设在大街小巷里，各在自己的门首，挂上一个高约三尺，红底黑字方形木质招牌。"当""按"为葫芦形，"押"为日字形，根据收赎的年限，分别在招牌的两面，刻上一个大的"当"字、"按"字或"押"字，以资识别。并在"当""按""押"字之上，横刻着两个字体较小的店名，如"公兴""人和"以及"合和"之类。每天早上开当时，就把文字招牌挂出来；晚上收当时，再把招牌除回去，习以为常。并在入门当眼的墙上或柜台的栅栏上，分别写上一个四五尺丁方大的"当"字、"按"字或"押"字，主要还是为了使之目标明显、易于识别。

《广东之典当业》内封书影

　　这种按照典当经营的规模类型而分别张写不同字招的情况，在武汉也大概如此。据介绍，武汉的当铺分为"典当铺""小押铺"与"代当铺"三种类型。规模大的"典当"，其金色招牌上写的是大字"某某典"。这类当铺的业务，只收当正规衣服和金银首饰、铜锡器皿，古玩珠宝有的收，有的不收，其他什物一概不收。其当期多以六个月至一年为限，月利息率二分至二分五。其次，是"小押铺"，招牌上是写一个黑色的大"当"字，同时还另在"当"字上面用红颜色写一个小的"质"字。至于作为"当铺代理店"性质的"代当"，本身只有少数资金，多是在当户中赚手续费、搬运费。其招牌，则是在招牌上写一个小的红色"代"字。

　　另外，旧时有些比较讲究的当铺，即或使用比较简单的文字招幌，亦不用木牌，而是用铜制的铜质字牌，以示庄重。例如，山西祁县民国时的"复恒当"便是。当年十四五岁即进入复恒当学徒的段占高，进铺当学徒时所干杂役之一即每日挂这铜字牌。他回忆道，"我们'复恒当'三个字的招牌，是用黄铜制成的，大约有十市斤重。每天早晨五点左右挂出去，晚上十点钟左右摘回来。春夏秋冬，日日如此。复恒当在祁县西关北巷中段，但牌子必须挂在距号上一百多米远的十字路口醒目处，以招揽顾主，这个差事当然是进号不久的学徒们干的。春秋两季还好办，冬夏季节困难就大了。尤其到了寒冬数九，气候酷冷，抱上牌子出去挂，横杆高，钩子孔眼又小，用木杆挑着往上挂，实在费劲。一般情况下，没有十几、二十分钟是挂不上去的。那时我年龄小（十四五岁），个子又矮，老半天挂不上去，气得直想哭"。

典当招幌 1　　　　　　　　　　　典当招幌 2

一如古代酒店大书"酒"字的酒旗字幌，典当业的文字招幌所具有的简洁、醒目的特点，亦如此。19 世纪 80 年代沈阳的典当招幌，取现代铺面装饰惯例，采用写字灯幌的方式。如北市典当商行，即在店门一侧穿街方向镶探出一固定的（无需摘挂）当字圆形灯幌，中空，可置灯。

旧时北京普通典当行的铺面照片

综观古往今来典当业招幌的演变，基本上是一种由简而繁、再由繁而简的变化轨迹。然而，无论如何变化，其性质与功能，以及它的特有性（专属性）却始终如一。

妙联"东当铺，西当铺，东西当铺当东西"的古今版本

乾隆年间的进士纪晓岚是闻名遐迩的清代才子，曾任《四库全书》总编纂官十多年，晚年还著有24卷《阅微草堂笔记》。他从编修、侍读学士一路迁升到礼部尚书、协办大学士。纪晓岚学富五车、文情华瞻、才思敏捷，还是位对句奇才高手，无论天地万物、古今诗赋，皆可入对，而且信手拈来，出口成趣，浑然天成，令人叹为观止。关于纪晓岚对联的故事，民间也流传甚广，又往往见于文人笔记、野史传说之中。相传，纪晓岚中取进士的那年，看到当时的京城当铺林立，随便就顺口吟出一句上联："东当铺，西当铺，东西当铺当东西"，但下联却一时苦思不得。后来，他奉旨到通州（今北京通州区）当主考官，发现通州有南北之分，苦思数月的上联于是便有了下联："南通州，北通州，南北通州通南北。"

有个与上述传说不同的版本，说是有一年乾隆皇帝下江南路过通州（今江苏南通通州区）小镇时，正好纪晓岚在那里。纪晓岚陪乾隆逛街的时候，乾隆不禁想起京城的紫禁城外也有一个通州（今北京通州区），于是随口吟了一句上联儿，"南通州，北通州，南北通州通南北"，却苦于一时想不出下联来。当他把目光盯着纪晓岚时，只见纪晓岚不慌不忙、从容自得地顺嘴吟道，"东当铺，西当铺，东西当铺当东西"。乾隆龙颜大悦，众人也一时齐声称绝。

同样说这个对联是乾隆下江南时的事，情节略同，但也有说不是纪晓岚对的下联。说是当时乾隆出了这个上联之后就向随行大臣

们征集下联。于是乎，随员们煞费苦心地又是翻县志，又是查资料，对出的下联却总是不中乾隆意，没有谁能对得上来。结果，竟让一个素来默默无闻的小侍从对了个正着。这个小侍从平素聪敏好学，在通州，眼见得满街的大小当铺，于是来了灵感，竟然对出了个十分工整的下联，"东当铺，西当铺，东西当铺当东西"，乾隆甚喜，当即赐其官升三级。

还传说，某年春节后乾隆下江南路过通州（今江苏南通通州区）小镇时，发现这个小地方虽然地方不大，当铺却特多。逛街时，乾隆望着人们进进出出当铺，忽然吟出了一句上联，"东当铺，西当铺，东西当铺当东西"，然后就要随员们补对下联。结果，大臣们一时间谁也对不上出来，竟被一个地位非常低的小侍从对上了，"南通州，北通州，南北通州通南北"。乾隆闻罢连连称好，嘉奖那个小侍从官升三级。

相去数百年之后的今天，又由此衍生成了一个现代笑话。传说，某校某位语文老师在课堂上讲解对联，他举了一个例子，说是从前某报社曾以"南通州，北通州，南北通州通南北"作为上联，向读者公开征求下联。结果应征投稿的人非常踊跃，其中有位对得非常工整得体，那就是"东当铺，西当铺，东西当铺当东西"。讲到这时，课堂上有一位一向颇调皮的学生突然来了灵感，他大声叫道："男学生，女学生，男女学生生男女。"教室里一时哄堂大笑。

传统典当业楹联小辑

对于各行各业商家来说，门市以及殿堂楹联，是一种极具传统风格装饰功能的特别广告。千百年来，典当业创造了众多切合自身行业特色的商业楹联，大都十分诙谐而又典雅。在此，且选辑一些介绍给读者，用诗圣杜甫的话说，也就是"奇文共欣赏"罢。

赎衣权子母；典物救援急

物多银子厚；本大利自长

笑待当剑客；欣迎典衣人

缓急相宜处；公私两便家

利人复利己；当物乃当钱

当区休嫌少；赎来莫怨多

利人终身益；克己自无私

济一朝燃眉之急；供万家不时之需

缓急相需非侠义；有无共济是真心

上输国课裕国富；下济民急慰民生

谩羡崑山多贮玉；且夸丽水有通财

品端金玉连城重；德润璠璵济物多

以务制当遵国制；因本求利顺人情

但凭本票知人物；不管何时任往来

凭人取号难从命；束手来赎是狂然

满架珠玑真富贵；注明年月是春秋

品物衡人周易象；编年纪月鲁春秋

裕国便民双有益；济人利己两无亏

金银入手须防假；珠宝从头要认真

春当绫罗衣满架；秋收珠宝玉盈箱

游说列国少囊制，季子拆钗求功名

君子困穷须寄物；英雄失志暂留衣

以质得财亲疏无异；因贫生息尔我相安

急处来当，亦缘彼此两便；缓时取赎，只因义利双全

济而急，任汝用，情斯玉矣；

还吾本，加吾利，理所当然

事在危急，此间更有方便路；

身居困海，吾家广告渡人舟

济困扶危，显接邦家高血脉；

裕国便民，流通天地大精神

估物当时，劝君休嫌当价少；

为钱赎日，然而专恨赎钱多

指号说钱，依人心谁能一定；

将本图利，遵国制不过三分

当济燃眉，老幼无欺天地意；

赎忌角口，束廉不愧呈贤心

至于"横批"，也颇多精彩之语。例如：

应急银钱　当卧银龙　典衣赴选

品物衡人　局藏金马　公平贸质

当剑求名　公私两便　利取三分

通商质当　裕国便民　利人利己

期人二载　裴公锦绣　恰君束手

缓急应人　济人燃眉　缓时取赎

个中，有的反映着本行业的经营习俗，如"日记百家姓；月书千字文"，那"百家姓"显然是指每日来往的当户；而"月书千字文"则是就典当行就是使用《千字文》的字符和字序作为记账、安

置库房当物的基本标记而言。所以还有的副对联说："千字文周而复始；百家姓去了还来"，"十万牙签，记取赵前孙李；三千锦字，标题天地元亨"，均源于这种行业习俗。有的直接反映了某个时代的典当规制。如"利取三分遵国制；期宽二载体人心"，显然是清代的典税规制；"当珠当玉当金当银，军器不当；赎年赎月赎日赎时，过期难赎"，"军器不当"是清代的典当业独特规制。当时，很多"旗兵"由于一时窘困，常将随身兵器都送进了当铺，一当用时则无所适从。于是，官府规定军器一律不得收当。更多的当铺楹联，题材或内容，则主要在于宣传本行业的"功德"和如何善待当户。如"缓急迎人，先利人尔后利己；公心估物，名当物而寔当心"，"事在危急，此间更有方便路；身居困海，吾家广造渡人舟"，"能解君子燃眉急；善济佳人剪发心"，"谁肯怜君束手；我能济尔燃眉"，"上裕国富，富时取物困时典；下济民急，急处当衣缓处赎"等等。有的，还使用了历史掌故或传说，颇有寓意和情趣。例如，"当钗求名，苏季子六国封相；典衣赴选，裴晋公三世贤卿"，尽管"六国封相"的"苏季子"是否真的曾经"当钗求名"，"三世贤卿"的"裴晋公"是否有过"典衣赴选"经历，都不十分重要，史书上有否确切记载也不重要，重要的是一些地方民间戏曲和民间口头传说中都是这么讲的，这些事儿广泛地流传在各地人们的口碑之中，把它融入当铺楹联就赢得了一份亲切，缩短了与当户的距离，"雅俗相间得高趣"是也。

扑朔迷离的"当票""当字"

传统工商诸行，无不尤其符合自身特点的行业民俗，有些还是十分独特的，例如典当业的"当票""当字"和"隐语行话"，就是这样。

从质券到"当票"以及前后"当票序"

"官凭文书私凭据"。古来经商贸易，即讲究以契据为凭证。早在周秦代，我国即已使用质、剂一类契券作为交易凭据，并于肆中设有管理契券的人员，名为"质人"。《周礼·地官·质人》记载："凡卖儥者质剂焉，大市以质，小市以剂。"其中，"质"为长券，用于马牛畜类交易；"剂"为短券，用于兵器、珍异之物的交易。是知我国经济贸易中的契券制度由来已久。任何商业交易的双方都需要以交易的契据作为凭证，这一点典当业也不例外。南北朝佛寺中的质贷契据，迄无类如后世"当票"形制、内容的直接记载。但据文献记载及敦煌寺院其他各类质借交易文契实物、文字的发现，可以断定，中国典当从其最初的寺库质贷活动起，即有了使用质契（当票）的制度，并得以延续。据文献记载，当票在金代称为"质券"，《金史·李晏传》载："故同判大睦亲府事谋衍家有民质券，积真息不能偿，因没为奴。"至元季，又有"解帖"之谓，是因当时谓典当为"解库""解典库"而得名。《孤本元明杂剧》所收元·佚名《刘弘嫁婢》第一折："这厮提将起来看了一着，昧着你那一片的黑心，下的笔去那解帖上批上一行。"有清以降，又有"典票"之名。清·褚人获《坚瓠五集·贫士徵》："典票日增，质物日减。"又清·毛祥麟《三略汇编·小刀会记略》："章公字可元……囊固空，死后检其笥，惟典票数十张。"至今，最为广泛的叫法，唯有"当票"。今所能见到的当票实物，多清季以来的遗存。中国第一历史博物馆收藏的乾隆五十九年（1794年）顺天府广裕等两家当铺的当票实物，当属年代较久的两件。（韦庆远《明清史辨析》第69页印有该票实物照片）

作为质贷收赎契据的"当票"名称是在明朝出现的。从明代起始，中国典当业的契据从最初的寺库质贷的"质契"金代的"质券"到元代的"解贴"，直到明代，随着"典当""当铺""当"之类称谓出现之后，最终形成了"当票"这个一直通行至今的叫法。清代的全祖望在《春明行箧当书记》中谈到过，明末有位叫邝露（湛若）的人曾先后撰写过《前当票序》和《后当票序》。但在其今传文集中未见收录，原文可能失传。清人陆以湉《冷庐杂识》卷一《当》条，也说到此事。又据清人吴翌凤《逊志堂杂抄》中也说，邝露有二琴，贫时则以琴当钱，因撰二序。看来邝露所撰之前后当票序还是可信的。但在其今传文集中未见收录。不过，清人吴翌凤在他《逊志堂杂抄》中也谈到，邝露有两把琴，窘困的时候就拿琴去当钱救急，所以撰写了前后两篇"当票序"。看来，这件事情并非空穴来风。

也并非仅仅是普通文人因清贫而不得已典当救急，解决一时窘困。清人陆以湉《冷庐杂识》卷二《典当》条写道，翰林院中的"大文人"们，也时或以典当救急。书中引录了"某太史公"做的一首打油诗说："先裁车马后裁人，裁到师门二三两（师门三节两生日，倒馈贺仪银二两）；惟有两餐裁不得，一回典当一伤神。"就此，陆轶湉叹道，"艰窘之况，情见乎辞矣"。

当票上都写些什么，怎样写？

当票是典当行给予当户的凭证，以便日后赎取押品之用，是典当行为的重要凭据，所以，典当对当票颇为重视。杨肇遇《中国典当业》中谈到，当票一向多由典内学生自行印刷，"但其字迹模糊，不易辨认，近则渐由印刷店代印，惟须具连环铺保，以昭慎重。当票上载典当招牌，地址，抵押期期限，利息计算，以及虫蛀霉烂各安天命等语。中列一行，上有当本二字，下空之处，即为填写当本数目之用。其右一行，填写押品名目件数。再右一行，上列字号，字则以千字文中之字为标准，每月一字，顺次而下，号则一月一排，自一号起，逐次做成交易而递移，至月底届若干号，即为此月所做成交易之号数，下月初一起，则顺次另换一字，又自一号起矣。左方最末一行为年月日，即填做成交易时之年月日也。典当大都沿用阴历，虽亦间有用阳历者，然不多见，……有时因当票幅位有限，以一人而典质多种物品者，必须另票书写，如衣服与首饰，须分写两票，一则可免鳞次杂乱，一则便于检查者，即就质物一方言，分写亦较有利，盖诸物均写一票，当本太大，赎取之时，款项不足，不能抽取一部分之押品，亦殊感不便也"。一旦当户不慎将当票遗失，前往当铺挂失，当铺经审查核定无误后，另补予挂失票。"挂失票又称'补票'，即质物者将典当给予之当票，自行遗失时，请求典当另行补给之凭证，挂失票后，前项当票发现时，即作为无效，其票系用白纸裁成，与当票大小仿佛，上写典名字号货名当本等等，一如当票，盖代当票之用。"至于"挂失之时，手续颇为繁重，质物者必须将所当物品花色式样日期当本等等，报明清楚，典员检查符合后，再须就近托人代为保证，始允挂失，其费约占当本百分之十，倘当本颇巨，亦可请求通融酌减，不过其权系操于典员，因此项小费，不归营业上之盈项，而为典员之收入故也。至其所以如此严重者，亦自有故，诚恐不肖之徒，于他人当物时，记明花色日期，故意挂失，赎出货物而去，迨原来质物者持当票来赎取时，则物已为挂失者赎去，所以挂失须有人代为保证，不幸异日发生错误，典当可向证人是问，故作保证之人，亦必为典员所信任而后可"。这些，正是典当业经营管理比较严密的体现。

杨肇遇《中国典当业》
封面

某典当民国十三年的
一份当票

旧时北京取缔的当票贩子

当票作为典当取赎凭证，也是事实上的有价证券，而且其所标明的面值往往低于抵押物品的价值。因而，也就在典当业之外产生了倒买倒卖当票的交易。当票贩子以低于取赎钱数的代价，从临届满期而又一时难以赎当者手中收购来当票，或转手高价卖出，或径往取赎，均可从中轻易获利。有的当票贩子打小鼓走街串巷收购，有的干脆就守候在当铺门前向典当者收购，有的则张贴广告坐堂收购。据 19 世纪 30 年代末有人调查，仅北京前门外西珠市口大街一带，当时即有六七十家收购当票的铺摊。有的店铺，在经营其他项目的同时，兼事收购当票。

由于当票贩子从中渔利，非但加重了对当户的盘剥，同时也降低了典当的架货的满期死当率，导致其利润下降，引起了全行业不满。于是，由典当业公会出面，要求由当局有关方面明令取缔。当年，北京特别市的社会局和警察局，即曾专门为此发布公告，其内容如下：

旧时北京收当票的铺子

为布告事，查本市当铺给付持当人之当票，因系不记户名，往往有转让他人取赎之事。惟近以中外杂居，户口日增，闾阎之间，竟以买卖当票，漫无限制，发生种种纠纷。例如打鼓小贩，坐立当铺门侧，专候持当人当毕，劝留其票。不问其当物之来历，是否正当，实足以便利销赃，妨碍侦查，此其一。又外籍商民，近亦登报收买当票，不肖小贩，乃至以伪造当票，或满期止赎之当票，或被物主申请挂失之当票，向外商求售。外商不察，亦即收买，持向当铺取赎，因致发生争执，此其二。甚至互相勾结，向当铺滋扰，种种纠纷，不一而足。均为法令所不许，若非加以限制，不独正当商民，蒙受损害，抑且影响社会秩序，本两局，有保护营业，维持秩序之责，兹特厘定取缔事项如下：（一）收买当票，应先持向当铺问明，如非满期挂失，或伪造之票，始可收买。如不问明，而滥行收买者，其所受损失，应由收买当票人负之，与当铺无干。（二）打鼓小贩，在当铺门前，向持票人，强劝让票者，应严行禁止。（三）帮助盗贼销赃者，一经查讯明确，定予依法究治。除与日本警察署联络，通饬外籍商民遵照，并通令各分局侦缉队查禁外，合亟布告商民人等，一体遵照勿违，特此布告。

从这份当局的布告不难看到，当时北京城内不止当地做当票生意的不在少数，而且连外籍在华商人也竞相从中牟利，个中不时发生纠纷案件。然而，布告仅例行一般性的限令而已，并未明令取缔这种交易，事实上又认可了它的合法存在，此举并未能从根本上维护当户和当商的基本权益，惟官样文章、例行公事而已。

"典当书体"与"当字"

其实，"典当书体"和"当字"是一回事儿。"典当书体"就是用来书写当票的"当字"。杨肇遇的《中国典当业》说，"典当书体，另成一格，业外之人，多难辨识，创之何人？始于何时？即业中耆老，亦无有能言之者。尝考其字之形态，似脱胎于草书之《十七帖》，而兼参白字土语。所以求其便捷，其变化太甚者，几与速记之符号相仿。然世运递进，品物更易，有今有而昔无者，有昔多而今不常见者，故典当书体，亦随之变迁，据业中人云，典当所用字数，仅一千余，而日常应用者，仅三四百耳。盖城市繁盛之区，所典当之物，自以金银首饰绸缎衣服占其大宗，而铜锡器皿粗重农具不常见。至乡镇简僻之地，则所质押之物，适与之相反，是以城市繁区典当所用之字，而乡镇简区不习用。反之，乡镇简区所常用者，亦为城市繁区所鲜见也。况其书体又无法帖，学生入典习业，无事之时，其用以资摹仿者，则取旧当簿为范本，人自变化，惟期迅速，故典当书体，匪特今昔异致，即各地亦不一类"。当字间杂汉字草书写法，多系由草书减笔或变化而成。当字应用于书写当票，功能显然，一为迅速，一挥而就；二为行外人难以辨识、摹仿，可以防止篡改、伪造；三则因行外人不识而又可被不法当铺用来作弊欺诈盘剥当户。

山西典商是明清以来中国典当业的主要地域行帮之一。一如近人卫聚贤在《山西票号史》中所说："明末清初，凡是中国的典当业，大半系山西人经理。"典当业中传说明末山西民间书画家兼江湖郎中傅山首创当字，编有《当字谱》，虽无文献可证，却不乏可能。典当业向有《当字谱》之类范本传抄临习，亦为事实，许多旧时当铺从业人员对此仍记忆得很清楚。就是北京的典当学徒，从开始进入当铺那天起，首要的就必须学习当字，每人都给一册请内行善书者写的《当字谱》作为范本。据说，"当字本一册有几十页，实际草字并不是太多的，多数仿照开票样式，举出各种实例来"。一位前天津典当行业公会会长也曾介绍说，天津典当业学徒入号的第一年里，也是例行要"认当字，有当字本，又称《当字谱》，约一千余字"。笔者所见到过的一部清代佚名氏手录的《当字谱》，即属此类。这册《当字谱》全部 40 页，每页上下各竖书两行、计四行当字，内侧小字标注相应的当字内容，如"灰文布夹袄""蓝塔布夹袄"等。全册录当字凡 800 余，悉按实际典当常涉内容成句连书，每行最末一字的末笔大都略顿一下向左上方急提一笔。就实质而言，"当字"是将文字变化而构成的记录语言的秘密符号，是文字的社会变体，事实上业已成为旧时典当业内部流行的行业秘密字。

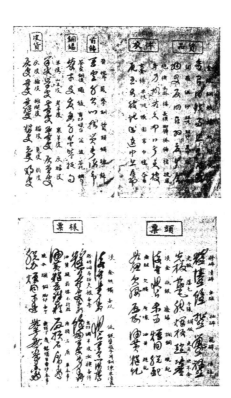

"当字书体"和"票头""票样"

广东典当业的"典当书体"样式1

广东典当业的"典当书体"
样式 2

广东典当业的"典当书体"
样式 3

杨肇遇《中国典当业》典当
书体

杨肇遇《中国典当业》所载"当字"
解读

曾国藩下令取消"当字"留话柄

以往传统医学的中医郎中，均用毛笔书写药方，个中颇有一些书法精美者流传下来，受到书法界的赞赏、看重。源于草书字体的当字，以传统书法艺术为本，在当业得以发挥、运用及传承过程中，

曾国藩像

亦有许多可资鉴赏的珍品。既属民间行业文化形态之一，亦堪称汉字书法艺术园林中的一枝别具风格的奇葩，理应受到书家乃至文字学家的青睐。发掘、整理当票、《当字谱》中的当字遗墨，无论对于研究典当史、文化史，还是书法艺术，以及汉字改革等，均具有一定学术价值和实际意义。因而，汇集、选辑有关资料，举办专门展览，出版专书，都将是具有抢救意义的别开生面的工作。

据知，清季曾国藩出任两江总督时，曾通令当地当铺，改写当字为正楷字，以便当户能识。于是典当业赴总督署请愿，要求派人领导书写当票。曾国藩派人去了，适值交易繁忙，使去用楷书写当票的官差应付不了，即取消原令，仍允许照用当字写当票。此事在典当业中作为笑资，久传不止。就此，前江苏省典业公会联合会常务委员周谷人说："典当之所以创此字体者，实因所当物品，巨细兼收，每日所用之当票，或超过千号，皆出于写票员者一人之手。……如写正楷，实属应接不暇。……如欲令当典改易字体，当典即无法营业。"

20世纪的30年代，当时的国民政府内政部制订的《管理典当规则草案》第四章，亦曾试图取消使用当字写票："当票应以正楷详细载明当户姓名、住址、当物品名、花色、当价及受当日期。"对此，在当时江苏省典业公会联合会签注的意见中提出异议："当票号数繁多，例用省笔当字书写货物花色。从无因当户不识此字，而售其诈欺者。有悠远之历史，可以证明。若改用正楷，在当户拥挤之时，实属应接不暇，且恐易于摹仿，而伪票发生。故票书正楷，为万难实行之事。"事实上，至典当业20世纪50年代初基本停业时为止，各地当铺始终使用当字书写当票，业已成为一种行业固有的习俗惯制，最终也未能因硬性的强制规定而改变。

典当业的"唇典"：隐语行话

隐语行话，又称秘密语，江湖上谓之"唇典"，也写作"春典"，是一种以遁词隐意、谲譬指事而回避人知为特征的社团语俗。从已有文献所见，唐宋以来即已经出现了许多行业群体的隐语行话。明清江湖秘密语中称典当为"兴朝阳"，而典当业亦有其本行业流行的隐语行话，例如其一至九数，分别用"口、仁、工、比、才、回、寸、本、巾"来替代。因何以此九个字来表示，已难详做考究。如同其他金融、商业行业一样，数字在典当业交易中多与银钱直接相关，因而数字的保密至关重要。在柜前主顾双方争讲当值时，朝奉与同事用明语商议颇不方便，而使用当户听不懂的隐语行话，则可随便许多。

古往今来五行八作诸行隐语行话，大多具有本行业特点，即以反映本行业、本群体行事所涉事物为主要内容。即或典当业的"当字"，亦多因书写当票所及的货色、数量、时间等内容而创制。虽仅1000多个，已经足以应付日常营业需要了，常用的也不过300多个。典当业的隐语行话，也大抵如此。例如，清末民初的典当业，称袍子为"挡风"，马褂为"对耦"，马夹为"穿心"，裤子为"叉开"，狐皮、貂皮为"大毛"，羊皮为"小毛"，长衫为"幌子"，簪为"压发"，耳挖为"扒泥"，戒指为"圈指"，耳环为"垂耳"，烛台为"浮图"，香炉为"中供"，桌子为"四平"，椅子为"安身"，金刚钻为"耀光"，珠子为"圆子"，手镯为"金刚箍"，银子为"软货龙"，金子为"硬货龙"，鞋为"踢土"，帽子为"遮头"，古画为"彩牌子"，古书为"黑牌子"，宝石为"云根"，灯为"高照"，等等。

由于时代、地域乃至行帮的不同，同是典当行业，隐语行话亦有所区别或变异。例如，民初以来江南典当业的一至十数，说成"由、中、人、工、大、王、夫、井、羊、非"，已不是上述的"口、人、工、比、才……"了。而在东北沈阳的"伪满"大兴当业中，则用"喜、道、廷、非、罗、抓、现、盛、玩、摇"十字，来代表一至十数。在天津，又有与上述迥然不同的"术语与暗记"，这是当商压低当价的一种惯用手段。术语是代替数字的隐语，如"道子"是一，"眼镜"是二，"炉腿"是三，"叉子"是四，"一挝"是五，"羊角"是六，"镊子"是七，"扒勺"是八，"钩子"是九，"拳头"是十。如果当户嫌价低，拿着当品要走的时候，坐柜掌柜必要过来打圆盘。比如站柜的说拳头眼镜，用意是已经给过十二块钱了，坐柜的认为可以再加两块，就说拳头叉子，暗示给十四块钱。总之，比较值钱的东西，他们是尽量不让当户走开的。如当户坚持高价，不能达成协议时，他们知道一定要往别家去当，照例把所当衣物给当户整理包好。但是整理当中，他们就运用了一定的技巧，使第二家当铺打开一看，就知道已经经过当铺了。一般的方法是：衣服上身，在折叠的时候，把一个袖子反叠，袖口朝下，裤子折三折；金货用试金石轻磨一下；表类则将表盖微启一点。第二家一看，就心里有数，所给当价，与第一家上下差不了多少。因为当商给价，是全有一定标准的。这样，当户最后还是只得用低价当出。由此可知，一些地方的典当业非但有当行隐语行话，而且还使用着一种非言语的标志语形态的当行隐语行话，即"暗记"之类。

旧时在北京从事典当业经营的，主要是山西、安徽和本地典商。其中，由徽州帮（皖帮）经营的典当，流行的隐语行话，多是以徽州方言语音急言谐音方式的，实际是借方音而用，虽非严格意义上的隐语行话，亦起到了保守当行秘密、回避人知的作用。（北京）当铺的行话，是一些谐音字，原来叫"徽语"，即是用似是而非的徽州土音来说北京话。使用行话的目的，是为了在业务进行时怕有些有关质量、价格和对方身份等方面的谐音说得不够准确而引起不必要的纠纷，因而用一种代用语来使对方听不懂。这种"徽语"式的典当隐语行话，类似江湖切口。其他行业，有的也有。如通行于晓市的，把"一、二、三、四、五"说成"土、月、牙、黄、叉"；在金珠店则把数字编成只有本屋（单位）人才能听得懂的十个字。20 世纪 20 年代，劝业场有一个蚨祥金店，他们是用"蚨飞去复返祥瑞自天来"来代替十个数码，作为隐语。其实当业的行话并不难懂，因是谐音，"耳熟能详"，听熟了也就自能"破译"。例如：

幺按搜臊歪（一二三四五）

料俏笨缴勺（六七八九十）

子母饶（咱们人，即同行人）

得（第四声）合（当行）

报端（不多）妙以（没有）

抄付（吃饭）搂闪（拉屎）

勒（第三声）特特（老太太）

豆官呢儿（大姑娘）

洗玄分儿（小媳妇）

照个儿（这个）

闹个儿（那个）

这种隐语行话传到东北徽帮典商经营的当铺继续使用时，则又因受东北方言语音的影响而稍有变异，主要反映在个别记音用字的差别，如这里称一至十数为"摇、按、瘦、扫、尾、料、敲、奔、角、勺"。显然，这一传承扩布过程中的细微变异，主要受制于东北方言与北京方言土音相差别的因素。典当业独有的书写当票的"当字"，及其形式各异的当行隐语行话，以其固有的行业文化特征与功能，进一步显示了典当业经营管理体系的严密。

典当业的行规与行会

三百六十行，不仅仅是"行行出状元"，在其长期的经营实践过程中，大都形成了具有本行业特点的规约制度。这些规约制度，是适应、应付外部社会环境和协调、管理内部人员与活动的经验总结，是传统的人文精神在行业运行机制中的集中体现。在行业营运过程中，这些规约制度，具有行业习惯法的功能。中国民族工商业的习惯法，产生、形成及传承扩布，均处于漫长的封建社会的文化传统之中，因而也就决定了其带有浓厚的封建文化传统色彩。在主观上，行业习惯法是工商业试图摆脱分散性的小农自然经济的文化模式，以适应行业生产经营的实际需要而产生的。但在一个长期以农业经济为本的文化土壤中，民族工商业的产生与发展终究是因现实与发展的需要而行的，其赖以生存的社会环境与服务对象，万变不离其宗。因而，即或在后期出现了资本主义经济的萌芽因素，也是极微弱的，传统的行业习惯法在经营管理机制中，仍然长时期地发生作用。

典当业以其在诸行业中的特殊性、自我封闭性，形成了显具当行特色的规约制度——习惯法。职业活动的单一、特殊，经营管理的内向、封闭，使之在其他行业习惯法之间显示出较强的个性，即特殊性。这一行业习惯法的特殊性，比较突出地反映在行业人才培训与内部规约方面。

典当业的"学生"及其学徒生涯

旧时典当业习惯把学徒称为"学生"。考其不像诸行那样称之"学徒"之类的原因，或与当业从业者多需具备较强的专业知识，并时与账籍号簿文字打交道有关，同其他粗重劳动相比要斯文儒雅许多，因而用以显示行业之尊。加之，高据柜前、衣着较讲究的朝奉，在同仰递当物、衣衫褴褛的穷当户交易时，尤显尊贵高傲，不时流露出自得与轻蔑的神色。其实，都是一种行业自我优越感的体现。

然而，尽管每座当铺采用的从业人员不多，少则几人，多则十几人，很少有数十人的，但每人在业中的身份地位却三六九等。即或是学徒者，亦根据其进铺时间顺序排为一二三四。而且，颇多苛刻规定。在中国典商之乡之一的山西，祁县一家规模并不大的复恒当，铺中规定学徒进号十年之内不予设置座位，每日必须以立正的姿势站上十几个小时的柜台，除非接待当户时，双手不许放到柜台上。因而铺中伙计编了个顺口溜说："当铺饭，真难吃，站柜台，下地狱。没有金鸡独立功，莫来这里当长工。"在学生练字、学打算盘的基本训练方面，这家复恒当也很严格。有人回忆道：学徒期间，每天晚上关门之后，除侍候掌柜和干完杂活外，还得练习写字、打算盘。写字时，端端正正地坐在板凳上，三个指头提笔，手腕不挨桌面，笔梢对准鼻子尖，"点如桃""撇如刀"，一笔一划地写。每隔两三个月，掌柜就把你写的字贴在墙上，请来"上司"（即介绍人），"参观"、评议。……有两个伙友，就是因为不好好练习写字和打算盘，多次"考试"不及格，被打发走的。

至于学徒之间的等级规矩，一位早年从业于北京当业的过来者高叔平先生回忆道：我开始学买卖，因为不是这个行业的世家，进入当铺是托亲戚本家引荐，所以从开始进店的那天起，就受到不公正的待遇。这家当铺是新开业的，我们师兄弟三个全是新学买卖的人，按照传统规定，先进山门为师兄，后进山门为师弟。我在事前曾由举荐人打听到这家当铺将在哪一天开伙进人（行内叫进将），其实他所打听到的开伙日期比实际进将的日子迟了一天。而我的两位师兄却是由联号的近人举荐的，所以近水楼台先得月抢在前面，当上了师兄，而我是第二天才由举荐人送去的，作为后进山门，只好做个小师弟。如果按年纪排列，二师兄比我还小一岁。开业的第一天，我们三人被分派做招待贺客、沏茶灌水等琐事，就在这里也表露了待遇上的差别。大师兄派在东客房，因为东客房是股东、总管陪客的地方，较为高级；二师兄被派在柜房，可由他来接待同业和有关商业的经理人等；而我呢，被派到很少人涉足的西客房，很是冷落。至于在业务学习方面，因为我是小师弟，虽然在当业里没有侍候人的业务，但每晚业务终了后要研墨、掼牌子（即将弄乱了的号牌顺序贯入铁条上），抽不出多少时间来从事认当字、学算盘等基础学习。而两位师兄，则一开始就能享受到一般需要经过一两年才能享受到的权限，可以从容地学习，显然比我进步快。

由此可知，即或同为学徒，按当业规矩，也要根据"先入为主"的原则来分别其地位、待遇。而且，除特别破格者外，一般如同民族工商业诸行一样，在旧的历史条件下，典当业从业人员的培训，基本上都是采取以师带徒的师徒传承制度，而不是由专门学校进行专业培训，仍属传统的小农经济的手工方式。但同其他行业有所区别，一方面是学业内容较为专门，而且由此一举定终身，难以跳槽再谋他业为生。因而，典当业从业人员父子相承者多，亲故关系较多，这一情况本身，则反而又进一步加强了行业的封闭性。旧时对于拥有一定资本的人家来说，开当铺是个比较稳靠的蓄财发家渠道，故有"要想富，开当铺"之说。对于谋求生计者来讲，进当铺则是个终身有靠、不受风吹日晒之苦、令人羡慕的职业。然而，要想在当铺从业，学徒一关是颇难过的。早在20世纪30年代，1935年12月26日的《新闻报》上，曾刊登一篇署名袁无为的《典当学徒自诉》的文章。署名或系化用的，却也道出一番苦衷。文中说："我在十二岁时受了家庭环境和经济的驱使，跑进那大家都认为理想职业的典当尝试学徒的生活。当我踏进那活地狱的典当门后，就感到典业的陈旧和没有生气。尤其是终年不准走出，好比那狱囚犯了罪判决了无期徒刑一样。白天到晚做那牛马般的工作，什么扫地啦，抹桌啦……简直是替典里帮佣。到了晚上，又要在那黯淡无光的油盏灯下，画龙画虎地练那当铺字，一天到晚不使你有休息之时。现在糊里糊涂的已经混了六年了，缺也升了，生活也安逸了。成天过的那醉生梦死的生活，若问我六年来学会些什么本事呢？我说：是吃香烟，唱徽调，唉！真是蹉跎岁月，贻误终身。现在典当业一败涂地，收束清理，时有所闻。我战栗在'当铺朝奉夜壶锡'的徽号下，不禁为我的前途忧虑悲叹！"学徒期间干杂务，伺候掌柜的，这是旧时许多行业学徒的通例。然而，终日长年不许学徒者外出、守在铺子里，却是很多典当所共有的行规。究其理由，自是戒备学徒私自往来带走钱物，或避免受人诱使内勾外联危及铺中钱财。当然，便于随时听候差遣指派和促其专心学习业务，也是一种因素，但主要还在于安全方面的考虑。

对于没读过书或读书很少的典当学徒来说，每晚或闲暇时练习识写当字、熟读《当谱》来说，尤其是艰苦的必修课。没有一定识字和书法基础的人，识、写当字颇为困难，那1000多个当字，传承多代，加之因时、因地变化，更增加了一层难度。如欲达到熟练地识、写水平，绝非易事，却是必须掌握的从业基本功。

典当业的传统教本："当谱"

明清以来，作为当业经验、常识总结和培训从业人员的启蒙读物的《当字谱》和《当谱》的出现，已比其他行业单凭口传身教传授业务、技艺的方式，略为进了一步。就笔者目前所见，即有《当字谱》《当谱》《典务必要》和《当行杂记》四种当业知识读本，均可作为典当学徒的启蒙读本。这些清末的手写传抄本，很可能当年都曾为培训典业从业学徒发挥过教材作用。

现藏浙江省图书馆的《典务必要》，凡分幼学须知、珠论、宝石论、论首饰、毡绒、字画书籍、布货、皮货、绸绢等九篇。其中，珠论，细分有大小珠目、病珠二十一种，珠筛、湖珠名目，湖珠论、名珠定价规则、湖光一变、明目重辉、长行采漫法、平头珠、时光珠、光白珠、挨精珠、精子珠、湖珠、衔泥珠、水伤、胎惊、嫩色、珠钉、珠价总目诸内容；宝石论，细分有宝石名目、假宝石、假猫眼、看宝石之法、看西洋红法、看祖母绿法、看子母绿法、看猫儿眼法、看各色宝石法、看柴窑片法、看玛瑙法、看水晶法、看各件玉器法、金刚钻、叶子金、试金石、吊水平金法、吊水平银法等内容；论首饰，分为金镯、累丝首饰、夹粘、羊贯肠、白铜粘银、孩锁、银杯、银壶、包金镯、金簪、冠骨、帽饰、三搭、银镶茶酒盅、镶筷、玉器、古铜器、香炉、铜盆镜、成锭低银、假金杯、南京金丝髻、扬州镏金、试石用钻、炉瓶、锡等内容；绸绢，分为绸缎、各色宫宁绸西纱摹本缎正裁料、南京货、镇江货、湖州货、盛泽货、杭州货、苏州货、苏州洋货等内容。

凡此，主要内容均围绕典当从业人员必须掌握的基本知识而设，其详细着实，皆从实际需要出发而述，从对学徒的品格行为规范到业务常识，俱入其中。一如卷首《幼学须知》所称："此书名为《典务必要》，所有稽考珠宝贵贱，以及首饰高低，乃至前辈老先生已费一番斟酌，细叙书中，使后学者一目了然，大为简便。若学生见之，不加谨详察，亦非向上之人也。凡遇闲时，必须谨记。"同时，又对其他在业人员提出要求："学生初入生理之门，茫无见识，伏望时辈诸公，就近指教，使学生胜阅繁言。"看来，典当业培训从业人员，是既往经验总结的书本知识与实际指导操作并重的，颇讲究"理论与实践的相互结合"。恐怕，这也是在旧工商诸行培训从业人才方面，典当业的独到之处。

由清光绪二十四年（1898 年）至民初断续辑就的《当行杂记》，内容、体例与《典务必要》相近，是当时一位从十几岁即从此业者的笔记心得。其"十有五入于当行，尝受业师之训，曰：'汝等年幼，乘此年纪不学，再□□□洞然无知。'或有所见闻者，心如草记之，久则忘之矣。十日，每有所见闻，偶即抄记之，积之渐多，是以乃有耳目见闻者，有书中所记载者，经久凑成一本，暇日观之。"（"□"为缺字不可考）这位未留下姓名的"老当铺"，如此用心，既是其自幼学当的经验积累，也在于"有能习即可熟记矣，有能抄者亦可传人"。显然，是为后来学习当业者提供一个专业知识读本，足见一位过来人的用心。所以他说，"虽伤吾心，吾亦愿矣"，是深悟当初学当之不易，期以见闻经验为后来者启蒙铺路。是书凡分当行论、看衣规则、西藏土产、看金规则类、看宝石规则、看铜锡类、看瓷器规则、看字画谱、各省绸缎花样别名等，计九大类，又若干小类，悉经营中辨物验质、估价、辨伪等必备的从业知识。

"朝奉"们的等级与内部规制

当业内的职务递升，也根据这一原则。从学徒到大缺掌柜，"多年媳妇熬成婆"，回过头来施行、维护的，仍是当初自身经历的老规矩、旧模式。典当业学徒制度，是其最基本的具有代表性的行规之一。此外，还普遍存在各种成文或不成文的其他行业规约。例如天津典当业，从上自经理到学徒，都吃住在当铺，均不得带家眷。最初规定五年给一次探亲假，假期十个月，往返路费自理，后改为三年一次，六个月假期，给负担一半路费。在平时，从业者不许随便外出，外出需准假才行，但必须在下午四点前归宿，不得在外吃晚饭和留宿，所带出的包裹要经人查验。而且，从业者生病，铺里照例不负责治疗，只许喝小米稀粥。

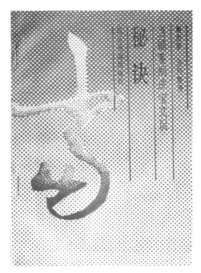

《当铺鉴别珍宝文玩秘诀》封面

《当谱》手抄本 1

《当谱》手抄本 2

《当谱》手抄本 3

近代上海的一些典当，甚至把一些规约细则付诸文字，张示出来。例如：（1）典员进退，应于每年废历正月财神日决定。逾时无论如何，均须留任。（2）已歇典伙，不得留宿。即服务典伙，除有眷属住居本地者外，亦须在典住宿。如有事故出外，迟至夜深十二时，必须归典。否则视情节轻重，禀由管事处罚扣薪。（3）典伙如有包裹携出，须经多人拆视，以避嫌疑。否则如有质物缺少，责令赔偿。（4）柜友收押物品，如遇赝鼎或估价太贵，将来满期不赎，须凭经手柜友赔偿损失。（5）学徒除三节假日外，非有家长亲召，不得擅离职守。（6）典员不得透支银钱，及共同出游（以一二人为限）。（7）典员每年请假，照例二个足月（多至三月为限），薪水及其他分润不扣。如不愿请假，则每隔五年，可休养一载。或支付薪金一年，以作奖励金。（8）自经理以下，以位置之高下，为管理之等级。例如头柜朝奉，可以约束或劝告二柜朝奉，而三柜又须谨遵二柜之命不得违拗。余则依此次序类推。

甚至，同业互访或晚间叫门及吃饭，亦专有规矩。在北京，同业来往，进门后要依行规"撂圈子"，即先至柜房，由门旁绕罩壁一周，对各位同行人员逐次作揖问候"辛苦"，然后再随让进入客房用茶。晚上叫当铺的门，不用敲，只需喊一嗓子"嗷——"，里面即知是同行，便会开门。当铺营业时，一般分两拨几轮换吃饭，谓之"拨儿饭"。每班分由大缺、二缺率领，并由当家的或副事分拨坐下位陪饭。按规矩例由大缺或二缺坐在上首，依位次入座。饭菜上来后，须由首席先动筷子并招呼大家后，众人才能开餐。

综上可知，典当业的经营运行秩序，是以其各种规约制度为规范和保证的。种种巨细规约所渗透着的，是传统的等级观念。这种等级观念是诸规约制度赖以存在和施行的组织保证。两者互相依存，互为作用，合而构筑了当业营运秩序，及其行业文化的精神模式。值得指出的是，典业种种规约制度，是为从业者乃至社会所认可的，甚至受着法律的保护。例如："陈关伯在海宁城内元恒典学业六年，至本年四月初旬，不听管束，私自出外。该典协理，即被告周子楣，以其有坏典规，令照向例在关帝像前，罚跪一小时。至四月十四，陈关伯又私赴峡石晋丰典伊叔陈尧钦处。但未声明被辱罚跪，仅言不愿回店学业。意欲至上海汉口另觅生意。……五月二十八日陈关伯在上海忽染伤寒，……六月一日，复送同德医院，调治无效，于次晨在院病故。"1930 年，海宁法院检察院对此诉讼，不予起诉。上面即关于这一典当学徒因病毙命而决定不予起诉的法律文件中的一段，视文中所述，对典当管理、惩罚违犯典规学徒的作为，持的是一种认可的态度。

典当业的传统行会

从《东京梦华录》《梦粱录》及《为政九要》等历史文献提供的信息得知，远在宋代，中国典当业即已形成了自己的行会组织。我国早期的行会组织，在其民间性、行业性这一基本属性之外，还带有较浓的官方色彩，如可由官府指派行首、代行官府征收税赋、派差、进行行业管理等，恰是官本位传统在民间行会组织形态上的反映。就文献所见，这种格局至清朝已有所转变。

有清以来，典当业的行会组织渐多。有的是按乡缘关系的行帮结为团体，如咸丰五年（1855 年），浙江新安的典商以行业改良为宗旨创办了名为"唯善堂"的行业团体。"唯善堂"编写了一部《典业须知录》，试图以此来规范和改进所联系的各家当铺的经营管理。更多的典当业同业组织，是所在营业地区内的行业公会团体。这种由同处一个地区的同业结合而成的近代典当公会，主要出现在京、津、沪、穗等商业比较发达的大都市、大商埠。

据《典当行会馆碑志》称："南海地当省会，当行凡数十间。其先原有会馆，以垫隘弗堪，聿谋创建。至雍正十一年，始卜地于状元坊。"是知广州在清雍正十一年（1733年）前即成立有典当业行会，并建有会馆作为集会议事和办公场所。而且，就连当时仅有20余家当铺的番禺县，亦组会建馆于"老城流水井"。

北京典当业行会，始创于清嘉庆八年（1803年）九月，初名"公合堂"，后改为当商会馆，以后又先后易名为当业商会、当业同业公会。庚子年间，又由典业名宿刘禹臣发起，集资筹建了"京师当业思预堂保火险公益会"（简称"思预堂"），交由同业公会管理，为投保的当铺保火险。北京当业公会是当初京城较早而且较大的行会之一。清光绪三十年（1904年），北京总商会，即由当、炉、绸缎等一些大行会倡议组建的。

清嘉庆十七年（1812年），天津当商在北城濠购地建房80余间，设立了当行公所，作为同业组织，并于1928年改为典业公会。后来又于1946年与租界的质业公会合并，成为由当地80多家典当业结合而成的统一行业组织。

从《上海县为批准典业同业规条告示碑》及《典业公所公议章程十则碑》得知，清光绪三十年（1904年）时沪上已建有名为典业公所的行业组织。

这些由同业集体出资组建的典当行业民间组织，以对内协调经营活动、解决纠纷，和对外沟通与政府等外界联系、维护行业整体权益为宗旨。例如，通过集会协商公议的方式统一利息与处理死当物品售价，禁止互相诱夺业务能力强的经营人员；从而减少和平息同业竞争中的纠纷。对外，则主要协调、沟通行业与政府有关当局的联系，防备劫掠盗窃及其他滋扰所可能给本行业带来的危害。

清末光绪年间的北京典业公会条规

建立典业行业组织，最直接的目的和功能，是维护行业共同利益和行业运行秩序。这一点，在一些公议执行的条规中均极为明确。在此，且以初订于同治初年、后于光绪二十八年（1902年）重加修订后的北京典业公会条规为例，现摘录几款如下：

> 因昔年原有各衙署官款发商生息，由首事当商，轮流值年，严查各当分领虚实，以免拖欠官款。后又因各当柜外，常有无赖匪徒，以及宗室觉罗，讹诈行凶，强当硬赎，或持凶器，自相残伤等事。种种不法，层见叠出，受害非浅。故此本行前辈，公同商酌，创立公合堂。如一家遇有被讹诈之事，众家帮同经理，嗣后渐见平安。复于咸丰年间，因各种大钱钞票，受伤至重，将各当架本，取赎一空。旋于同治初年，各当空房，缓缎措本，小作生理，已稍见起色。不意至光绪庚子大变，我当行京乡二百余家，尽遭涂炭。不但架货被土匪抢掠一空，即砖石铺面亦被拆毁，东伙均一贫如洗。而领商诸公与铺中经手私债，约有数百万之多，万难抵偿。仰国家宽仁厚泽，所有各官署各款，发商生息数十万两，概免追究本利，全行豁免。各当欠款数十万两，亦代为补还，实乃出诸意外。现今复开新当，不足百家，殷实甚少，多半集股试办，暂维生理。嗣后各官署若再有存款，发商生息，断不敢分领，亦不敢具连环互保。倘该铺本绌亏累，拖欠官帑，应由各该铺自行负责。今即屡蒙尹宪传谕，令当商仍仿旧章，择首事当商，轮流值年。倘有交派本行

官事呼唤，以便知照各家。其各号每季应交报效及当税，仍自行办理。今特公拟择请轮流首事值月十二家字号列后。

现在本行多因资本缺乏，元气未复，其各家月限利息，皆未能按照旧章生理。倘有柜外之人，因月限利息，搅扰不遵，讹赖成讼者，以及用假银洋圆行银砂片私钱；或无赖之徒，包揽赎当，不遵街市通行行市，取巧分肥，因此成讼者，均归公议办理，但不可倚势欺人。

倘有拒外无赖匪徒，吃酒行凶，强当硬赎，以及手持器械讹诈，自相残伤。又现今各处兵勇甚多，难免不发生意外。倘有不能了局之地，非成讼不可，由公议办理。如私自殴打，公议不管。

倘有柜上当下铜假首饰，以及假改当票，顶包吃错，以及脱顶假银洋回头，脱顶银钱票打退，因此讹诈成讼者，公议办理。如实系本铺错误，或私自殴打成讼，公议不管。

大门以外，附近之处，若遇有无名倒毙，以及自缢身死；或他人斗殴，因伤未移，凶事原与该铺无干。倘本地面官厅勒令牵连该号，实系被屈，因此成讼者，公议办理。如用小费，可以自备。

倘有该铺被窃、被灾，以及误当贼赃，因起赃等事成讼，官费归公议办理。其所失财物，以及赃本多寡，抑或本铺自己遗失银钱货物，致成讼者，公议一概不管。

倘柜上伙友，公事出门，半途之中，遇有匪徒劫路，以及打抢财物。并拒上素有交易不投恨怨之故；或系当铜首饰之人，有此等情形，不能了局，因而成讼者，归公议办理。所失之财物多寡，或私自出门，另有他故，自行招摇，不与铺务相干者，公议一概不管。

这个规约总共 20 条，除后十几条属于有关会务事宜外，上述几条悉属行业对外自卫、维护本行权益内容。其"归公议办理"者，是同行集体维护当事铺商的方式；而"公议不管"者，则是对同行的提醒与规范。由此可知，议立这一纸典业公会条规，纯系以应付、处理来自行业之外的可能侵害的防范措施。其所涉及种种现象，都是曾经发生过的，因此要防患于未然。之所以产生这种对外防御性行业条规，原因在于北京典业当时屡遭劫难、滋扰，已难以维持正常经营秩序之故。相反，几乎与此同时议立的上海《典业公所公议章程十则碑》的内容，则主要是针对同业间的竞争而提出的。且摘录几款如下：

> 宪颁通行定章，收当货件，按月二分起息。连闰十六月，宽限两月，以十八月为满，各同业务皆遵守。如有私自改章，查出公同议罚。

> 收当物件，照部例原系值十当五，省颁新章金银七八成收当。沪市向来金银首饰早径值十当八，与新章已无不合。即衣件亦照售价值十当八居多，此原因质押林立，此弃彼取，不得已而至此。然当价过昂，实属血资有碍，嗣后同业收当，总以值十当八为率，其有自愿贱当者，不在此例。

> 凡城乡各典，倘有被痞棍欺诈情事，关碍大局者，务宜推诚助理，毋相观望。应需使费钱洋，同业公贴一半。若事由自召，概不与闻。

> 上海典铺，星罗棋布，已遍城乡。倘再有新创之典，必须同业集议，基址离老典左右前后一百间外，方可互相具保，以

营造尺一丈四尺为一间，一百四十丈为一百间。如在一百四十丈以内，非但同业不能具保，须要联名禀官禁止，以免有碍发存公款。所有费用，公同酌派，受害者应多出一份。

沪市向有质铺，除有力之家领帖改当外，其余各质前在息借案内，（摊认）借款，业经报官，奉上宪饬，俟有力后改当。以后无论城乡，如有违（章续开）质铺情事，应由附近当铺通知司年，同业公同禀官押闭，不能徇隐。

这个条规，唯恐对内缺乏约束、规范力量，因而议定后又请上海县衙批准立案，并勒石立碑于当时南市区吴家弄典业公所厅前，使之兼具地方行业行规的性质。由此亦足见当时沪上典当业之盛与竞争激烈，不得已而利用同业组织订立条规来加以协调之，这也是典业同业组织的基本对内功能之一。

其他行业习俗

举凡典当类型的分别、设施、招幌，经营管理方式、当字、隐语行话、行规、行业组织等，均属具有当行传统风格、特点的习俗惯制。虽经历代传承，时有变异或新制产生，又有地域、行帮之间的差异，但始终保持着鲜明的行业基本特征，使之区别于其他诸行。

除上述一些主要的基本当业习俗惯制外，还有一些值得注意的与当行经营活动直接相关的行业习俗。这些习俗产生、存在于典业各种行事之中，服从并一定程度上制约着其营运机制，是构成其行业文化、行业精神的基本要素，也是从业者和产权所有者经营心态、价值取向的直接反映。

统一着装、"开张大吉"与小心挂幌

早在宋代的"东京"（汴京），"质库掌事，即着皂衫角带不顶帽之类"，使过往"街市行人，便认得是何色目"，已形成了当行的服饰习俗。一方面，这种特别的服饰是一种对外的行业标志，使人易于辨识，同时又因典业向有禁止从业人员随意离铺出外的规矩，亦便于内部监督管理。

典当以钱串为原型的特殊招幌，既是其流通钱币、调剂金融的象征，也是一种比奉祀财神更为隐讳一些的逐利心理的写照。因而，挂招幌时要求格外小心，不得落地，否则便认为晦气、不祥。他们把幌子视为生计的象征。的确，得罪或对象征招财进宝、招徕生意的铺幌（而且是以钱串为原型的）有所失敬，对于以此为生计者来说，岂不是要找倒霉吗！

店铺开张，都要求个大吉大利，不愿一开头就背运气，因而格外讲究排场。典当业作为诸行中的富贵行业，自然尤其如此了。因而举行隆重的开张典礼仪式，总要讨些个吉利的"口彩"，以兆好运。北京当铺新开张这天，当家的一大早就带领全体从业者在财神牌位前烧香、磕头祭祀一番，祈求好运。等柜前掌柜的等各就各位之后，大缺即喝令："请幌子开门！"小伙计挑出幌子后，先不放当客进门，而是等柜上掌柜的在鞭炮声中各用算盘敲三下柜台并朝外摇三通，意在驱赶煞神，然后才将由三位新徒充作童子上柜作象征性交易，用意在于讨口彩。第一个童子抱着一锭银元宝，名为"利市元宝"；第二个童子抱一只瓷瓶，取"平安吉庆"之意；第三个童子抱一柄三镶如意，象征"吉祥如意"。三位童子口念贺词向掌柜贺喜，掌柜开出第一、二、三号当票，以示开张大吉，然后正式对外营业。早年除三童子外，还有把第四号当票用作"吉祥当"名目的，即由一人举着一条白腰的土黄色布库，要当二两白银，称之"金银宝库"。要价虽高出当物价值，但掌柜的为求吉利，也照价开票，并将这当然不会取赎的布裤作为镇库之宝收存起来。

典当业与"三财"

天有不测风云，月有阴晴圆缺，人有旦夕祸福。一如世事多有沉浮，开当铺逐利虽比世间有些行业显得稳靠一些，但其亦需巧为经营，亦难免有各种灾祸的伤损。当人们一时对事物的某些变化现象不能做出确切解释或驾驭它的时候，往往本能地用崇拜或禁忌的方式求助于神灵，以朦胧的精神寄托调解心理平衡。行业崇拜作为行业信仰民俗的一种形态，除具有调解从业者的自身心理平衡与精神解脱而外，还具有团结与约束同业及行帮的社会功能。同社会诸行比较，典当为后起行业，但也形成了本行业的行业神崇拜。

在"典当设施"部分已经谈到，旧时北京当铺柜房罩壁顶部的神龛里供奉着"三财"，即赵公元帅、关夫子和增福财神。在主库房门旁分别有供奉"火神"和"号神"的神龛。显然，在典当业的行业崇拜信仰中，"三财"为首，是主神；火、号二神次之，是副神。《周易》以天、地、人为"三才"。老子哲学以三为极数，即所谓"道生一，一生二，二生三，三生万物"。在中华民族数文化意识中，"三"是个大数、吉祥之数。供奉"三财"亦正在于求财源茂盛之吉，典当业以取高利为旨、求利若渴、以谋利为生计，当然不能仅求一位财神庇佑赐财，广开财源则以三财为恰到好处。因而，开张之初，四时八节，典当的首要大事即祭祀三财。盈利少或亏损了，求其庇护大开财源赐财；谋利丰厚，则要酬答三财，娱神、贿神，继续更多赐财。

祈求"三财"之中的赵公元帅这位著名的财神与增福财神赐财，情可理解，且久有此俗，是除钱铺、当铺而外几乎诸商各行乃至寻常百姓都有尊奉的民间崇拜。然而，典当业将向有"武圣"之尊的关夫子拉入"三财"之列奉为"财神"，却未免有些别出心裁。考其缘故，当系请关夫子来充护财之神。财大招风惹眼，如不谨护，必将得而复失，拉来"武圣"护财，顺理成章，于是干脆亦一并奉为"财神"，保财不失，即为蓄财。从宋人洪迈《夷坚支志》甲集卷九的一段轶闻旧事载得知，当时已有商肆供奉关云长为财神之俗，其取意亦在于护财而并非生财。在这一用意及民俗心理上，后来的典商作法与之一脉相承。典当业将关云长奉入财神之属，其功利性心态即在于护财，也是从当铺钱物安全这一本行至关重要的实际问题出发。

典当业情有独钟的"火神""号神"

木、瓦、医、卜等业的行业崇拜主要是行业祖师崇拜，是将庇佑行业平安发达与规范同业的力量寄托于人们口耳相传、同行一致公认的行业祖师身上。典当业源于佛寺，却未直接崇奉佛祖释迦牟尼为行业祖师，而是从自身行业特点和经营活动的现实需要出发，选择了直接与财富相关的财神，和与保管收当物品相关的"火神""号神"，比起祖师崇拜来，它求庇禳灾的现实功利性尤其显著。既祈求一向以施财护财为旨的财神庇佑，亦向恐遭其伤害的火与老鼠的主宰神灵求助，是一种充满矛盾的行业崇拜。这种充满矛盾的行业崇拜，亦恰恰是典当业矛盾心态与追求现实功利的市侩意识的充分暴露。

典当业主要的家当全在其库房收存，防盗而外则以防火为最紧要的安全大事。除在铺面设计及库房建设格局上采取了与四邻留有隔离带，以防邻火殃及等措施外，再即求助神灵庇佑了，因而对火神格外看重。客观上，奉祀火神的实际效应，起到的却是时时提醒从业者谨防火灾的敲警钟作用。

在古代传统的民间神话信仰中，"火神"多指祝融、吴回兄弟。《山海经·海外南经》："南方祝融，兽身人面，乘两龙。"晋·郭璞注云："火神也。"又《左传·昭公二十九年》亦说祝融为司火之官。《山海经·大荒西经》："有人名曰吴回，奇左，是无右臂。"晋·郭璞注云："吴回，祝融弟，亦为火正也。"而中国上古神话中最早的火神是炎帝，相传是炎帝最先作火，即如《淮南子·氾论训》所说"炎帝作火死而为灶"。又《淮南子·时训则》："南方之极，自北户孙之外，贯颛顼之国，南至委火炎风之野，赤帝、祝融之所司者万二千里。"高诱注云："赤帝，炎地，少典之子，号为神农，南方火德之帝也。"北京典当业所奉祀的火神即炎帝与祝融。继1012年组建"京师当业思预堂保火险公益会"之后，"思预堂"又于1929年在当业会馆增建了火神殿，专门用来供奉火神。据《当业公益会增建火神殿记》称："我当行商业，得以维持不坠，渐复旧观者，金曰：微神灵之呵护不及此。今虽废止淫祀，国有明令，然合祭素飨，在物且然，矧帝曰炎帝，神曰祝融。"足见其对火神的看重。

另外，典当库房专门供奉一种"号神"，是祈求老鼠不要啮损收当的衣物，以免造成损失。老鼠，俗称"耗子"，典当库房行中人称之"号房"，奉祀"耗神"在于保护"号房"，恰好"号"与"耗"字音同，故又称之"号神"。老鼠虽然在十二生肖中列居首位，但其实际所为尽是损物、传病之类恶行，向以为害。然而典当业非但不积极捕杀防患，反而尊之为神，以求禳灾，实属财迷心窍的愚昧陋俗。甚至，连库房中现实为害的毛鼠亦严禁捕打，唯恐惹怒了"号神"。北京当铺例于每月初二、十六两日由库房总管率众祭祀号神，每天还要由学徒至号神位前烧香祈祷一番。而且，当铺不准饲养作为老鼠天敌的猫，以免激怒号神降灾，因此又加重了鼠患。愚昧的媚神、贿神陋规，令人啼笑皆非。无独有偶，旧北京的粮商、官仓等与仓储有关的行业、地方，竟然也奉祀老鼠，称之为"大耗星君"。据清人韶公《燕京旧俗志》的《岁令篇·添仓》记载："相传仓神为西汉开国元勋韩信，俗称之曰韩王爷，不知何所根据而然。其神像系一青年英俊者，王盔龙袍，颇具一种雍容华贵之相，神前旗伞执事等类甚多。……尚配享之神四尊：一老者，两壮者，据称为掌管升斗之神。另有一面目狰恶者，则系为流年星宿中之大耗星君。所以配享此君者，系传掌管仓中之耗子起见。"如此在主神之外另供配享的副神，要"大耗星君"管制老鼠不为患人类，这种价值取向则远比典当业祀号神而纵鼠的单纯消极媚神心态，要积极许多，似乎来得"高明"一些。

行业崇拜是一种群体性的信仰习俗，是同行业共有价值观念、深层意识的体现。因此，它理所当然地化为行会、行帮的规约制度，并借以规范、制约同业者更多的行为。在北京当业会馆中，建有财神殿、火神殿、供奉着财神、关帝和火神。在此，火神已由号房中供奉的副神升格为主神了。每逢旧历三月五祀财神日，六月二十三祀火神、关帝日，当商则云集于会馆出席祭典。这些祭祀行业神的活动，也是当商们借以交流信息、商议共同事宜的例行聚会之期。会馆大都建有戏台，届时还要请戏班演戏娱神、酬神，同时也是当商们的同业自娱自乐。明·冯梦龙辑《警世通言·金令史美婢酬秀童》中说："有个矫大户家，积年开典获利，感谢天地，欲建典坛斋醮酬答。"迄无文献说明当时典当业是否有火神、号神的行业崇拜，但奉财神习俗由来已久，当时的典当敬奉财神是极可能的，做生意的以及居家百姓均有敬财神的习惯。而"矫大户"开典获利之后要专建典坛祀答天地庇佑之恩，则是对行业神之上的民间信仰中的总主宰的祭礼，是更高层次的祭祀。

"焦脚虎"胜过"号神"

《清稗类钞·动物类》载有一个《"焦脚虎"胜过"号神"》的故事。故事说，清道光五年（1825），浏阳马家冲一户人家的猫生了四只猫仔，其中有一只猫仔是"焦足"。到满月时，其余三指猫仔竟然都死了，就剩下这只焦足猫仔。这只焦足猫仔形貌丑陋，性情也十分怪异。它不但不像其他的猫那样天生就喜欢捉老鼠，反而非常喜欢登屋顶捕捉瓦雀。甚至，有的时候还趴到水池边儿，同青蛙、蝴蝶嬉戏。因而，主人很是嫌恶这只焦足猫仔的痴懒。有一天，主人把焦足猫仔带到了县城，恰好给一位当铺的掌柜的看到了。那掌柜的一见就惊讶地说，"这不是'焦脚虎'吗"！试着唤它登上屋檐，只见那"焦脚虎"伸展开三只脚，只用一只"焦足"紧紧抓定屋檐久久不动。再把它扔到墙上，仍然如此。掌柜的大喜，给了"焦脚虎"的主人几个钱，把它留在了自己的当铺里。以前，当铺为了防止老鼠咬衣物，养了一群的猫。"焦脚虎"一来，"群猫皆废"没了用武之地，也自此10多年不再听到老鼠的动静了。当地人叹服这位当铺掌柜的实在是会"相猫"。

别具情趣的典当竹枝词

"竹枝词"本为吟咏民俗风情的民歌体裁，此则用来表现典当行业生活，行业习俗亦见其间。旧时北京典当业流行一些以行业行事为内容的顺口溜，名曰《当业竹枝词》，尽管其"作非一人，成非一时，众口流行，集体创作"，从中却颇可窥得一些行业习俗惯制，兹选辑十数首，共赏之。

（1）开张

新张伊始喜气扬，平安如意当吉祥。

看街德子献宝库，二两白银酒肉香。

（2）收当报账

掌柜报账曼声吟，绢缎袍套袄裤裙。

件多提高须写紧，先生洗耳莫嫌频。

（3）当票当字

如律令敕天师符，虫吃光板鬼画图。

写来当字龙蛇舞，照票付货两相俦。

（4）当物标号

十账倒有九个减，剩下一个当和尚。

因甚甘演武大郎，只缘登台不能唱。[①]

（5）叫号入库

唱出九腔十八调，胜他龚处天齐庙。[②]

不见包卿喊甚冤，原来当铺叫归号。

---

① 末句指当铺掌柜的有识货估价本领而且能说会道，全段言掌柜的收当后由其他人辛苦标号、整理以备归库。

② 龚，著名京剧模员龚云甫。《天齐庙》即《遇皇后》，龚云甫唱的一出名剧。

（6）结账

诸人动手一人呼，噼里啪啦算盘珠。

口到手到声才住，一声高报数已出。

（7）请饭

天长夜短人犯困，忽听请饭精神振。

哪来幌杆挂窝头，四菜一汤何足论。

（8）开菜

眼望盘中急难耐，掌柜迟迟不开菜。

一声您请下家伙，风卷残云抄得快。

（9）抖皮衣

小湾麦穗西口板，貂鼠猞猁金银狱。

阳春四月抖皮衣，挨过立夏到小满。

（10）撂圈子

撂圈辛苦道声高，此公定是子母饶。

当家欠身离客座，拱手相让客房邀。

（11）晚间叫门

看戏归来夜色深，栅门紧闭气象森。

几度轻敲门不启，一声嗷字便开门。

（12）春节

正月初一锣鼓频，初二启明敬财神。

欢度元宵望燕九，撤供换饭大开门。①

---

① 子母饶，系模仿徽籍典商说话腔调，意指当业同行。

（13）祭号神

初二十六祭号神，一股高香酒一樽。

寄情糕点花生豆，上供人吃徒众分。

（14）年关

一年四季春复夏，就怕年终说官话。

当家怀揣记事珠，眼望谢意心害怕。

（15）升迁

一事精通百事能，岁金渐渐可加增。

果然勤谨无差错，不待多年即可升。

（16）查当升卷包

查当新升到卷包，此时却比小官高。

莫将旧伴轻看待，喝出呼来作小妖。

（17）内缺

立缺全凭立品高，楼中货物重丝毫。

些须要小俱违例，纵会弥缝咎莫逃。

三、历史长河中的典当业

通过十数年的典当研究，我把中国典当史简略地概括为八句话。那就是：

初见萌芽于两汉，
肇始于南朝寺库，
入俗于唐五代市井，
立行于南北两宋，
兴盛于明清两代，
衰落于清末民初，
复兴于当代改革，
新世纪有序发展。

在此，且以这八句话为线索和话题，对已经历时 1600 多年的中国典当史做一番概述。

汉代：初见萌芽

海内外的误解：从"质人"到"质贷"

英国《大不列颠百科全书》（*Encyclopedia Britanica*）1988 年版 8 卷的"典当行"（Pawnbroking）词条写道，"典当业是人类最古老的行业之一，在中国二三千年前即已存在，西方典当业可追溯到中世纪"。《美国百科全书》（*Encyclopedia American*）1988 年第 21 卷写道，"典当业是一种古老的行业，在中国可追溯到西周前后"。美国典当协会（NPA）发布的资料也认为，"典当业至少能够追溯到 3000 年前的古代中国"。又据商务印书馆（上海）1936 年出版的宓公干《典当论》的考察，"纪元前 675 年，意大利之寺院金库，在埃西利经营存款及放款。而平民金融机关之典当，发祥于意大利。1198 年初创于 Bavaria 之 Freising。由 1464 年在 Arvieto 设立。其后渐次曾及欧洲大陆"。因而，西方国家把中国视为典当业的发源地。其实，这是一种误解。相反，据宓公干的《典当论》[商务印书馆（上海）1936 年 8 月初版]介绍，欧洲大陆首先经营借贷以营利的，是公元前 7 世纪时的巴比伦寺院。

原来，西方国家把中国典当业的发端，追溯到了《周礼·地官》中的"质人"，和春秋战国时代以人为质的"质人"。显然，这也都是误解。

先说《周礼·地官》中的"质人"。

说到"质"，就会使人想到《周礼》中记载的"质人"等项。《北京典当业之概况》一书在关于中国典当业的"起源之考证"中说："我国典当业之起源，其时甚古。《周礼·地官·质人》，掌稽市之书契，大市以质，小市以剂。孙诒让《周礼正义》，引惠士奇曰，质人，卖债人民用长券，谓之质。王褒僮约，石崇奴券，古之质软，质许赎，鲁人有贿臣妾于诸侯者，而通逃之臣妾，皆得归其主焉，有主来识认，验其质而归之。"究其实，"质人"之职，主要是掌管平易物价，发放和监督管理交易契据的市肆小吏。其契据是具有中证效力的凭证，卖主可凭此质券进行赎买。如果说，后世典当业的"当票"与之有一定类似之处的话，似可认为是由"质券"形式发展、演化而来。不过，考之"质人"并不司抵押之事，亦无有关抵押借贷活动的直接显证，因而还不能认为主司管理交易契据的质人之职，与后来形成的典当业存在直接的源流关系。"质人"之"质"，于此当系就"质券"而言。

再说春秋战国时代以人为质的"质人"。

以人身为质之"质"，古称"质子"，也就是今所谓的"人质"。这种类似"绑票"的行为，古来有之。例如，《左传·隐公三年》记载的"胡周郑交质。王子狐为质于郑，郑公子忽为质于周"，《触龙说赵太后》记载的"有复言令长安君为质者，老妇必唾其面"，等等。当然，以人为质亦很早即与以物为质现象并行存在。而且，在汉代被许慎《说文解字》释为"以物质钱"为本义的"赘"字，当时也不乏以"人"代"物"质钱用法，如《汉书·贾谊传》（陈政事疏）中就写到了"家贫子壮则出赘"。又如《汉书·严助传》（淮南王安上书）中也说到，"间者，数年岁比不登，民待卖爵赘子以接衣食"。对此，唐代的颜师古注云："如淳曰：淮南俗卖子与人作奴婢，名为赘子。三年不能赎，遂为奴婢。（颜）师古曰：赘，质也。一说，云赘子者，谓令子出就妇家为赘婿耳。"又清代的钱大昕还注云："赘子犹今之典身，立有年限，而取赎者，去奴婢仅一间耳。……其赘而不赎，主家以女匹之，则谓之赘婿，故当时贱之。"此系秦汉风俗。

显然，无论《周礼·地官》中的"质人"，还是春秋战国时代以人为质的"质人"，均非我们所说的"典当"行为和活动。

汉代初见典当萌芽的"蛛丝马迹"

一般说，典当行为和活动导致典当机构的形成。有关典当机构的各种称谓用语，大都直接表现了典当行为和活动，亦显示着典当的基本性质与功能。这些传统称谓用语主要有：质，赘，典，当，解，押，典当，以及与之活动紧密关联的赎。

"典当"这个词，在现代汉语中有两种所指，一是指典当行为、活动，一是指典当行或典当业，悉因语境而定。典当行及典当业的形成，直接滥觞于典当行为或活动，是应其需求而出现的具有商业属性的金融活动行为，也是中国历史上最古老的金融行业。"典当"一词在汉语史上最初出现的时候，便是指以物作为抵押借贷行为。

关于中国典当业的起源问题，学术界历来见解不一，仁者见仁，智者见智。总括起来，除个别认为典当源于宋代佛寺外，主要有两种意见，一是认为始于汉代，一是认为始自南北朝时期。

清·郝懿行《证俗文》卷六释"典当"云："俗以衣物质钱谓之为当，盖自东汉已然。"这一点，在《汉书》中可见其端倪，亦即南朝宋·范晔《后汉书·刘虞传》中所记："虞所赍赏，典当胡夷，瓒数抄夺之。"在此，"典当"这个双音合成词的"典"与"当"，是两个同义词素的并列。唐代李贤的随文注说，"当，丁浪反，亦谓之为典"，也证明了这一点。

始于汉代说的主要依据，是南朝宋人范晔撰写的《后汉书·刘虞传》所言"典当胡夷"，以及唐人李贤随文所注之"当，音丁浪反，亦谓之为典"。据此，清·郝懿行《证俗文·典当》认为"俗以衣物钱谓之当，盖东汉已然"。再所依据即东汉·许慎《说文解字》，释"赘"为"以物质钱，从赘从贝阙，敖者犹放，贝当复取也"语。在今人著作中，刘秋根的《中国典当制度史》主张中国典当业始于汉代说。他认为，货币需求的发展与集中，及为满足这种需要而进行的各种借贷的发达，为典当业的产业提供了有利可图的环境及条件。因春秋、战国以来高利贷的发展，动产抵押借贷至汉代已相当普遍，南北朝时期虽有所进步，却并无本质变化。所以，"私人典当业，从其业务形式来看，汉代时期便已经产生了"。其实不然。先秦典籍中有关以人为质的记述，其性质与后世的"典当"行为决然不同。至于《后汉书》中以物质钱之例，仅属一种个别的随机性行为或现象。况且，《后汉书》之例仅为孤证，并不具普遍意义。同时，"当"字的"质赘"之义早见于大约成书于公元前300多年的《左传》，而东汉·许慎在所撰《说文解字》释"当"字为"田相值也，从田尚声，都郎切"，并无以物质钱意义，且未收释"典"字，倒是释"赘"为"以物质钱"。再者，《后汉书》为南朝宋人范晔所撰，范晔以南朝语撰《后汉书》，"典当"二字或为南朝用语，但南朝语中多谓典当为"质"。有待进一步考证确认。不过，唐人李贤注疏《后汉书》，当然主要用唐代语言。《后汉书》之"典当"系孤例孤证，但有关南朝寺库典当的记载，却屡见于《南齐书》《南史》及《梁书》等史籍文献。而且，并非一人事例。此外，《魏书·释老志》《谈薮》《解颐》等书亦有相关记载可为辅证，并为宋代以来的《能改斋漫录》等著作所引录认可。

此外，也有人列举西汉·刘歆（晋·葛洪辑抄）《西京杂记》卷二等所记，"以衣裘贳酒""以所着鹔鹴裘就市人阳（一作"杨"）

昌贳酒"事为证，认为"后汉时期的典当业务已随处可见，普遍存在"，"阳昌或杨昌其人可能是典当专业户"。究其实，同刘虞将赉赏"典当胡夷"一样，在全无典当经营机构存在佐证的情况下，也只能说明那是当时私人之间的一种质贷行为。语言是社会的一面镜子。东汉人许慎《说文解字》辑释"质"为"以物相赘、释'赘'为"以物质钱"，亦从一个方面印证了至汉代社会生活中业已存在这种类如后世典当行为的质贷现象。类似的民间私人质贷行为，即或是在历代典当、钱庄乃至当今银行等金融机构大量存在于世的情况下，也时有发生。

　　凡此，笔者认为，两汉时代社会生活中"以物质钱"活动的存在，以及后世的典当业无论如何发展均保持了"以物质钱"这一基本的经营方式特点，只能视为导致后世产生典当经营机构和典当行业的萌芽，但此间并未产生典当机构或作为一种行业存在。或可言之，两汉以来社会"典当"行为或活动的逐渐活跃，促生了中国典当业。

南北朝：肇始于寺库质贷

　　一如世界上许多国家的典当业的肇始亦同宗教活动有关，而且最初均为慈善性民间金融机构。就今所见有关历史文献的明确记载可证，有趣的是，据史籍记载，中国典当业之肇兴，亦同样发端于宗教事业，即公元四五世纪时南朝（420—589 年）的佛寺"质库"。至于此前的有关典当活动的零散文字，只能认作随机性的行为，只可视为产生典当业的萌芽。

　　所谓寺库，本系佛寺储存钱财之所，南朝以来因其以库存钱财对外质押放贷而别称质库，后来宋代又称"长生库"，取不断以息利增殖之义，都是指寺院经营典当的机构，唐宋以来"质库"则成为典当机构的名称之一。

　　迄今见诸史籍的有关南北朝时典当活动的例证，虽然也并非很多，但却直接印证了当时业已出现了典当机构——佛寺的质库，即当时佛寺以寺库作为质库经营典当业务。其中，主要是《南齐书·褚渊传》《南史·甄法崇传》《梁书·庾诜传》《太平广记·姚坤》，以及后世有关文献中的一些记载。

褚彦道招提寺质库赎当

　　据《南齐书·褚渊传》的记载，南齐司徒褚渊为官清廉、讲究俭约，以至于在他死后，"家无余财，负债至数十万"，因而深受百姓的爱戴和信赖。褚渊生前由于清廉而生活贫困，曾将太祖赐赠的白貂坐褥等物，和长耳裹发巾（介帻）、犀角做的发栉（犀导）以及他的坐骑黄支国的犀牛等贵重物品，都送进了寺院的质库当钱以解决用钱的缓急。单是其中太祖赐赠的那头"黄牛"，由于产自"在日南之南"远离京城三万多里的"黄支国"，是"黄支国"的贡物，属于一时稀贵坐骑。褚渊死后，他的弟弟褚澄（字彦道），用"钱万一千"到招提寺把他生前送进寺库的这些东西，赎了回来。当世祖听说了这事儿，十分感动和哀痛，又下诏书赏了褚家"朝服一具，衣一袭，钱二十万，布二百匹，蜡二百斤"。

甄彬赎当拾金不昧

　　甄法崇，是南朝时宋国一位口碑很不错的江陵县令。他的孙子甄彬品行端正，很受乡里的称赞。据《南史·甄法崇传》载，有一次，甄彬拿一束麻到荆州的长沙寺寺库质钱使用。后来，当他再到寺库去赎当的时候，发现那束麻里多了个手巾包，打开手巾包，里面竟然还裹着五两金子。于是，甄彬就把那毛巾包中裹着五两金子又送还了寺库。见此，有人说，听说最近有人用这金子来寺库质钱，结果却丢了。管理寺库的和尚一见甄彬如此诚实拾金不昧，很受感动，就取过那金子的一半坚持要送给甄彬作为酬谢。甄彬推辞了十多次，就是坚决不接受。于是，甄彬赎当拾金不昧的事情在当时传为佳话。在梁武帝萧衍早年就已经对甄彬品行的美誉有所耳闻，当他登位之后，便赐任甄彬为益州录事参军、带郫县令。梁武帝沉溺佛教，曾三次舍身同泰寺要公卿费巨资赎身，建佛寺无数，这同其赏识具有不贪昧寺库黄金佳行的甄彬，或有所谓"佛缘"吧。

这件事，比《南史》的记载还早一些的，是宋代吴曾《能改斋漫录》卷二所引隋人齐阳玠在《谈薮》说的："有甄彬者，有行业，以一束苎，就荆州长沙寺库质钱。后赎苎，于苎束中得金五两。"今所传甄彬质钱得金故事，多据唐代李延寿撰修的《南史·甄法崇传》的附载，同《南史》的记载完全相同。因其早于《南史》，或许《南史》的这段记载就是出自此。而《能改斋漫录》所引出自隋人所撰之《谈薮》，先《南史》作者一个朝代。况且，《谈薮》一书已佚，这段可作为《南史》有关记载的佐证的材料尤显珍贵。

最早设立寺库的长沙寺和招提寺

《南齐书·褚渊传》中说到的招提寺，据清代陈作霖《南朝佛寺志》考证认为，招提舍寺于东晋末年建在今古城南京城北面。清人顾祖禹《读史方舆纪要》亦称，石头城"北有招提寺"。据此，法国汉学家谢和耐《中国五—十世纪的寺院经济》一书的研究认为，"南朝的南京寺院实为后世典当业之祖"。《南史·甄法崇传》所及长沙寺，原系由江陵刺史邓汉的私人故宅改造而来。甄彬即在其祖父法崇于南朝宋武帝刘裕的永初年间（420—422 年）出任江陵县令时，至长沙寺库质钱和赎苎得金的。这一时间，相距《南齐书》所载于建元四年（482 年）褚渊去世后其弟褚澄至招提寺赎回质物的时间，约半个世纪。当时的江陵县位于今湖北省境内，仍为县治。这就是说，长沙、招提二寺分属两地，又很难考知其开展质贷活动孰先孰后。根据上述两件史料事例来看，长沙寺寺库事尚先于招提寺寺库事。所以，还不应绝对化地断言招提寺质库就是"后世典当业之祖"。然而，两件史料事例，恰可证明南朝时南京、江陵等地佛寺确已进行着质押借贷的融资活动，是见诸史籍的我国典当业的直接源头。

"贞节处士"以书质钱为邻人解难。南朝梁有位被称为"贞节处士"的庾诜，还有一件以书质钱为邻人解难的佳话，则是稍晚于上述二例而未被注意到的又一有关典质的史料。据《梁书·庾诜传》载：庾诜字彦宝，河南新野人。庾诜自幼聪警笃学，经史百家无不该综，尤其是"纬侯书射，棋算机巧，并一时之绝"。他性情旷达，特爱山野林泉。有一次他坐船从乡下回城，船上载了一百五十石米，另有别人寄载的三十石。到家后，那人却说，"三十石是你的，一百五十石是我的"。庾诜听罢也默然不语，任其取走了一百五十石米。又有一回，一位邻居被诬为盗贼要治罪，需要用钱应对，庾诜一时拿不出许多钱来相助，便用一些书作为抵押贷钱二万，还派门生佯称是那人的亲戚送过去救急。那邻居获免之后，上门向庾诜致谢，庾诜淡然说道，"我这样做主要是帮助无辜解难，并未期望有何回谢"。像这样的事情，他做了很多，足可显见他的品行。梁武帝普通年间（520—527 年），曾下诏要庾诜出任黄门侍郎之职，他称病未就。晚年以后，庾诜尤其敬佛，在家里设立道场，每日诵一遍《法华经》，直至七十八岁时，无疾而终。

《梁书》未载庾诜以多少、什么书，到何处质钱助邻。南朝时的借贷机构，一为佛寺质库，再即立契据以田宅等不动产为抵押放债的邸舍。从前述甄彬、褚渊两事例得知，当时寺库质钱，举凡金、麻、衣饰乃至活畜（"黄牛"），皆可用为抵押品。同时，从庾诜性情与晚年特别遵奉佛事的思想轨迹，以及以书为质物的情况分析，极可能是就近向寺库质钱以应急用的。庾诜"特爱林泉"，居新野（在今河南省）乡间，"十亩之宅，山池居半"；而佛寺亦多择山水清幽处而建，就寺库质钱助邻又以遵佛而终，从地缘之便也为这种推断展示着可能性。尽管《梁书》虽未载明庾诜至"寺库"去"以书质钱"，但迄今尚无当时存在除寺库而外其他典当机构的历史佐证。这一见诸《梁书》的事例，可视为南朝佛寺质贷史料的又一补充和别证。

姚隐士典当庄园菩提寺库

北魏孝文帝元宏的太和（477—499 年）年间，东洛万安山的南边，住有一位叫姚坤的隐士，不喜欢追求荣耀、显贵，常常以钓鱼、弹琴和饮酒自娱自乐。他有个主要靠捕捉狐狸和兔子谋生的猎人邻居，性情仁爱的姚坤就常常收买下来猎物再把它们放生。这样久而久之，经姚坤放生而活下来的猎物足有数百只。那姚坤哪来这许多钱买狐狸、兔子放生呢？原来，他从前有座庄园，为筹集放生款项就典给了嵩岭菩提寺的寺库，姚坤赎买狐兔放生靠的就是这些钱。

　　然而，菩提寺那个管理庄子的惠沼和尚做事凶狠，在庄子的空旷之处挖了一口几十丈深的井，还往井里扔了几百斤的黄精。他设法把姚坤灌醉之后扔进井里，再用一盘石磨塞住井口。这样，等姚坤酒醒过来却无法出去，饿了，就只好吃黄精了。几天后，忽然有谁在井口召唤姚坤的姓名，对他说："我是一只能通天的狐狸，很感谢你拯救了我的许多子孙。"然后就叫他按照《西升经》里说的"精神能使形体飞起来"的道理去努力做。果然，大约一个月光景，姚坤忽然就从磨孔中跳了出来。那管理庄园的和尚见状大吃一惊，就很礼貌地探询这是怎么回事。姚坤回答说，"这都是在里面吃了一个月的黄精，身体就轻飘飘地像神仙一样，结果也就能飞出来啦"。和尚相信了他的话，便让弟子用绳子把自己也送到井底，并同弟子约定一个月以后来看他。不曾想，一个多月后弟子如约来看他时，和尚已经死在井里了。不过，此后的姚坤却时常获得狐狸家族的报答和关照。

　　这是《太平广记》第454卷《姚坤》篇从一部名为《传记》辑录的狐鬼题材的传奇故事。个中，姚坤"质于嵩岭菩提寺"的文字，却为我们透示了嵩岭菩提寺设有寺库并对外开展质贷融资业务这种事例。

佛律的规约与质库典当

　　据文献记载，寺院质贷自南朝时兴始，以后逐渐成为世俗社会的一种行业，但直至唐宋时寺院质贷仍在进行，历时颇久。中国典当业何以缘佛寺而兴呢？这是个有趣而又颇具文化史意义的问题。

　　中国典当业之所以肇始于南朝佛寺质库，理应有其社会历史的特定文化背景作为必要的支持条件。

南北朝是中国佛教史上的一个主要"兴佛"时期。唐·杜牧《江南春》诗中泛言"南朝四百八十寺"，实际上远非此数。据沈曾植《南朝寺考序》引《释迦氏谱》记载，南朝"自宋迄梁，代有增加，梁世合寺二千八百四十六，而都下乃有七百余寺"，陈之"末年都计寺一千二百三十二"。据统计，南朝时的宋代有寺院 1913 所，僧尼 36000 人；齐代有寺院 2015 所，僧尼 32500 人；梁代有寺院 2846 所，僧尼 82700 人；陈代有寺院 1232 所，僧尼 32000 人，足见一时之兴盛。维持如此众多寺院、僧众存在生计的，是来自多种财源的寺院经济。"兴佛"导致了寺院经济的发达，也相应产生了如何使用富余的沉积资财问题。按照佛教"无尽财"思想，可以将富余的资财出贷"生长"，甚至必要时"三宝物"亦可出贷。例如《大正新修大藏经》的《善生经》所说："赡病人不得生厌。若自无物，出求之，不得者，贷三宝物。差已，十倍偿之。"而且，《十诵律》和《僧祇律》还明确规定，"塔物出息取利，还著塔物无尽财中。佛物出息，还著佛无尽财中"。如此周而复始地"回转求利""出息取利"，正所谓"无尽财"；宋以后谓寺库为"生长库"或借指市井典当铺，即源于此。如此这般，既可生息积财事佛，又是对贫民解决一时窘急的慈善救助之举。因而，南朝寺库质贷是以济贫救世的慈善面目出现的。这一点，与国外一些国家的情形颇为相似。后世典当业的慈善招牌，显然是源自于此。

北朝佛教进一步兴盛。据《魏书·释老志》《洛阳伽蓝记》等书记载，魏末时各地寺库多达 30000 余所，僧尼 200 多万人。寺库仍行质贷活动，如此魏孝文帝太和年间（447—449 年），姚坤将庄园"质于嵩岭菩提寺"，即是一个写照。

唐五代：入俗于市井社会

在唐代之前，质贷融资只是佛教寺院的一种经济活动。从唐代开始，便从单一的寺库质贷逐渐演化成为一种官营或民营的世俗社会的融资机构，成为社会经济生活中的一个很活跃的质贷融资行业了。并且，"寺库"这个名称之外，出现了"质库""柜坊"等名目。这个时期，寺院的寺库质贷与社会上的"质库""柜坊"并存。即如陶希圣在其主编的《唐代寺院经济》一书序言中注意到："质库，是创始于寺院的一种高利贷事业，在唐代已是一般富贵人家投资的普通事业了。向寺院施舍本钱以创立质库的事情，也很常见的。家具衣服的质以外，奴婢、牲畜、庄田的质，在当时很是流行。"而且，范文澜《中国通史简编》（修订本）也谈到，"据现有材料看"，质贷业已成为唐代"最大的商业"。

唐代官、私及寺院的质库共同兴盛，成为中国典当史上重要的篇章。这种盛况，散见于众多文献记载之中。

太平公主握有典当

中国历史上，唐朝是个多有女性干政的朝代。自武则天之后，先后有上官婉儿、韦后、安乐公主、太平公主、肃宗张皇后、顺宗牛昭容、宪宗妃郭氏等或是参与宫闱政治，或是插手外廷事务，参与对皇权的争夺，甚至有的还掌握了一定的权柄、显赫一时。韦后、安乐公主、太平公主等几乎是一批干政的女人。直到太平公主被唐玄宗李隆基赐死，才算是结束了唐朝的"女性干政"时代。太平公主作为中国历史上赫赫有名的人物，不仅是因为她中国历史上第一个女皇武则天的女儿，而且还像其母一样干政，但最终以悲剧告终。

无论是谁，参与政治都是需要财力支撑的。据《旧唐书·武承嗣传》记载，唐开元二年（713年），太平公主自杀后，朝廷派员抄没其家产，所得珍宝等贵重财物堆积如山，甚至还有"马牧羊牧、田园、质库"等产业，"数年征敛不尽"，是其聚敛财富的重要来源。像太平公主这样开典当聚敛财富的情况，当时在朝野并不稀见。例如《全唐文》卷七八收载的唐武宗颁布的《会昌五年加尊号后郊天赦文》中就写道，"闻朝列衣冠，或代承华胄，或在清途，私置质库、楼店，与人争利"。此外，不仅皇室贵族开典当敛财，还有一些适宜"公立"名目设立的典当。如《册府元龟》卷492收录的唐明宗天成二年（927年）辛丑诏书，则明确提到了"公私质库"字样，"应汴州城内百姓，既经惊劫，须议优饶……如是在城回图钱物及公私质库"。如此看来，太平公主开典当敛财当然也是"合乎当时潮流"的了。

柜坊兼营质库的质贷业务

柜坊又称"僦柜"，本为都市中一种以代为客户保管钱财为事取利的商铺。一些柜坊在资本雄厚或收存银钱较丰的情况下，便兼营起质库的质贷业务来了。《资治通鉴·唐德宗建中三年四月》载："又括僦柜质钱，凡蓄积钱帛粟麦者，皆借四分之一。"对此，元人胡三省注云："民间以物质钱，异时赎出，于母钱之外复还子钱，谓之僦柜。"有些兼营质贷的柜坊一时获利颇丰，乃至朝廷财政拮据之际便想到从柜坊借贷。《旧唐书·德宗纪》和《新唐书·食货志》都记载建中三年（782年），朝廷曾下诏要京兆尹长安万年令，勒索京畿富商。当时少尹韦祯还向僦柜质库"拷索"了"二百万"。结果，弄得市井怨声载道。

从"霍小玉当当"谈"僦柜"与"寄附铺"

据唐·陈翰《异闻集》记载，薛防所作《霍小玉传》有云"大历中，寄附铺侯景家"。《异闻集》作者陈翰是唐末时人，《霍小玉传》作者为中唐稍后时人。仅就史料出现时间推测，"寄附铺"与"僦柜"叫法相去未远，是当时并存的两个相近行业。《霍小玉传》记述唐宗室霍王庶女霍小玉流落民间沦为妓女，系一时名妓。大历（766—779年）年间，年方二十的进士李益与小玉一见钟情。李益外出赴任为官，负盟弃玉。这时，书中写道：生自以辜负盟约，大惩回期。寂不知闻，欲断其望。遥托假故，不遗漏言。玉自生逾期，数访音信。虚词诡说，日日不同。……虽生之书题竟绝，而玉之思望不移，赂遗亲知，使通消息。寻求既切，资用屡空，往往私令侍婢潜卖箧中服玩之物，多托于西市寄附铺侯景先家货卖。曾令侍婢浣沙将紫玉钗一只，诣景先家货之。路逢内作老玉工，见浣沙所执，前来认之曰："此钗，吾所作也。昔岁霍王小女将欲上鬟，令我作此，酬我万钱。我尝不忘。汝是何人，从何而得？"浣沙曰："我小娘子，即霍王女也。家事破散，失身于人。夫婿昨向东都更无消息。悒怏成疾，今欲二年。令我卖此，赂遗于人，使求音信。"玉工凄然下泣曰："贵人男女，失机落节，一至于此。我残年向尽，见此盛衰，不胜伤感。"遂引至延先公主宅，具言前事。公主亦为之悲叹良久，给钱十二万焉。依上述记载，寄附铺似乎是受托寄卖物品的商铺，老玉工引浣沙将紫玉钗卖给延先公主，则是相对前者的直接出售。一为间接，一为直接，显然不同。对此，著名的日本汉学家加藤繁博士《中国经济史考证·柜坊考》认为，"寄附铺是以受人存放财物为本业，不是质店"。同时又指出："换句话说，寄附铺也许是以存放贵重物品为专业的。假如果然如此，那么，寄附铺和柜坊是否同样呢？从营业的性质来说，称为寄附铺，从它所用的主要器具来说，称为柜坊，所以，实际上是否就是同一种铺子？虽然因为资料缺乏，不能下确实的断语，我想姑且作这样的假定，以待今后的考察。"然而，柜坊却并不经营寄卖业务。说起来，还是清·翟灏《通俗编》卷二三"货财的当"条所释为是，寄附铺是当时的质铺。日本学者宫崎道三郎博士在《质店的话》中，亦持这种看法。也就是说，寄附铺本系寄卖业，后又兼营或以质贷业务为主，因而后人误将其视同儭柜，或直谓质库。将所寄卖物品直接从铺方按低于估价额一次性取钱，物卖出后不另取钱及付寄卖费，同当而不赎的做法相同。遗憾的是，迄今尚未有更充分的直证史料来证实这种情况，权作假说性推断存此。

"李娃"与郎君是到哪里去典当的

唐·白行简著名的传奇小说《李娃传》亦写及荥阳生"乃质衣于肆，以备牢醴，与娃同谒祠宇而祷祝焉"。唐·白行简的传奇小说《李娃传》里面，也有关于质押借贷的情节。有一天，李娃对郎君说，"我与郎君相知相好了一年，至今还没怀孕生子。常听人传说有叫什么'竹林神'的庙宇，都说特别灵验，我二人不妨备些供品前去祈个愿，怎么样？"书生郎君不知其中李娃有诈，非常高兴。于是用衣服当了些钱（"质衣于肆"），以便购置供品前往"竹林神"庙上祈愿。唐五代不仅柜坊、寄附铺兼营质贷，更有专营此业的质库，尤以官僚贵族竞相经营质库牟利的史料为多见。《旧唐书·武承嗣传》所载以巨富著称一时的太平公主家的"质库"，则属当时的专业典当。出寺院的寺库而外，无论"儭柜""寄附铺"还是"质库"，都理所当然地应当设在便利客户出入的"市肆"。那么，他们"质衣于肆"，去的是"僦柜""寄附铺"，还是"质库"呢？书中未有交代。但可以肯定，既"于肆"，则显然不是去寺库质钱。如同杜甫、白居易诗中多有"典""当"之词一样，此例反映出唐代典当业已普遍存在，是同当时社会日常经济生活有着很密切联系的一个行业。

律典限定典当利率

唐代寺院质库与公私质库并行于世，加之兼营质贷的柜坊，形成了一时多头经营并举的典当行业兴盛局面。尽管如此，寺库质贷并非因而受到多少影响。据唐·韦述《两京新记》记载，许多寺库仍然非常富有，如其卷三所述，贞观之后，化度寺的钱帛金绣，积聚不可胜计，燕、凉、蜀、赵等各地都经常有客户前来典当，"每日所出，亦不胜数"；为方便客户，有时甚至连契约也不用缔结，不过很少有违约不来赎当的。朝廷鉴于寺库资财越积越富而侵利过重，于是就下诏加以限制。如唐武宗会昌五年（公元845年）的一份诏文称："委功德史检查富寺邸店多处，计料供常住外，剩者便勤货卖，不得广占求利，侵夺疲人。"事实上，由于质贷市场的多头竞争，牟取暴利现象亦见于公私质库，致使朝廷不得不一再明令整饬。《大唐六典》卷六载有一条关于质贷利率的具体规定："凡质举之利，收子不得逾五分出息，债过其倍。若回利充本，官不理。"

节度使慕容彦超"置库质钱"

五代虽历时未久，不过50多年，但质贷业仍然继续。《新五代史·慕容彦超传》中，记载的镇宁军节度使慕容彦超开质库，并设计诱捕以"铁胎银"质钱奸民的故事，则可为证。据《慕容彦超传》记载，慕容彦超为人不仅十分聪明、富有计谋，还好聚敛钱财。在谋反之后在兖州据守的时候，曾经经营着一个质库。一次，有个奸民，拿了一些外表用银皮包裹而里面却是铁块的"铁胎银"前来质库质钱。当时并没被识破，过了一段时间，质库才发觉受骗上当。怎么办？慕容彦超不动声色，暗地里指使主吏在夜间把质库的墙挖个洞，把库中收当的金帛都转移到别的地方去。然后，公开向慕容彦超报告，说是质库失盗。同时，对外发布这个消息，促使人们纷纷前来赎取质押物品。结果，从赎当的人当中发现了用"铁胎银"前来质钱的那个人。然后，慕容彦超把他安置到密室里，要他教所组织的十多个人日夜制造这种"铁胎银"。原来，慕容彦超之所以设计找出那个骗当的骗子，目的在于要他为自己制造"铁胎银"。不曾想，也正是因此而害了自己。不久，当他驻守的兖州城池被朝廷所派平叛官兵围困之际，他声称可用数千锭银子奖赏守城的兵士。然而，知道底细的守城兵士都私下里议论说："你那些个铁胎银子再多又有什么用呢？"次年五月，周太祖率军亲征，攻下了慕容彦超的守城兖州，慕容彦超夫妇双双投井自尽，他的儿子慕容继勋率500亲兵外逃也被擒获，结果被灭了九族。正所谓"机关算尽太聪明，反害了卿家性命"。可怕的"铁胎银"啊！

唐代的寺院质库生意仍很兴旺

滥觞于南北朝佛寺的寺院质库质贷，到了唐代，在"僦柜""寄附铺"或"柜坊"质贷都十分活跃的情况下，仍很兴旺。《续传灯录·天游禅师》中写道，"质库何曾解典牛，只缘价重实难酬。想君本领多无子，毕竟难禁这一头"。唐人韦述的《两京新记》卷三也记载，"化度寺，……贞观（唐太宗李世民年号，627—649 年）之后，钱帛金绣，积聚不可胜计，常使名僧监藏，供天下迦蓝修理。……燕、凉、蜀、赵，咸来取给；每日所出，亦不胜数；或有举便，亦不作文约，但往（或系'任'之误）至期还送而已"。一座寺院，竟有如此富余财力出入，除接受布施赏赐而外，质贷乃其主要来源之一。唐人韦执谊《与善见禅师帖》中写道，"善见禅师，所管施利钱银到后，量收籴米支持到九月以来，余钱即共义商量至秋中籴米收贮讫报当……"而且，当时寺院有的还收押不动产质贷，甚至有恶僧因此而害人者。《太平广记》卷 454《姚坤》所记即为一例，"坤旧有庄，质于嵩岭菩提寺，坤持其价而赎之。其知庄僧惠沼行凶，率常于闲处凿井，深数丈，投以黄精数百斤，求人试服，观其变化。乃饮坤大醉，投于井中，以硪石咽其井"。

有的，亦用"家资牛畜"作为质押物去寺院的寺库质贷。如发现于新疆的一份唐代质钱契约内容是这样写的：

建中三年（782 年）七月十二日，健儿马令痣为急要钱用，交无得处，遂于护国寺僧虔英边举钱壹仟文，其钱每月头分生利壹佰文。如虔英自要钱用，即仰马令痣本利并还。如不得，一任虔英牵掣令痣家资牛畜，将充钱直，还有剩不追。恐人无信，故立私契，两共平章，画指为记。

钱主
举钱人　马令痣　年廿
同取人　母苑二娘　年五十
同取人　妹马二娘　年十二

甚至，寺库质贷也像世俗社会那样牟利无厌，侵利过重，被反

映到了皇帝耳中。会昌五年（845年），唐武宗诏令功德使统计寺
库财产，除留足"常住"所需外，余者出售；诏称："委功德史检
查富寺邸店多处，计料供常住外，剩者便勤货卖，不得广占求利，
侵夺疲人。"

　　质贷业的金融活动活跃了唐代社会的经济生活，尤其是便利了
市民的经济生活。除正史外，这种金融活动也进入了文学作品之中。
例如杜甫的《曲江》诗句，"朝回日日典春衣，每日江头尽醉归"；
吕岩《七言》诗之一的"一领布裘权且当，九天回日即归还"；白
居易亦有诗咏及，"走笔还诗债，抽衣当药钱"。前者的"典"及后
者之"当"，均属质贷行为。概而言之，唐五代质贷业的全面兴盛，
为此后近千年典当业的发展开一代先河，是中国典当史上的重要里
程碑。

宋金元三代中国的典当业

典当业立行于南北两宋

　　随着宋代都市商业经济的繁荣和金融活动的日趋活跃，典当业
亦在前朝基础上获得长足发展。同时，随着本朝行会组织的成熟，
也正式形成了历史上最早的中国典当业同业行会组织，这是中国典
当史研究中往往被忽略或未受到注意的大事。

　　宋代民商资本经营的典当业的发达，最显著的标志是在当时市
井工商诸行中独立为行，出现了中国典当史上最早的行会组织。有
的学者在谈到典当行会"对本行业的经营活动进行管理"的职能
时认为，最早的典当行会组织为当属清初广州的当业会馆。其实，

早在北宋京师汴梁便已形成了中国典当史上最早的行会组织。据宋·孟元老《东京梦华录》卷七记述，北宋京师汴梁金明池东岸，街的东面大都是些个酒食店、演艺场子、妓院、赌场等餐饮娱乐门市，以及消费相配套当典当业。其中的"质库，不以几月解下，只至闭池，便典没出卖"。由此可知，地处京城游览、娱乐场地的质库，亦因时因地灵活经营，赎、没期限并非千篇一律、一成不变，而是根据市场需求有效经营。

《东京梦华录》卷五还记载，当时东京城里，"士农工商、诸行百户，衣装各有本色，不敢越外。谓如香铺裹香人，即顶帽披背；质库掌事，即着皂衫角带不顶帽之类。街市行人，便认得是何色目"。显然，包括"质库掌事"在内的诸行业的经营及服饰，均在行业组织的规范约束范围之内。又据宋·吴自牧《梦粱录》卷一八的记述，南宋京师临安（杭州）依然如此旧制："士农工商、诸行百户，衣巾装著，皆有等差。香铺人顶帽披背子；质库掌事，裹巾着皂衫角带。街市买卖人各有服色头巾，各可辨认是何名目人。"宋人孟元老在记述北宋东京旧事的《东京梦华录》卷三中说，"凡雇觅人力，干当人，酒食、作匠之类，各有行老供雇"，简略未明确言及质库行老，但在宋人吴自牧记述南宋京师临安旧事的《梦粱录》卷一九中则细载而言及，"凡顾倩人力及干当人，如解库掌事、贴窗铺席主管、酒肆食店博士、铛头、行菜、过买"等等，"俱各有行老引领"。甚至，连官府了解社情、侦案亦利用包括典当业在内的行会组织。在宋元之际赵素所编《为政九要》之八中，清楚地写道："司县到任，体察奸细、盗贼、阴私、谋害不明公呈，密问三姑六婆、茶坊、酒肆、妓馆、食店、柜坊、马牙、解库、银铺、旅店，各立行老，察知物色名目，多必得情，密切报告，无不知也。""行老"，又谓"行头"，即行会组织主事的头目。

这些，充分说明两宋时代京城的典当业就已经形成了本行业的行会组织——迄今所知中国典当史上最早的典当行业组织。

那么，中国的行会组织在唐代业已出现，何以当时未能产生典当行会呢？笔者认为，典当业在唐代的发展，主要依托于资本雄厚的僦柜在经营存款和信托业务的同时兼营。至宋代，随着都市经济的发达，典当业很快就在前朝多业兼营的基础上形成一种独立的专门行业。遍布城镇的质库的独立成行，开始具备形成专业行会的条件。宋代是中国都市经济、都市文化空前繁荣的时代，这就为与之关系密切的典当业得以进一步发展，提供了良好的社会环境和新的历史契机。不但如吴自牧《梦粱录》卷一三（铺席）描述的，"自融和坊北，至市南坊，谓之珠子市，如遇买卖，动以万数。又有府第富豪之家质库，城内外不下数十处，收解以千万计"，仅一座偏远的化州小城即开有质库 10 座，说明宋代典质业已经遍布大都市、小城镇，经营活动十分活跃，开始形成一定的规模了。而且，由于其多为富商开设，资本雄厚，生意兴隆，乃至"收解以千万计"，经营的发生额很是可观，赢利自然亦丰。"行"的形成，当然也是其行业兴旺的体现。

有"行"即有行中帮系，中国传统行帮往往以地缘关系为纽带结合而成，兼之以缘师承关系延续或单独成帮。唐代工商行帮业已出现于当时文献记载，至宋尤盛。据宋·王象之《舆地纪胜》卷一一六《广南西路·化州》载，化州小城里"以典质为业者十户"，其中即有九户为福建人开的，这些"闽人奋空拳过岭者往往致富"。是知当时化州城的典质业以闽帮为主体，由该帮把持着。

"五花八门"的典当业名称

宋代典质活动的主要特点，是"质库""解库"业已成为社会经济的一种独立的专门行业；作为高利贷行业的一种主要形态，与佛寺的"质库""长生库"并存；其行业经营活动的规模、影响以及作用，均超过了寺院质贷，远在其上。这一事实表明，典质业已同当时平民经济生活存在普遍、密切的联系，成为国家社会经济的有机构件。这个时期，由于典当业的活跃，政权形式的复杂，典当业的名称也"五花八门"。

宋·吴曾《能改斋漫录》卷二"事始"云，"北人谓以物质钱为解库，江南人谓之为质库"。其实，宋代关于典当的称谓远比唐五代多得多，如"解质库""长生库""典库""抵当库"，以及"普惠库""典当质库"等。所谓"普惠库"，显然是就其原本出自寺库的慈善济贫宗旨。见于《宋会要辑稿》的刑法二之一三三的"典当质库"，系于常用称谓前冠以"典当"的行为。应予注意的是，此系以"典当"谓此行业的最早用例。北宋画家张择端的《清明上河图》中"赵太丞家"对过巷子，绘有一座解库，门首挑出一个大书"解"字的招牌。在中国典当史和中国招幌史上，这一"解"字招牌均可谓历史文献迄今所见的最早的典当业招幌图像。宋人洪迈《夷坚志》癸集卷八所说，"永宁寺罗汉院萃众童，行本钱，启质库，储其息以买度牒，谓之长生库"。

北宋神宗赵顼熙宁十年（1077 年）时，经王安石推荐入朝为官的吕惠卿之弟吕温卿，曾用田契从华亭县库户质钱五百千，然后转手贷给别人四百千，从中渔利。就此事，漆侠《宋代经济史》指出："由于从事这类典当和借贷的必须有'库'房贮存物品，所以在宋代又有库户的称号。"

"抵当所"与"流泉务"与中国历史上最早的官营典当业管理规则

宋代典当业的经营和资本性质结构，同唐代大体相似，即官当、商（民）当和寺院长生库典当并行于世。当时的官营典当机构，名曰"抵当所"或"抵当库"。北宋政府设立有一种名曰"公使钱"的经费，用于官府宴请、馈送过往官员或犒赏官军，并允许各级官府用此进行商业性活动以生息增值。据史料反映，有相当一部分是用来开办经营抵当所（库）。甚至，用于抚养官员遗孤的检校库财产亦用作抵当所（库）的资本生息。例如，据《宋会要辑稿·食货二七》之六四记载，熙宁四年（1071年），开封府奏请朝廷将寄存于检校库的钱财"召人先入抵当请领出息，以给元检校人户"。崇宁二年（1103年）六月十八日，北宋政府诏令各"府界诸县除万户及虽非万户而路居要紧去处，市易抵当已自设官置局以外，其不及万户"而"却系商贩要会处"者，均"依元丰条例并置市易抵当"所（库）。这样，一来致使官营典当发展甚为迅速，一时形成遍布各地大小城镇市集之势。至于同南宋对峙而立的金朝，设官营典当，则名为"流泉务"。

作为曾一度统治中国北部大约120年的金王朝，其中有百余年同南宋（1127—1279年）政权处于对峙局面。建立金王朝的女真民族，本来是以狩猎、游牧为主要传统民族经济的。对于宋、辽经济，金王朝既有破坏的一面，也有继承、发展、变革和创新的一面。例如，在唐宋两代典质业的基础上，金代典质业的经营管理及有关法规、政策的实施，则显示出其一代经济统治的特点。当其王朝统治延伸到原北宋北方领土之后，非但继承了前朝管理典质业的经验，还力求有所改进、发展。据《金史·百官志》载，金大定十三年（1173 年），金世宗完颜雍提出："闻民间质典，利息重者至五七分，或以利为本，小民苦之。若官为设库务，十中取一为息，以助官吏廪给之费，似可便民。"基此，"有司奏于中都（今北京）、南京、东平、真定等处，并置质典库，以'流泉'为名，各设使、副一员"，职"掌解典诸物，流通泉贷"。金世宗"大定二十八年（1188 年）十月，京府节度使添设流泉务，凡二十八所"。为规范官营典当的经营活动，金世宗时还制定了迄今见于文献最早的官营典当业管理规则。其中规定：

> 凡典质物，使、副亲评价值，许典七分，月利一分，不及一月者以日计之。经二周年外，又逾月不赎，即听下架出卖。出帖子时，写质物人姓名，物之名色，金银等第分两，及所典年、月、日、钱贯，下架年月之类。若亡失者，收赎日勒合干人，验元典官本，并合该利息，赔偿入官外，更勒库子，验典物日上等时估偿之。物虽故旧，依新价偿。仍委运司佐贰幕官识汉字者一员提控，若有违犯则究治。每月具数，申报上司。

《金史·百官志》所记载的官典经营管理机构、官职设置及其规则，是唐宋，尤其是宋代以来中国典当行业进一步形成规模与成熟的重要标志之一。

寺院的典当"长生库"依然兴隆

典质业至宋代虽已独成专门行业，但佛寺质库仍兴旺不衰，继续与民争利。因为，寺院的长生库典当生息，是支撑寺院经济的主要方式。宋·陆游《老学庵笔记》卷六，对寺院典当颇表嫌恶，他说："今寺辄作库质钱取利，谓之长生库，至为鄙恶。……庸僧所为，古今一揆。"但寺院以此为经济来源之一，自有其道。如《台州金石录》卷七《宋宝藏岩长明灯碑》载："本院诸殿堂虽殿主执干，尚阙长明灯。遂募众缘，得钱叁拾叁贯，入长生库。置灯油司，逐年存本，所转利息买油。除殿堂灯外，别置琉璃明灯。仰库子逐月将簿书诣方丈知事签押。"宋·洪迈笔记《夷坚支志》甲集卷六及癸集卷八，根据从"院僧行政"口中所闻，分别记述了两座佛寺典当取利的事例。其一为南宋宁宗赵扩庆元三年（1197 年）时，"永宁寺罗汉院，萃众童行本钱，启质库，储其息以买度牒，谓之长生库。鄱阳并诸邑，无问禅律悉为之，院僧行政择其徒智禧主掌出入"。不过，宋代官营、商（民）营典当业的资本、经营规模和在社会经济生活中的地位，业已远远超过了其间寺院的"长生库"。

至元代，已有数百年传统的寺院长生库典当仍比较活跃。据《元史·顺帝纪》记载，仅是大护国仁王寺长生库质贷出去的钱，即达 26 万余锭之巨。一部《元代白话碑集录》所辑录的诸元代白话圣旨碑中，述及寺院或道观典当者，多达 40 余处。例如，《灵寿祁林院圣旨碑》之三写道，"各路里有的但属寿字寿家的下院，田地、水碨、园林、碾磨、店舍、铺席、解典库、浴堂、拣那什么，不拣阿谁，休倚气力夺要者"；说明在当时寺院诸经济活动中，开办典当生息仍是传统的经营项目。又如《元典章·礼部·僧道教门清规》亦载，元仁宗皇庆二年（1313 年）江浙行省言"各处住持耆旧僧人，将常住金谷掩为己有，起盖退居私宅，开张解库"。一如典当肇始于南齐寺院，元代寺院典当业的活跃亦同统治者兴佛直接相关。

永宁寺长生库失金钗案及其他

宋代洪迈《夷坚支志》甲集癸集卷八，有一则题为《徐谦山人》的有关寺库质贷取利的故事。

故事说，永宁寺的罗汉院，用出家来寺院修行的人们的香火钱作为本钱开设长生库，院僧安排徒弟智禧掌管这个事，打算就用这开长生库所生的息金购买度牒。庆元三年（南宋宁宗赵扩年号，1197年）四月二十九日，长生库例行每月盘点的时候，发现货架上丢了一支金钗。众人翻遍了所有的橱柜、货架，怎么也没找到，弄得奉命管这事儿的智禧很是难堪。听说寺外有位叫"徐谦山人"的高人，是占卜的高手，他卜的卦非常灵验。情急之下，智禧于是就赶紧过去向高人求卜。这"徐谦山人"果然是位高手，名不虚传。经他一卦下来，就算得清清楚楚。他说，现在，那丢了的金钗已经不在寺里了，但偷东西的人还在寺里，就是寺里使用的那个小奴。如果现在就立即往北面去寻找，还能找回来，稍迟一点的话，那金钗就算丢定了。按照"徐谦山人"的指点，智禧赶忙多方寻找，但还是找不到。找不回来东西，他坐立不安，没办法，只好再去向"徐谦山人"讨教。原来，那寺里的小奴不守佛门戒规，常常同寺院附近的一个民家妇女幽会。每次去幽会时，他都指着那女人头上的银钗说："为什么不买金子再打造一个？"那女人就说："你还不知道，我哪有钱买金子？"于是，庙里的小奴说："我拣了一支金钗，想要的话，就低价卖给你好啦！"不想墙外有耳，这话被彭氏的儿子偷听到了。第二天，这小子就逗小奴，"要卖金钗就卖给我吧，我会给你应有的价钱"。经"徐谦山人"的指点，真相大白。寺僧派人抓来小奴，一顿鞭打，小奴服罪招供交出了盗取的金钗。然后，再将小奴一顿痛打，驱逐出了寺院。

这个故事，是作者从"院僧行政"口中听说的。个中，说是以寺中质库利息再行质贷生利用以购买度牒之用，称之"长生库"，时间、地点、方法、主掌人物乃至用途俱明。这是寺库以利为本再行生息供支付专项使用的长生库，而《宋宝藏岩长明灯碑》所记为长明灯油费用所设长生库，则是以募化之钱为本质贷取利支付。也就是说，这里佛寺的"质库"与"长生库"或单设，或二库并存，其质贷生息的性质是完全相同的，只是叫法不同而已。值得提出的是，"长生库"作为寺院"质库"的又一种名目，只是在宋代才出现。同时也说明，陆游认为寺设质库质贷取利"至为鄙恶""古今一揆"，并非无的放矢。寺僧为其寺库逐利，亦每借传闻赋予宗教色彩加以传播，作为舆论手段。

"解典库""皮解库"与元代典当业

在北宋张择端著名的风俗画长卷《清明上河图》画面中，在"赵太丞家"对过巷子里，画有一家挑着"解"字（招子）招幌的铺面。那个"解"字标识的是什么呢？据考证，这里是一座"解典库"。那么，什么是"解典库"？原来，"解典库"也就是典当行。

元代，是由主要聚居我国北方的蒙古族建立的统一中国的一代王朝，建都于北方重镇大都（北京）。元代的帝王、贵族、官府，大都率范热衷于放高利贷取利，这对当时典质业等高利贷的兴盛无疑是个极有刺激的条件。同时，或是由于这种北方文化居于主导地位的关系，关于典质业的称谓，则沿用宋代北方习惯叫法，称之"解典""解库"，并由此派生出"解典库"之称，成为元代对典当的一个十分流行的称谓，经常出现在当时官方文件和元杂剧中。

这在元杂剧等文献中常可见到。例如，《元曲选》所辑杨景贤《刘行首》剧第三折："小生姓林名盛，字茂之，在这汴梁城内开着座解典库。"(《孤本元明杂剧辑》)元·佚名《刘弘嫁婢》剧第一折："四隅头与我出出帖子去，道刘弘员外放赎不要利，再不开了解典库了也。"其"帖子"，即当票，是当时"解帖"的便称，如同剧第一折："这厮提将起来看了一看，昧着你那一片的黑心，下的笔去那解帖上批上一行。呀！这厮便写做甚么原展污了的旧衣服。"典当"，当时又称"解当"，如元末·高则诚《琵琶记》剧第十出："婆婆，奴自有些金珠，解当充粮米。"凡此称谓及戏剧情节，均反映着元代典质业的一般情况，即在元代仍是个很兴盛的行业。元杂剧中多处可见言及"解典库"，说明其与市井生活关系十分普遍，在当时的经济生活中比较活跃。

元代都市市井中有一个用以代称妓院的市语，即"皮解库"。这在元明戏曲中时可见到。元·关汉卿《金线池》剧第一折："尽道吾家皮解库，也自人间赚得钱，……所生一个女儿，是上厅行首杜蕊娘。"《南牢记》剧第一折："正是能开皮解库，会做撮合山。"《诚斋乐府·烟花梦》剧第二折中《感皇恩》曲："赊不能皮解库，做不得肉屏风。"《曲江池》剧第二折中《滚绣球》曲："你将那水塌房皮解库关闭的完全。"凡此皆然。"解库"，本为宋代北方和元代对典当的叫法。那么，何以"皮解库"称妓院呢？原来，这是当时一种隐喻性的市语。沦落风尘的妓女有如典当给了妓院，在当中出卖皮肉，还可赎身从良，故隐称为"皮解库"。

元代官修的法律专书《通制条格》卷二七《杂令·解典》中写道：至元十六年（1279 年）六月，石招向朝廷讨奏说："亡宋时，民户人家有钱，官司听从开解。自归附之后，有势之家，方敢开解库；无势之家，不敢开库，盖因怕惧官司科扰，致阻民家生理。"
又如大德六年（1299年）十月，河南省的咨文，就淮安路有朱忠
瑞告称某解典库声称收当的当户衣物被盗"不肯放赎"案例提出：
"虽于被盗卷内，照有上项衣服名件，却缘孔胜不系出名解典正库，
系违例加一取息，暗解诸人衣服。"如元·熊梦祥《析津志辑佚·风
俗》写道："都中显宦税硕之家，解库门首，多以生铁铸狮子，左
右门外连座。或以白石凿成，亦如上放顿。"显然，元大都（今北
京）称典当为"解典库"。此外，在有关元代寺院的质贷活动的文
献中，《元典章》卷三三《礼部·僧道教门清规》以及《元代白话
碑集录》的《灵寿祁林院圣旨碑》（三）等，也都有"解库""解典
库"之类字样的记载。

　　唐宋以来的历史表明，典质业的兴盛每与一时商品经济的高利
贷各业的兴盛相伴而行，因为典质即高利贷的基本形态之一。元代
典质业的发达，再次说明了这一历史轨迹和规律。

明代：中国典当的兴盛时代

　　建都南京后又迁都北京的明王朝，历经十六位皇帝，统治中国
达二百七十七年之久，是中国历史上最末一个由汉族统治集团掌握
政权的封建王朝。明太祖朱元璋有鉴于前朝覆亡的某些教训，采取
了一系列恢复和促进社会经济发展、繁荣的措施，取得了一定效果。

明代典当业兴盛的时代背景和特点

　　由于朱元璋从开国之初即注重廉政、吏治之故，文献中很少有
明季皇室贵族和官宦竞开质库与民争利的记载。明季中国典当业伴

随商品经济的繁荣继续发展，但基本上都是商人资本、民间经营，并进一步出现了福建、山西、安徽等地典商为突出代表的地域性典当业行帮。其中，尤以擅长经商闻名中外的安徽典帮影响最大，经营活动分布面最广。据明代周晖《金陵琐事剩录》记载，仅是当时的金陵（今南京），当铺就多达五百余家。其中，福建帮当商的铺本少，取利三分、四分；而徽州帮的当商由于典当资本金雄厚，取利仅一分至三分，因为他取利比较小，所以也就颇受贫民欢迎。

这个时期，官方对典当业的管理，也比较严格。据熊鸣岐《昭代王章》卷一记载的一个法令规定，当时"凡私放钱债，及典当财物，每月取利并不得过三分。年月虽多，不过一本一利。违者笞四十，以余利计赃；重者坐赃论罪，止杖一百"。显然，闽帮当商的取利标准已在规定利率之上，而皖帮当商则未超出规定标准。减少典商剥削取利的幅度，既可缓解当商同平民之间的矛盾，亦有利于典当业自身的生存与发展，一举两得。明中叶以后，又进入中国资本主义经济的萌芽时期。这一社会发展趋势，对于当时诸行之一的典当业这种高利贷行业的发展，无疑是一种潜在的促进因素。

从唐宋以来至明季，中国典当业发展到了一个非官商化、非寺院化的民间商业化阶段。其主要表现是，极少见有官当、寺库经营的文献记载，甚至可以说基本没有。这同唐宋以来以及这之后的清季情况，成为一个鲜明的断代性对比。在宋代文献反映的服饰行业化特征基础上，明季典当业进一步突出了皖、晋、闽等地缘性行帮与地域性商业文化传统。当字、隐语行话的出现，则又进一步显示了行业内部管理与对外经营机制的深化，更富有民族工商业的行业特色。当然，这一高利贷行业盘剥逐利的本质亦愈加鲜明。

明朝政府在以法令形式对典商利率及计利方法做出规定的同

时，在征收典税方面，提出了"分征"政策。这些，均为后世政府对典当业的管理，提供了具有实际意义的借鉴。同时，这也从另一角度反映了明季典当业的兴旺景象。

"朝奉"与徽州帮当商

典当成为徽商的一项传统商业，乃在于许多安徽人长期借营此业为生计和致富，许多家族世代相承。据明代金声的《金太史集》卷七《寿吴亲母金孺人序》中说，商山地方有个吴氏家族，是当地的一个家境殷实长达十多代之久的大家族，这个大家族的主要产业就是典当，"自其先远祖起家，至今源远流长，几乎殆十世不失"，可谓是"典当世家"了。事实上，以开典当发家致富，早就成了徽州地方的一种途径和风尚。

近人陈去病在《五石脂》中说，徽州的商业，主要是盐、茶、木和典当四大宗。其中，"茶叶六县皆产，木则婺源为盛；质铺几遍郡国，而盐商咸萃于淮、浙"。这个"几遍郡国"并非虚夸妄言，"朝奉"作为典当经理人称谓的缘起和传播，即可为证。在明代，由于徽州帮当商的资本在全部徽商资本中占据较大的比重，于是当时按照徽州风俗所通称一般富翁的"朝奉"，逐渐就演化成了徽州帮当商的代称。又由于徽州帮当商向全国各地的发展扩张，"朝奉"又逐渐变成了各地典当业经理人的通称。这种称谓，直至20世纪50年代之前，北京等地典当业仍然沿用着。当然，"朝奉"称谓在各地典当业的流行，也是徽州帮当商资本实力和影响的直接写照。

质库始称"典当"，"分征典税"首见明代

自《后汉书》以降，文献中再次出现"典""当"并列合用的"典当"一语，已是十几个世纪后的明季，并从此开始广泛使用至

今。一个直接的例证，那就是明·熊鸣歧《昭代璋》卷一所谓"凡私放钱债，及典当财物，每月取利并不得过三分"中的"典当"。

所谓"典税"，按照清代编的《六部成语注解·户部成语》的规范性解释，就是"业质物典铺之人应纳之税也"。

典商发达，引人注目

朝野均注重开发、利用典当这一财源。由于典当财力雄厚，一当遇到紧急情况，比如当时倭寇入侵武林（今杭州）之际，乡人有钱出钱、有力出力，筹集军饷共同御敌，官府则自然首当其冲地向典商募集资金。但这并非是正常的课税。万历年间，许多典当尽管据有多达上"千金"的营业资本，但向官府课税额却仅仅是区区"十两"之数，显然不尽合理。于是河南巡抚沈季文持"税富不可税贫"之说，力主向典当业课收重税，并有的放矢地提出了区别对待的"典税分征"政策。天启年间，户科给事中周汝谟在上疏中也说道："典铺之分征有难易，盖冲都大邑铺多本饶，即百千亦不为历，僻壤下县，徽商裹足，数金犹难。"当时，典当业遍布城乡，但却尤以大都市的典当资本最雄厚、最富，而地处穷乡僻壤边远乡镇的典当资本则比较小，盈利也少。因而，周汝谟提出了区别对待的"分征"政策。所谓"分征"，就是根据资产多寡分类征税。唐宋以来，明朝政府最早开始向典当业分类征税。在此之前，尚未见有关"分征典税"的记载。对典当业实行"分征"课税，不但进一步完善了征收典当税的政策，同时也利于增加国库收入。对典商利率及计利方法做出法律上的规定，是明朝有效管理典当业的又一措施。

拍案惊奇：卫朝奉狠心盘贵产

明代凌濛初《初刻拍案惊奇》卷一五有个话本叫《卫朝奉狠心

盘贵产》，不止使用了这个始称于明季的当行称谓，还深刻、细腻地描述了当时典当商人盘剥逐利的情景。书中写道，陈秀才一时手头拮据没银子使用，众人就撺掇他写了一纸文契到三山街间开解铺的徽州卫朝奉处去借银三百两。那卫朝奉考虑这陈秀才的名头不小，不怕他还不起，便凭这张借据就借给了他三百两银子，同时声明三分起息，陈秀才高高兴兴地拿了银子走了。结果，到了期限，陈秀才却还不上这笔债了。起初，卫朝奉还三番两次地派伙计前去讨要。后来，他看那陈秀才家的房舍庄园很好，价值远非区区三百两银子，便一心想借机把这房舍庄园给盘到自己手里。于是，他不再要伙计上门讨债，直等到三年之后，眼见连本带利足够盘下那房舍庄园了，这才派人前往陈家讨债。

书中还写道，那卫朝奉平素就是个极刻薄之人。他初到南京时，只是开了一间小小的当铺。不过，他却有百般的昧心牟利之法。假如别人将东西去当时，他不仅用那九六七银子充作纹银支付当金，还使用小等子称出，还要另外再欠几分兑头；当户回来赎的时候，不仅要用大天平兑付银子，还要人家一定得找足兑头、补足成色，差一丁点儿也不干。若遇到有拿金银珠宝首饰典当的，他看那金子有十分成数，便暗地里一模一样地打造出假的来给调换了；粗珠换了细珠；坏钻石换了好钻石。如此这般，从不放过每笔可赚的机会。

由此，不止可以窥知明季典商盘剥逐利手段一斑，又说明当时典当业在收质金银珠宝的同时，亦兼收押房宅等不动产文契。当时，对于典当活动，除"当""解当""典"和"质"之外，又有"解"的说法。

豆棚闲话：苏州朝奉郎汪华挥金倡霸

明末清初艾衲居士的小说《豆棚闲话》第三则《朝奉郎挥金倡霸》，写大商人汪彦经商起家后积累了二十余万资金后，叫儿子汪华带万金往苏州去开当铺。结果不想折了本，他父亲还是要他携带更多的资本去做典当生意。这说明商业资本向高利贷资本的转化在当时是司空见惯的。

且看书中写道：汪华小字兴哥，祖居新安郡，如今叫作徽州府，绩溪县乐义乡居住。彼处富家甚多，先朝有几个财主，助饷十万，朝廷封他为朝奉郎，故此相敬，俱称朝奉。却说汪华未生时节，父亲汪彦，是个世代老实百姓的子孙。十五六岁，跟了伙计，学习江湖贩卖生意。徽州风俗原是朴茂，往往来来只是布衣草履，徒步肩挑。真是个一文不舍，一文不用。做到十余年，刻苦艰辛，也就积攒了数千两本钱。到了五旬前后，把家资打点盘算，不觉有了二十余万，大小伙计，就有百十余人。……（汪彦只有一事不顺心：儿子汪华年已十五，还是如呆似痴，难以继承家业。）有个老成的伙计，走近前来说道："……徽州俗例，人到十五六岁，就要出门学做生意。……不若拨出多少本钱，待我辅佐他出门，学学乖起，待他历练几年，就不难了。"……汪彦道："他年小性痴，且把三千两，到下路开个小典，教他坐在那里看看罢了。"……汪彦占卜得往平江下路去好。那平江是个货物码头，市井热闹，人烟凑集，开典铺的甚多，那三千两哪里得够。兴哥开口说："须得万金方行。"……那老朝奉也道他说得有理，就凑足了一万两。（兴哥折了本钱回家之后，其父又派他出门做生意。）兴哥道："典铺如今开的多了，不去做他。须得五万之数，或进京贩卖金珠，或江西烧造瓷器，或买福建海板，或置淮扬盐引，相机而行，随我活变。"……兴哥依旧骑着那马，潇潇洒洒起身。

此外，书中还述及徽商选地方开典时，尚有占卜凶吉之俗，这是因商业经营竞争中的险恶难卜所产生的迷信习俗。在一般史料中，很少有这类记载，这篇小说的记述，为研究徽籍典商行业习俗，提供了珍贵的线索。

金朝奉、程朝奉，两朝奉悔婚招责罚

旧时一些典行中人传说，"无典不徽"，似乎有些夸张，却意在声称徽州是个大典商之乡，徽籍典商遍布各地，是中国典当史上的一个较大的以地缘乡谊为纽带的典当行帮。这方面，在明清小说的有关描写中不时可见，如《拍案惊奇》卷十《韩秀才乘乱聘娇妻，吴太守怜才主姻簿》故事，即为其中的一篇。故事说，嘉靖皇帝登基那年，浙江地方纷纷讹传说"朝廷要到浙江各处妙选良家子女入宫，也就是要点绣女了"。一时间，有待字闺中女孩儿的人家，家家人心惶惶，赶忙为女孩找婆家。当时有位徽商金朝奉正在天台县开当铺，闻讯后也"饥不择食"、匆匆忙忙地把 16 岁的女儿朝霞许配给了当地的一个父母双亡的穷秀才韩子文，并当即立下了婚约。婚约写道："立婚约（人）金声，系徽州人。生女朝霞，年十六岁，自幼未曾许聘何人。今有台州府天台县儒生韩子文礼聘为妻，实出两愿。自受聘之后，更无他说。张、李二公，与闻斯言。嘉靖元年×月×日。立婚约金声。同议友人张安国、李文才。"写罢，三人都画了花押，随同婚书交给韩子文的，还有朝霞的一缕头发作为订婚信物，一一收藏起来。这是韩子文因为自己贫困，提防金朝奉日后毁约的不得已之举。

不曾想，事情真就如他所防，日后果然发生了毁约之事。当"点绣女"事情过去之后，金朝奉开始后悔当初不该把朝霞匆忙许配给韩子文。此间，金朝奉的舅子程朝奉领着儿子阿寿从徽州前来，与金朝奉合伙开当铺。程朝奉见他为悔婚的事情犯愁，就设了一个恶人诬告的悔婚之计。程朝奉请人写了状子，佯告姐夫金朝奉无端毁约把朝霞另许秀才韩子文。为此，还给衙门上下打点了一番。不曾想，那新上任的"吴太守是闽中一个名家，为人公平正直，不爱那有'贝'字的'财'，只爱那无'贝'字的'才'。自从前日准过状子，乡绅就有书来，他心中已晓得是有缘故的了"。于是招来韩秀才当堂验过当初立下的婚约文书和那一缕朝霞的头发，当堂责罚、羞辱了串通合伙悔婚的金朝奉、程朝奉和中证人赵孝，判定原所立婚约仍然有效，立即成婚。后来呢？书中写道，第二年的科考，韩子文又得吴太守的鼎力举荐，"春秋两闱，联登甲第，金家女儿已自做了夫人。丈人思想前情，惭悔无及。若预先知有今日，就是把女儿与他为妾也情愿了"。

这个故事的本身，也说明在徽州典帮的乡缘关系之中，尚有着宗族关系、亲缘（姻亲之类）关系等更深层次的联结纽带。这一点，也是中国旧时的民族工商业诸行行帮的基本结构特征之一。

《刘弘嫁婢》

从元杂剧到明代话本小说。元代无名氏作的杂剧《刘弘嫁婢》，全名《施仁义刘弘嫁婢》，描写的是洛阳典商刘弘施仁行善的故事。

故事的梗概是：唐朝时，洛阳有个典商叫刘弘，妻子久不生养。算命先生说他命中无子，寿数也只有五旬而已。刘弘闻罢便大行善事以"积德"，于是善名传出很远。钱塘县令李逊赴任途中不幸患病身亡，临死前修书一封，让妻儿前往投奔刘弘。刘弘便认下他的儿子李春郎为侄，格外善待他们母子二人。不久，李春郎的母亲又产下了一个遗腹女，取名桂花。襄阳裴使君，一向为官清正，口碑很好。他死后，女儿裴兰孙只好卖身葬父，刘弘之妻便买下兰孙，意思是要给刘弘作妾，或可生个一男二女。刘弘不肯，却将她配给了春郎为妻。李逊与裴使君死后为神，在天有灵，闻知刘宏如此仁义，便奏明天帝，恩赐刘弘生个儿子，并且延寿两纪。刘妻生子名奇童。十三年后，春郎中了状元，主持大考，请御点奇童为婴童解元，且将桂花许配于奇童。从此，刘、李、裴三家恩好，共享荣华富贵。

描写典商故事的杂剧《刘弘嫁婢》，事本《太平广记》引录的《阴德传·刘弘敬》传说。在明人小说中，刘弘的传说虽已有所变化、略有不同，如把唐代改成了宋代，却仍可看出其出自同一故事，反而表现得更具有传奇色彩。这就是《拍案惊奇》卷二〇的《李克让竟达空函，刘元普双生贵子》。书中写道：宋真宗时，西京洛阳县有一官人，姓刘，名弘敬，字元普，曾任过青州刺史，六十岁上告老还乡。继娶夫人王氏，年尚未满四十。广有家财，并无子女，一应田园、典铺，俱托内侄王文用管理，自己只是在家中广行善事，仗义疏财，挥金如土。从前至后，已不知济过多少人了，四方无人不闻其名，只是并无子息，日夜忧心。……（这日清明上坟回来）将及到家之际，遇见一个全真先生，手执招牌，上写着"风鉴通神"。元普见是相士，正要卜问子嗣，便请他到家中来坐。吃茶已毕，求先生细相。先生仔细相了一回，略无忌讳，说道："观使君气色，非但无嗣，寿亦在旦夕矣。"元普道："学生年近古稀，死亦非夭，子嗣之事，至此暮年，亦是水中捞月了。但学生自想，生平虽无大德，济弱扶倾，矢心已久，不知如何罪业，遂至殄绝祖宗之祀？"先生微笑道："使君差矣。自古道：'富者怨之丛。'使君广有家私，岂能一一综理？彼任事者只顾肥家，不存公道，大斗小秤，侵剥百端，以致小民愁怨。使君纵然行善，只好功过相酬耳，恐不能获福也。使君但悉杜其弊，益广仁慈；多福、多寿、多男，特易易耳。"元普闻言，默然听受。先生起身作别，不受谢金，飘然去了。元普知是异人，深信其言，随取田园、典铺账目，一一稽查，又潜往街市、乡间，各处探听，尽知其实。遂将众管事人一一申份，并妻侄王文用也受了一番呵斥。自此益修善事，不题。

在此，刘元普虽不同《刘弘嫁婢》中的刘弘径直身为典商，却仍是典铺拥有者。小说未像杂剧那样历数典当掌柜种种巧取盘剥当户手段，却也借看相道人之口概称之"侵剥百端，以致小民愁怨"。至于其立意主旨，仍为宣传劝善积德的因果报应宿命思想。从考察典当史视点来看，这同一题材、内容的小说，则未如杂剧情节表现得那么具体翔实。显然，个中已经融入了宋代以来社会上对典当高利盘剥的批判态度，亦即陆游在《老学庵笔记》中嫌恶寺院质库"质钱取利"时说的"至为鄙恶"。

仍然兴盛的清代典当业

首先，且从清末一位英国传教士眼里的当铺，以及他所记述的一个有关典当的凄惨故事谈起。

清末一位英国传教士眼里的当铺和一个凄惨的故事

1860 年，也就是清末倒数第四个皇帝清文宗的咸丰十年，英国伦敦会的传教士麦高温来华，先后在上海、厦门传教。1909 年，也就是清朝最后一个皇帝的宣统元年，他在上海出版了一部记述他在华南见闻的《中国人生活的明与暗》（中译本朱涛、倪静译，时事出版社 1998 年出版）。在这部见闻书中，有一章叫作《金钱与放债》，描述了他对清末中国典当业的所见所闻和看法，以及一个有关典当的凄惨故事。

先看看他对清末中国典当业的所见所闻和看法。

麦高温说，中国这里的典当是那些十分贫穷的人所采用的一种特殊的借钱方式。他们想借到一小笔钱来满足急用，并且除了诸如现在处理的衣物和家具之类的东西外，再没有其他的还钱保证。这种情况在全国各地都普遍存在。当铺一般属于那些富有的家族，他们拥有强大的势力来保护自己不受官吏的敲诈和匪徒的抢劫。

因而，在中国，做一名当铺的主人可不是件轻松的事。地方的官吏们总在寻找着发财的门路，他们将眼睛紧盯着当铺，像一只只在空中盘旋捕食的老鹰那样，等待机会从当铺老板那里捞一笔。邻居们也以那贪婪的眼睛盯着藏在当铺墙壁里面的财宝。当官方执法严厉时，没有人会来冒险。然而，一旦出现执法不严的情况，那些烟鬼、赌徒和地痞流氓就会蠢蠢欲动，在某个黑夜，他们成帮结队，五六十人一起前来行劫。

为了防止这类事件发生，怎么办呢？于是，当铺往往被修得非常坚固。并且防御得也很严密。当铺只有一个门可以进出，它的基本建筑骨架是由大块坚实的花岗岩制成的，门则由厚厚的木板制成，并用大而结实的铁锁锁着，里面还用巨大的门闩栓住。另外，还要配备充足的枪支弹药来抵御匪徒们的围攻。尽管防范措施如此严密，匪徒们在杀死一些看守者之后，还是能够进入铺内，他们所带走的金银钱物足可让他们挥霍几个月，这样的事情是经常发生的。

麦高温看到，除了这些颇具影响、财力雄厚的大当铺外，每个城市中还有许多资金有限的小当铺，他们向极端贫困的人提供数目很少的借款。这样穷人的典当物是不会被有钱的大当铺接受的。他们常常典当几件破旧的长袍，从而换走了几个铜板以渡过难关。

至于典当的利息，大体上为每个月百分之二。如果典当物是毛织品，利息将会升到每月百分之三，因为这类物品不易长期保存，一旦发了霉而主人又不来赎回去，那它们就失去了市场价值，成为废物。在一些大的当铺里，典当物必须在三年零四个月的期限内被赎回，否则当铺有权将过期的典当品卖掉。为了不使典当物在抵押期间受潮，当铺应该按照行业惯例定期对它们进行晾晒。如当铺因疏忽而未能这样做，典当人就可要求当铺赔偿损失。

在小一些的当铺，典当品的赎回时间通常被限定在四个月以内。从这一点上可以推断出典当品的特点，这些物品十分破旧，且沾满了尘土和油垢，这使它们不能在货架上保存很长时间，否则就会变质，到头来变得一文也不值了。

大当铺的主要生意虽然不是放债，但它们确也扮演了放债人的角色。乡村的当铺会把钱借给贫困缺钱的农民，带着普通中国人的不幸，这些农民不得不借下那必须忍受巨大痛苦才能还清的债。债息是根据庄稼的收成来计算的。收获时，当铺会派一名伙计到田里，拿走一部分谷物或是甘薯，仿佛这些东西就该归债主所有。而且必须首先用来偿还债息，农民们只能眼含泪水、满面脸忧愁、内心痛苦地站在田边，他们已经预感到饥饿正在朝家人袭来，因为全家赖以生存的大部分收成已经被当铺里的伙计们拿走了。

当庄稼获得丰收时，债息所占的那部分收成给农民们带来的苦难要小一些。但如果因干旱而导致歉收，那他们面临的将是一种凄惨的命运。即使是这样，也打动不了当铺老板的铁石心肠，他照样严格按照行业规矩办事。类似于感情或是慷慨这些情况是不会发生在账面上的，也不会影响到当铺的任何一次金钱上的交易行为。中国的富裕阶层对穷人极其残酷，这一点连英国人都感到震惊。尤其是那些当铺老板，他们完全忘记了人类与生俱来的善良本性，心狠手辣地从穷人身上榨取着钱财。

现在看他笔下记述的另一则有关典当的凄惨故事。

麦高温听人说，某地乡下，有一位拥有一小块土地的寡妇，她从当铺老板那里借了一些钱，当时双方达成协议——当庄稼收获时以谷物的形式支付利息。不幸的是这一年收成亦不好，这个寡妇发现如果当铺将支付债息的那部分收成拿走的话，剩下的东西将不能维持她和孩子们吃到下一年。一想到饥饿，她就恐惧不安，她必须给孩子们储备一些粮食。于是她设法藏了一些谷物，但这又怎能逃过那些当铺伙计狡猾的眼睛呢？他们很快就发现了这个女人所藏的谷物。然而，这个发现只不过是又一场悲剧的开始，因为它给这位妇女和当铺老板都带来了灾难。当铺老板的铁石心肠，使这个寡妇对前途完全失去了信心，她再也无法忍受这现实的悲哀，含恨自尽了。她的亲属立即告到当地官府，指控当铺老板是逼死寡妇的凶手，并要他赔偿由此造成的物质损失。想到人命关天的事情能以花钱的方式解决，当铺老板还是情愿的。

此事在解决过程中，官府插手进来了。官大人早就渴望能在当铺这块肥肉上狠狠地斩上一刀，如今机会终于来了。针对当铺老板的行为，官大人表面上显得极为愤慨，严词斥责他玷污了人类的一切崇高品德，并宣称他丧尽了天良，把一个没有丈夫保护的、不幸的穷寡妇逼上了绝路。这位官员决定对当铺老板实行严厉的惩罚，使他成为一个反面教材，让其他人引以为戒，不敢再干出这种愚蠢的事情来。就这样，当铺老板被官大人和他的爪牙们榨干了每一分钱，他破产了，他的当铺也完蛋了。

麦高温据流传的故事说，对当铺老板的惩罚到此还并没有结束。两三年以后，他的儿子突然变得疯疯癫癫，不久就得了暴病，命归黄泉了。人人都相信这场悲剧是那个死去的寡妇的阴魂导演的，她的阴魂不仅要向害死她的当铺老板寻求复仇，还要追加到他儿子的头上。

麦高温还听说，附近一位富有的放债人听到了这个传言，内心受到极大的震颤，于是马上向他的借债人发出通知，声称免去他们欠他的所有债息。他这样做绝不是因为良心发现，而是担心自己沦落到那位当铺老板的下场。他害怕那些生前曾受过他残酷欺压的阴魂来对他和他的家人实施报复，并希望通过自己的及时补救行为能够使阴魂们放自己一马。

继续红火的清代典当业

在中国典当史上，明代是唯一以典商资本、独自经营为主的时代。到了清季，典当行业空前兴盛，一时以其资本雄厚、分布广泛，与盐商、木商一同成为显赫一时的三大行业。较之盐、木诸业，典当业的经营周折少，风险小，税率又低，简直就是"坐收渔利"似的。众目睽睽之下，令人瞩目、垂涎。于是，皇室、官宦、富贾，官与民，蜂拥而上，竞相开设当铺争利或投资于当铺生意蓄财。

在资本构成上，典当业重又回归到唐宋时那种皇、官、民当多头并举的局面，较之当初形势又有过之而无不及。与唐宋有别而与明季共同之处，则是寺库质贷业已为寺外世俗社会的典当业所湮没。无论从资本额、铺数，还是规模、类型，有清以来典当业的发展势头都是空前的，为以往历代所难以相比。乾隆十八年（1753 年），全国共有当铺 18075 家，收典税 90375 两；嘉庆十七年（1812 年），全国共有当铺 23139 家，收典税 115695 两。仅京城一地，当铺家数已颇可观。乾隆九年（1744 年）十月大学士鄂尔泰等奏称："查京城内外，官民大小当铺，共六七百家。"到了晚清的光绪庚子年（1900 年）以前，北京尚有当铺 210 余家。

皇当与官当、民当"三当"并举三足鼎立

明代典当业资本性质的一个显著特点，是以商人资本为主体的民营典当。有关研究表明，迄今尚未发现明代存在官营典当的文献资料。迨至清代，就其东主的身份地位及其资金来源来说，则出现民当、官当和皇当并举的格局。

所谓皇当，是指由皇帝或皇室拥有和出资开设，指定专门机构和人员进行营运，制定有一定的规章制度，收取其溢利以充实皇帝或皇室的财富，并作为政治工具之一，以经营典当业为主要业务的商号。官当又可再分为两种，第一种是指由各级军政衙门拥有和出资开设，拨给特定官帑为资金，委派专人负责营运，亦具有一定的规章制度，取其溢利作为官府的收入，供应某些特殊开支以及本衙门官吏胥役人等的某些需要，以经营典当业为主要业务的商号。第二种是指由各级贵族官僚人等拥有和出资开设，委派家人店伙负责营运，亦制定一定的规章制度，收取其溢利以增殖本人财富，扩大私囊，以经营典当业为主的商号。

所谓民当，是指由一般民间地主商人出资开设，有些人已成为专业的典当商或从业人员，在长期的营运中，形成了各种行规当约和帮会以及同业组织，为获取利润的目的进行营业，以经营典当业为主要业务的商号。

对于"官当",清政府是毫无讳言的,鄂尔泰等奏议中所谓"官民大小当铺"即可为例。其所谓"官当",是指由各级官府衙门投资委托营办或直接营办的当铺,其中自然亦包括由皇帝或皇室拥有和出资开设,指定专门机构和人员进行营运的"皇当"。但是,尽管清季皇室、官宦开当逐利成为空前风气,仍碍于中国文化传统的卑视经商取利的价值观念,是不能径称"皇当"的,皇帝及皇室贵族也绝不会不顾体统地直接经营当铺。然而,"皇当"又的确是个客观存在。只不过,当时谁也没这么叫罢了。

《朱批奏折》《内务府奏销档》等朝廷档案文献确切地显示,"皇当"在康、雍之间即已发展起来,而极盛于乾隆时期。仅据乾隆朝《内务府奏销档》的记载,先后列入"皇当"序列的当铺多达30余家。其中,有准确名号记载的也有20多家。乾隆对于这些当铺各自的资金数额、利息多少,以及经营管理,对这些当铺的处置运用等诸方面,表现得比乃翁更为关切,了解情况和指示更为具体。

"皇当"主要由掌管皇帝及皇室内部事务的内务府指派人员经管,赢利即直接蓄入皇帝资产或皇室资产之中。内务府对所经管的"皇当"营运情况,需要定期行文呈报"御览",接受谕示,其呈报的账目竟细至丝忽。在此,且将《内务府奏销档》所存乾隆二十九年(1764年)末的几家"皇当"资本的明细账目,粗略地整理、公示如下:

> 恩露当,原架本银一万两。自雍正九年至乾隆二十九年,共交过利银四万二千两,内陆续垫交过不敷一分利银六百四十七两九钱六分,除置买开设当铺房一所,计二十九间,用过银八百两,现在实存架本银八千五百五十二两四分。

　　恩吉当，原架本银二万两，余平银九百九十五两九钱六分三厘九毫。自乾隆十年至二十九年，共交过利银四万七千两，除置买地基，装修房间，用过银二百十三两六钱六分，现在实存架本银二万七百八十三两三钱三厘九毫。官房一所，计三十六间。

　　万成当，现在实存架本银五万两，利银三百四十五两六钱。官房一所，计三十二间。

　　丰和当，现在实存架本银五万两，利银七百九十四两八钱六分。官房一所，计四十七间。

　　恩丰当，原架本银一万七千两，余平银三百七十二两七钱。自乾隆二十九年七月至十一月，共得过利银九十七两三钱一厘九毫五丝九忽，除置买开设当铺房一所，计二十七间，用过银二千三百九十九两一钱八分，现在实存架本银一万五千七十两八钱二分一厘九毫五丝九忽。

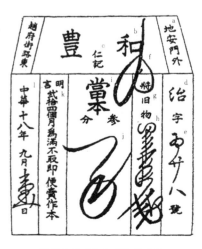

旧时北京"丰和当"的当票

以上五家"皇当"，共本利银 149606 两 4 钱 2 分 5 厘 4 毫 5 丝 9 忽，内除恩露、恩丰、恩吉三当，置买房间、地基并装修，垫支不足一分利息，共用过银 4060 两 8 钱，现在实存本利银 145545 两 6 钱 2 分 5 厘 4 毫 5 丝 9 忽。帝王贵为"天之骄子，万民之首"，天下的一切都属于皇家。实质上，"皇当"是以"官当"面目出现的全国最大的"私当"。

清帝开当蓄财，同时还把当铺作为赏赐皇子或臣子的赐品。当乾隆第六子永瑢分府时，皇帝曾赐给他一座拥有 4 万两资金的当铺，年利可达 3840 两，占其年收入总额 12864 两的 29.85%。而后，内务府以其入不敷出为由，于乾隆二十八年（1763 年）十月为之奏请皇上，"请于内务府现有当铺，视其成本在二万余两者拨给一座，再于官房租银内每月拨给二三百两以资费用，如此则阿哥用度有资，永无缺乏"。结果，乾隆在内务府提供备选的庆春、信义、复兴三座皇当中，选定将"庆春当"赏给了永瑢。又如雍正三年（1725 年）十月，皇帝曾专门下谕给内阁大学士马齐、富宁安等人，将原赏给其舅父、原顾命大臣隆科多的当铺收回，转而赏给了其第十七弟果郡王允礼。雍正的这个谕旨中说，国舅爷"隆科多肆其贪婪，巧诈网利，家赀数百万之多，实出朕之意外，则朕之加恩赏给典铺者甚属错误。尔等将典铺中现存之价银物件查明，并典铺中现有之人俱行撤出，赏给果郡王"。随后又于第二年和第三年，先后将隆科多罢职、夺爵幽禁。看来，雍正皇上有的时候也会自认有错。

衙门和官僚们纷纷都开当铺：两种"官当"

清季政府公开允许和鼓励官府经营典当业，是当时利用"生息银两"取利的方式之一。曾对此专作考察论析的明清经济史专家韦庆远教授，作有这样的描述：因为经营典当业，上有皇帝的推动赞助，对于各级官府和它们的长官之流，又具有有利和方便之处，所以自雍乾之际始，各级衙门开设当铺之风大盛。当时不论京内京外，不论八旗满洲、蒙古、汉军，抑或绿营，不论内务府抑或各省、府、州县衙门，大多数经营数量不等的当铺。乾隆朝的《内务府奏销档》详细载有各旗开设当铺的数目、各当的名称、投资架本银数量以及营业状况、盈利或亏损、开张闭歇的起止年月。大体说来，每旗一般都同时保有三五家当铺，每家当铺的资本多为一万余两到二万余两，少数也有拥有四万两本钱的，例如乾隆十二三年（1747—1748年），正黄旗即开有官当四家，其中广盛当拥有资金本利为 20483 两；广信当拥有资金本利为 10584 两；广润当拥有资金本利为 18058 两；广得当拥有资金本利为 27326 两。其他各旗大体相同。各省总督和巡抚、将军、都统等大员所上的奏折也间断地透露出，省级军政领导机关也较普遍地开设和经营当铺。有些地方大吏，有时甚至将自己管理当铺经营有术作为自己的"治绩"之一奏报给皇帝，并受到嘉勉。……可以有根据地说，当时军政各级衙门中，参与典当业活动，开设官当铺的单位占有很高的比例。在全国范围内，实际上存在着一个由官府经营的当铺网，这是一个植根于当时的封建政治体制，与封建官僚政治密切结合的辅助性的财政网络之一。

"官当"，虽系"公当"，收益除补偿"生息银两"本钱，和补充官府部分公务费用支出外，也是大小官吏借便谋取私财的又一渠道，是公私兼济的买卖。皇帝、官府率范开当，将此视为生财、蓄财之道，加之皇帝还不时把当铺作为不动产赏赐给王公贵族和臣属，事实上也是对官吏们自行投资开当蓄财的鼓励。一时间，大小官吏竞相效尤，于是便形成了衙门开的"官当"和官僚们开的"官当"，两种"官当"并举的局面。仅从《查抄和珅住宅花园清单》所见，大学士和珅一人就置有"当铺 75 家，本银 3000 万两"，另外还有隐匿起来用他人名义开的"当铺 4 家，据有本银 120 万两"。和珅一人即持有如此大数的当本，足见清季官吏开当生财风行之状。开"官当"的官僚们，以其本身的职位、权势与方便，无疑要保护、扶植这些属于私产的"官当"，获得比一般商人开的"民当"优厚许多的利益，使权位通过开当转化为钱财。康熙三十一年（1692年），山东泰州府民人刘虞吉，具状控告前学政、时任都察院左金都御史宫梦仁，借开当诓夺民财。讼词称："恶总辖山东学政，贿卖生童，婪赃 40 万两，于泰州坡子坊自开天成典铺一家。当身桫板一副、桫板四块，价值 570 两，止当本银 16 两，票写四分行息。及完本利取赎，又不发原物交代，违禁取利。"如此违禁取利还扣押当物不还，即倚仗官势开当欺诈平民之例。

清代的"典帖"和"典税"

清季各地典当业总数之大，资本及流通银钱量之巨，使之同当时的银号、钱铺等金融流通行业一道，直接在调解国家财政收支、社会经济运行中，起着举足轻重的作用。因而，朝廷必须随时把握当业行情，制订、调整有关政策，强化当业的息利等的管理，以稳定国家经济。

有清以来典业兴旺，除官府倡导、当行易于取利诸因素外，当税较轻也是一种因素。光绪十三年（1887 年）时，迫于内贫外患政府开支拮据，预征二十年当税，亦仅是每家每年 5 两税银而已。至光绪二十三年（1897 年），当税提高十倍，仍不过每年 50 两税银。在此之前，无论资本大者数万金、小者数千金，年税亦仅数两而已。乾隆时近 20000 家当铺，税收尚不足万两。嘉庆时 23000 余家当铺，税收亦只万余两。不过，官当恐不纳税，至少"皇当"不会纳税，因为，在有关文件中尚未见其纳税开支的记载。显然，当时依律纳税者，惟"民当"而已。据《清朝续文献通考》卷二六《征榷一·顺治九年》载："定直省典铺税利：在外当铺每年定税银五两，其在京当铺并各铺，仍令顺天府查照铺面酌量征收。"

在清季，典当业申领营业执照及科税划属户部管理。清编《六部成语注解补遗·户部》："典商领帖：凡开典当，商家必须赴部请领凭帖始许开设。典当者，以物质银钱也。"其所谓"领帖""凭帖"之"帖"，即清雍正六年（1728 年）始向当商颁发的"当帖"，亦即今所谓营业执照。领帖后亦凭此纳税捐，停业时缴帖免税。但并非"商家必须赴部请领"，而是在户部统一管理下，由各省布政司盖印交各州县转发。要求全国各地当商都直接赴京向户部请领当帖，是不现实的，事实亦并非如此。

康熙三年（1644 年），还未实行"典帖"制度之前，户部规定：当铺税制，按营业规模大小，年纳五两、四两，或二两五钱不等。到了雍正六年（1728 年），朝廷考虑到所科当税与其他行业相比太轻了些，于是开设《典当行帖规则》，由（户）部通令各省，调查当商户数，限令各当商请帖输税。每户年纳银五两。嘉庆五年（1800 年）十月十六日，又因海防筹款，又通令各当商于正税外，每户领帖一张，另捐饷银若干，谓之"帖捐"。由于"帖捐"与正税性质不同，具体的数额，则由各地方自行确定。又依各省秋收之惯例，正税帖捐之外，另收一些名目繁多的杂费。光绪十三年（1887 年），郑工决口，需款甚巨。户部复限令各当商，预缴二十年之税款，准其按年扣还，是为政府令当商预缴当税之始。光绪二十三年（1897年），户部认为当商取利较厚，税额还是有些轻，因而向皇上奏准自当年起，提高税额，每年每家典当纳税银50两。

警示碑：保护典当不受侵扰

在一些地方，典当行业为了保护自身利益不受侵害，只好请行帮代表出面向官府要求给予必要的保护。在今存的各类碑刻文献中，保存着许多这类碑记。早于康熙二十年（1681年）六月十四日，苏州府常熟县，即由知事刘毓琦等会同37户典商具名勒有《常熟县永禁扰累典铺碑》，以维护当业正常营业事宜。值得注意的是，碑文之末专门另行署有"典头：吴奇、汪宗程隆"，也就是典当行帮的代表。碑文中明确地刻着："为此示谕通县军民人等知悉：嗣后如有指官撮借，假公乐输 及着备铺设供应……蒙混差役行查等项者，许商人典头立即指名报县，以凭提究，解宪重惩，决不姑宽。"至于其"典头"是典商公举的，还是由官府指定的，尚未及详考。但可以肯定，"典头"的主要职责（或说义务）之一，即维护典业尤其是那些非"官当"的"民当"的权益，办理沟通、交涉官府与典业间的事务。

这帮那帮，分布最广属徽帮

明代中叶以后，逐渐形成了许多以亲缘、乡缘为纽带的地域性商帮，其中比较著名的如徽州商帮、山西商帮、广东商帮、山东商帮、陕西商帮、宁波商帮、福建商帮、江右商帮、洞庭商帮及龙游商帮等"十大商帮"。在很多商帮竞相开办典当牟利的市场竞争中，尤以徽州商帮以及山西晋帮等因经营典当业的规模大、分布广、获利多而最为著名。民谚所谓"无徽不典"之说，便是对其业绩与影响的肯定。徽、晋、闽等诸商帮典当业的活跃带动了明清典当业的兴盛。《古今小说》《拍案惊奇》等一些明清小说人物或故事取材于徽籍典商的事实，也从一个侧面反映了这一状况。旧称典当业掌柜（经理）为"朝奉"，亦出自徽商语俗。据业内传说，旧时典当业广泛使用的《当字谱》为明末太原文人傅山所创并由山西典商首先使用而传承开来。据《明实录》（神宗万历）卷四三四载："徽商开当，遍于江北，赀数千金，课无十两。"《嘉兴县志》卷三二所录《明嘉兴县新定为田役法碑记》记载，安徽的"新安大贾与有力之家，又以田农为拙业，每以质库居积自润"。又近人陈去病《五石脂》中也说，徽籍典商所开的典当行"几遍郡国"，也就是遍布全国各地；至于徽籍盐商的足迹所至，则主要限于淮河流域和江浙一带。

综上所述，清季是中国典当最为发达、兴盛的时期。不仅当业总数、规模、分布乃至资本总额，均是以往历代难与相比的。当业自身的繁荣和政府对当业的管理、扶持，均堪称一代里程碑，开创了中国典当史的新纪元。

民国以来典当业的衰落

清末以来，随着帝国主义的入侵和资本主义经济的发展，导致各类外国银行及中国自办银行、中外合办银行迅速占据了国内金融市场的主导地位。在此情况下，旧有的银号、钱庄以及典当等高利贷行业，受到了一定冲击。但是，处于半封建、半殖民地社会条件下的中国，仍以小农自然经济为主要经济形态，资本主义并未能获得长足发展。因而，典当业仍然是现有经济制度下调剂生活，尤其是广大下层社会平民经济生活的一种尚无可取代的行业。不过，民国以来的典当业，无论是规模、资本，还是开业数目，同清初和中叶时的繁荣景况相比，都显示出衰落的趋势。事实上，这种趋势在清季末叶即已经出现了。

民国年间遭受火灾之后当户向善后委员会领取赔款的拥挤情景

北京典当业

据 1940 年金融机关统计，当时北京计有典当 87 家，店员共807 名，注册资本总额为 1493700 元；其中，注册资本最高额为50000 元，最低的是 6500 元。据当时的《北京典当业之概况》记载：那时的北京典当业，乃旧式商店之典型，其制度之整备，组织之完密，为各业冠，惟逊清末叶。迄今，典当业因内乱之蔓延，及社会经济之凋敝，日趋衰落。倒闭之讯，时有所闻。按光绪庚子年的统计，北京典当业共有 210 余家，到了民国元年（1011 年）壬子兵变以后，则落为 170 余家，后又递减为 120 余家，眼下全市仅存有 87 家。典当业之衰落，几有一落千丈之势。随即，列举了兵匪扰乱、币制紊乱、苛捐杂税、资金枯竭、满货亏损、利息降低、开支增大等导致当业衰落的因素。

据载，北京当业旧曾有刘、娄、王、杜、鲁五大家族比较兴旺，有的家族已是四世当商。各大家族多拥有六七家或十几家当铺及多处房产，其各自管理所属当铺业务的"公事厅"兼营存、放款业务，以存款作为当铺营运资金则比另同钱庄贷款周转划得来。一位北京旧当铺的老从业者回忆说，1912—1930 年，是北京典当业的鼎盛时期。1930 年前后，北京当铺一直控制在 72 家左右，其架本（放款余额）多的达 20 万元，少的也有 2 至 5 万元。日寇侵占期间，曾试图将北京当业吞并到日本大兴公司（日本典当行）中去，因受到抵制而未得逞。至 20 世纪 40 年代末，由于受到空前的物价飞涨和币值暴跌的冲击，北京的"当铺关闭得几乎一家都没有了"。

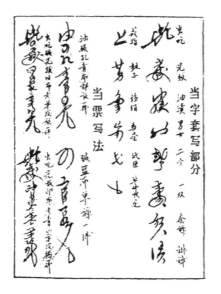

旧时北京典当业的当字解读

望　　　　牌

六月 水	五月 力	四月 生	三月 金	二月 相	一月 爲	十二月 吉	十一月 戶	十月 雨
拾	拾 壹	拾 弍	拾 叁	拾 肆	拾 伍	拾 陸	拾 柒	拾 捌
本月 朱	二月 付	一月 巨	十二月 好	十一月 見	十月 山	九月 昆	八月 在	七月 玉
現	弍	叁	肆	伍	陸	柒	捌	玖

旧时北京某典当业的"望牌"

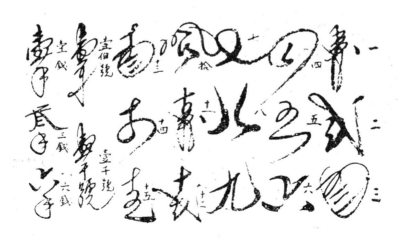

旧时北京某典当业的当字谱 1

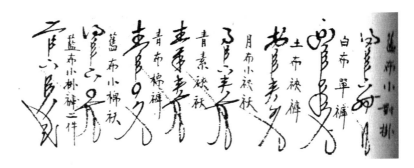

旧时北京某典当业的当字谱 2

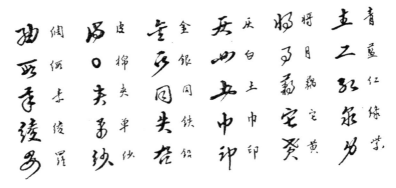

旧时北京某典当业的当字谱 3

天津典当业

清末天津开埠后，当地的典当业大都是官僚、盐商等富贾们出资开设或经营的。例如，天津商务局局董、盐商杨俊元，拥有德裕、德兴、德庆等 20 余家典当，局董、盐商王奎章，拥有益丰、益升当；局董、大地主兼富商石元士，在杨柳青、固安、胜芳、永清、唐官屯、信安等地拥有典当多家。1912 年 3 月，京津兵变时，盐商杨宝恒六家当铺被烧抢，损失总值 260 万银圆。

前曾出任过天津的质业公会理事长、当业公会会长的王子寿（原名道福）先生，是山西灵石县人，1915 年十六岁时即到天津法租界公裕当学徒。两年后公裕当倒闭，改由当时的长江巡阅使张勋出资接办，改名为松寿当。至 1951 年止，在近四十年的典当业从业生涯里，他先后出任过元亨当和曹锟经营公懋当经理，兼任过陈光远的德华当监理，曹锟之女曹成贞的永聚当总经理，伪商会会长邸玉堂组织的联合当监理。王子寿的四十年从业经历，几乎亲历了民国以来天津典当业的历史全程，是身在其中的重要见证者和一代典当业专家。王子寿的回忆认为，在京、津、沪三大都市当业拥有的资本中，以天津最为殷实。清末北京著名的内务府索家拥有的"八大恒"当铺，经常占用的架本不过二三十万元；上海七八百家大小当商，多属集股经营的小型典当；惟天津当商多系独资经营，资本少者约 4 万元，多则 8 万、10 万，占用架本最高的可达五六十万元。盐商长源杨家、卡家、军阀曹锟、陈光远等的当铺，所需流动资金均随时从银行号存款中调拨，不向外去借。当时天津的典当业主，主要是大商人、大地主、军阀和官僚。由此可知，天津典当业资本之所以比京、沪同业殷实，其原因即在于此。例如：

属于大商人的典当，如长源杨家位居天津富商八大家之首，在当地盐、典两业中均堪称巨头。杨家的当铺，连外县的在内，多时达 30 余家。由于资金雄厚，杨家的当铺向不从外借款，亦不向同业贷款，闭关自守。北京刘家开在天津号称"四大顺"的大顺、元顺、恒顺、和顺四当，与北京的"八大恒"齐名。

属于大地主的典当，如河北献县大地主鲁东侯，不仅先后在日、英租界开办有聚丰、东兴、信丰等五家当铺，还分别开有与之配套的估衣铺和金店，集中变卖所属当铺满期下架物品，不使利润外流。其他如肃宁县王萼怀、乐亭县刘家、胜芳镇蔡家、献县全家等大地主，也都在天津开有典当。

属于军阀的典当，如长江巡阅使张勋的公裕当及其分号，是北洋军阀最早在天津开的当铺，后由山东督军田中玉接办，改铺号为新记。吉林督军孟恩远的庆昌当，黑龙江督军鲍贵卿的金华当，西北军军长高桂滋的德懋当，国民二军军长郑思诚的义和当等，都设在天津。军阀在津开的当铺尤以曹锟最多，先后达七家；其次则数江西督军陈光远，多达四家。

属于官僚的典当，如北洋时期历任要职的袁世凯族侄袁乃宽，曾在日租界开设裕丰当，并另有分号。张作霖的国务总理潘复同当时的财政总长阎廷瑞，合股在法租界经营天庆当，原计划拟开十家当铺并组织当业银行，后因政局之变而未能实施。曾任津海道尹的胡贞甫以经营房产致富，开有天兴、颐贞二当。曾任直隶省长的曹锐，在东门里开有同聚当。

此外，租界地还有四五家外商经营的旧货店，亦兼营押当业务。实际上，民国以来的天津典当业，主要以租界地为活动中心。在天津沦陷前，还在杨村、北仓、宜兴埠、独流等附近乡镇流行过"代当"。代当又名"转当局"，是少量人合伙经营的，资本不多，多以大当商为后台，到乡镇代办典当。代当以一个月为期，逾期不赎转送有关系的当铺出具正式当票，换回代当时开的小票，当户则可径往当铺取赎，至天津沦陷后，日本浪人遍设小押当，致使代当歇业。

目前能够见到最早的
天津天顺当铺的当票

乾隆三十年四月二十九日
天津天顺当铺的桌子当票

上海典当业

旧上海的典当业主要由徽州府休宁县人经营。同时，他们还是经营衣庄业的"帮口"。当时各段大街上大都开有典当，有的甚至满街当铺，称作"典当街"。除戏装、西服外，各类物资大都收当，当期 18 个月，月利通常是一分二厘。休宁人经营的衣庄，有一种称作"提庄"的（另有"叫庄""综合衣庄"），多为典当附设，有的则是同典当合股或联号，专门经营从典当提取的满期不赎的衣物，批售给叫庄或综合衣庄，或转运到外埠出售。除典当外，当时还到处都有主要由广东潮州人经营的押店、质店。押店小于典当，当期六个月，当票面值不超 10 元。质店小于押店，当票面值仅 1 元多钱或不足 1 元。但押店、质店月利息 2 分，高于典当，然而周转灵活。

20 世纪 30 年代末，上海典当业一如北京，亦陷于困境之中。当时上海《中华日报》曾有一篇专题报道：据本市典业方面消息：值此百物昂贵，民不聊生之秋，本市典当营业，非但未见繁荣，反日趋冷淡。查战前本市中区较大同业，日常架本，常在 30 万元左右。自去年下半年起，均不过 10 余万元。……当局方面，较贵重之金银珠宝，早经由所有者，转辗销售于暴富户中，不再重入典门，珍贵皮货亦然，其余不甚值钱之衣服，既非典当所欢迎，同时所得细微之钱，实不足供一人一日食宿之需，此皆押店交易，与典当业无关。至满期当品，更无不赎去，即无力赎取者，亦必出售当票，由他人代赎。最近沪市不乏专营此项业务者，去年均获巨利，此当业"架本"日趋减少之一种主要原因。至押店营业，亦并不见佳，新春以来，尤感清淡，洵属今日沪市民生恐慌声中之一种矛盾状态，足供研究。惟西区一带，押店营业，近来异常发达，此系专恃一般赌徒，作孤注一掷之需，无关平民日常生活上救济用途也。

20 世纪 30 年代前后，上海还有一种俗称"跑当"的行当。所谓"跑当"，即将从押店或旧货摊收购来的衣物加工改制或修饰一番之后，再送至典当，额外取利，或是转让当票获利。当时以"跑当"为业者，曾多达几百人。"跑当"是寄生、往来于典当业缝隙中间牟利的行当，属投机倒把甚至诈骗性质的经济活动。

民国以来典当业为何走向衰落

20 世纪 30 年代初，全国有典当行约 4500 家。这个数字相对大约一个半世纪前的乾隆十八年（1753 年）的 18075 家和嘉庆十七年（1812 年）的 23139 家的 24.9% 和 19.4% 左右，锐减了大约 75% 和 80%。其中，尤以北京地区的锐减情形最为显著。前清乾隆九年（1744年）时，"京城内外，官民大小当铺共700家"；光绪二十六年（1900年）时，计210余家；1912年时，为170余家；至20世纪20年代末的统计，仅存87家了。又如山西省，光绪十三年（1887年）时，共有典当行1713家；1921年时，为731家；至1933年时，全省仅存306家了。凡此情形，致使有人发出"典当业之衰落，几有一落千丈之势"的慨叹。

典当业之所以兴盛或走向衰落，是由多种社会因素促成的。由于资本主义萌芽出现，刺激了明清商业和典当业的兴盛。按一般推理而言，明代中叶以来典当业的兴盛不失为清末民初典当业进一步发达的有利条件或较好的基础，然而这却成了中国典当业走向衰落的时期。这一点，几乎是迄今中国典当史学者和业内人士的共识。

中国典当业之所以在民初出现这种日趋衰落的趋势，有其社会特定的历史背景和原因。1940年中国联合准备银行组织出版的"庶民金融丛书"第一号《北京典当业之概况》一书认为，其原因有五，即：兵匪扰乱，币制紊乱，苛捐杂税，资金枯竭，满货亏损。宓公干的《典当论》将之分析为外部原因和内部原因各四条，外因为：兵匪扰乱，币制紊乱，苛捐杂税，小本借贷所及合作社之兴起；内因为：资金枯竭，满货亏损，利息屡降，开支增大。笔者认为，主要有三个方面原因。

首先，是社会动荡、经济凋敝、通货膨胀以及由此造成的货币混乱。清末民初正处于政权频繁更迭、军阀割据和混乱之际，局势动荡不安，国内外垄断资本日趋发展而中小民族资本起步艰难。因而，经济凋敝，通货膨胀并带来货币混乱，在此情况下，典当业赖以典贷生息的资本金日趋萎缩，不仅不能像清代中叶前后那样从官府和官僚贵族那里大规模地吸收股本金和存款，还要不时承受通货膨胀、货币贬值及混乱等造成的压力和损失。据载，"自光绪三十年间，京师市面交易渐改用洋元，当行乃改用洋码。迨民国三四年间，中交两行纸币价格跌落，每元跌至四五角，于是从前当物，纷持中、交票取赎，因此不时发生争议，官厅亦难于处理"。尽管其间典当业委顿，但仍不失为财务聚散之所，因而每当社会动荡变故，典当都是首当其冲遭受劫掠的目标。清末的第二次鸦片战争期间，北京的典当经过兵匪劫掠，"罄尽无余，可谓全部消灭，甚有将房屋烧尽者"。

其次，在传统金融机构向现代金融机构发展过程中，传统典当业未能及时转化并适应社会进步。清末民初，在钱庄、账局、票号以及国外资本和国内资本的银行林立情况下，金融市场竞争十分激烈。此间的传统典当业，大都资本日渐减少而又未能形成适应社会经济发展走势和金融市场竞争的机制，所以只有愈发衰落。传统典当所适应的，是小生产方式，是以高利剥削小生产者谋利而存在的。一旦社会生产方式开始向新的阶段转变、迈进，它的固有经营方式便难以继续适应，反而表现出保守性和破坏性。世界各国近代银行业的产生，除商业资本、产业资本创办者外，再即传统典当等旧金融业的转化。在一定意义上说，账局、票号便是旧式钱庄转化过程中的阶段性产物。尽管一段时期内，有些典当也兼营吸收存款或发行钱票、兑换货币，但毕竟并非持之以恒的主业，不是立业之本。也有人认为，"典当业之所以没有完成这种转化，怕与它不愿放弃月息三分高额剥削的顽固性是分不开的"。

第三，是政府对典当业的监督管理不利。民国以来，先后多次制定、修订典当管理法规，各地典业行会也几番重订或修改获得政府认可的行业规则，一些地方政府也多次发布告示禁止滋扰典当，然而执行不利监管不严，致使典当市场混乱失序。一些不法商贩乘机做起炒卖当票生意，当时北京前门外珠市口一带的"当票局子"曾多达六七十家，虽经当局下令取缔，然而却难以根除。此外，当局一再提高典当税率和增加杂税，也是促使典当业难以降低当息和经营成本以适应局势的一个重要缘故。再如关于典当赎期的管理，在通货膨胀、物价飞涨而又币制混乱的情况下，千篇一律地要求典当照例坚持一成不变的 18 个月较长赎期，而不及时采取调整应变措施，则必然导致满货亏损。

鉴于上述原因，民初典当业急剧衰落的历史趋势成了定局。此间，尽管政府从便利农民的角度考虑，曾努力发展农村典当业，当时的中国农民银行将投入巨资开办农村典当作为所开展的一项主要金融业务，虽热闹一时，亦最终未能挽回局势。

在改革中复兴、发展：造就现代文明新典当

中国典当业经历了 1600 多年的兴衰沉浮之后，在中国重新出现又走过了 10 多年的历程。

典当业的一度中断了：因为它是高利贷

中国典当业的消失，是在 20 世纪 50 年代后期，是伴随着"社会主义改造"大潮和"公私合营"而成了历史的陈迹。当初之所以被取缔，主要是由于"左"的思想影响和长期对典当业属于"高利贷"行业恶劣形象的不适当的宣传，甚至非理性片面地认为"它是部分居民贫穷的罪魁祸首"。姑且不论取缔典当的是与非，就其被取缔本身而言，当是其特定的历史背景决定了的。典当是一种高利

贷行业，这一点毋庸置疑。高利贷剥削与新民主主义革命时期的主张完全相悖，属被取缔的范畴，因而理所当然地遭到取缔。而且，这种态势早在 20 世纪 30 年代即已有了先声。当时，在中国共产党的领导的革命根据地，业已对高利剥削的典当业采取了限制、打击的革命行动。例如，1930 年 3 月，闽西第一次工农代表大会通过的《借贷条例》规定："典当债券取消，当物无价收回。"1931 年 11 月，第一次全国工农兵代表大会通过的《关于经济政策的决议案》规定："取消过去一切口头的书面的奴役及高利贷的契约，取消农民与城市贫民对高利贷的各种债务；……应以革命的法律，严防并制止一切恢复奴役与高利贷关系的企图，城市与乡村贫民被典当的一切物品，完全无代价的归还原主，当铺应交给苏维埃。"

但港、澳、台的典当，由于所行社会制度的关系，仍然存在。台湾当局于 1956 年 3 月 1 日曾颁布"当铺业管理规则"，并于 1965 年 11 月修正重新公布。除对典当利息、期限等重要问题作有必要的规定外，其第二十五条称："直辖市或县市主管机关或乡镇公所，为调节平民经济需要，应设立公营当铺。"倡导建立公立典当为平民服务。据 1977 年夏的统计，台北市时有公营当铺 12 家，私营当铺 184 家。如今，台湾岛上的公、私典当行，已经多达 1300 多家，几乎与大陆现有全部典当行的总数目相当。

几十年后经济体制改革，为被取缔的典当业的复出，提供了新的历史机遇。1987 年 12 月 30 日，四川成都华茂典当行成立；次年 2 月，浙江温州金城典当行成立。华茂、金城两家典当行的率先成立，标志了中国典当这一传统金融行业的复出，重新进入中国金融经济的舞台。据统计，截止到 1995 年末，短短数年间全国共有经政府不同行政机构批准注册的各类典当行 3013 家，注册资本金总额约 9 亿人民币。典当业发展之迅速，复出态势之踊跃，分布地域之广泛，经营活动之活跃，均呈现出一种迅猛的"复兴"趋势。根据中国人民银行 1996 年 4 月制定颁发的《典当行管理暂行办法》，经过一年多全国范围的清理整顿和规范，已重新核准的典当行仍达 1350 余家，注册股本总金额 80 多亿元人民币，直接从业人员 10000 多人。历史决定了当年中国典当业的取缔，历史也给了它复出或说"复兴"的机遇。典当业之所以复出，简而言之，是适应现阶段社会主义市场经济发展的需要，是经济体制改革过程中金融体制改革的成果之一。2001 年 6 月，国家经贸委颁行了新的《典当行管理办法》。这个新的管理办法比原有的实行管理办法，在切合实际和规范管理方面向前迈进了一大步。

任何商业性金融机构的设立，都是适应市场经济需求的结果。如果不存在相应的市场需求，便失去了其设立之本。典当业的复出，亦不例外。相去几十年前被取缔的传统典当业，重新复出的典当业业已具有当代社会经济、文化和市场需求与制度规范的印记，形成了一些新旧典当业的异、同之处。

横看成岭侧成峰，远近高低各不同

古今新旧典当行的异同。典当是社会发展到一定时期的历史产物。无论历来的人们对其或贬或褒如何评说，这个非主导性的民间金融行业，一直延续了十几个世纪，直到现代银行等金融业比较发达的今天仍然在社会经济生活中占有一定的位置，充分说明典当以其低风险经营来便捷地调剂资金余缺缓急的功能特点，在古今社会生活中均难以为其他金融机构所取代。

新旧典当业的基本共同之处，主要有三。首先，典当行业赖以存在的营业性质，仍然是以财物为质押，限期、有息的有偿借贷，而且仍然属于高利贷款融资。其次，新旧典当业在社会金融经济市场中，均处于非主导的地位，均属于非银行性质的金融机构。尤其是在现代银行业比较发达的今天，这种在金融市场中拾遗补阙的非主流性的辅助性地位，或说是经营的市场定位更为明显。第三，新旧典当业在社会经济生活中的功能及经营方针，均属一种灵活便利的调剂资金缓急余缺的非银行机构的融资渠道。这一点，也是其在当代金融经济体制改革中获得重出机遇的根本所在，即社会经济生活需求具有这种功能特点的非银行性质的融资机构。

新旧典当业的基本差别，大体为三个方面。首先，是社会的政治经济制度及开当资本金所有制性质的差别。在以往的封建社会或半封建半殖民地社会的政治经济制度下，由于开当资本金有寺库资本、官府资本、官僚资本、商人资本乃至殖民地中的外国商业资本（如东北沦陷时期的大兴公司典业及天津租界日本浪人的小押当等），因而有寺库质贷、皇当、官当。民当等多种所有制类型。典当业重新复出之初，有国有、集体、私有、个体多种所有制形式。但按照《公司法》和《典当行管理办法》的规定，均规范为"有限责任公司形式组建"成股份制的"特殊工商企业"。这一点，是基于国家根据公司法规范各类企业公司而对典当业实施的规范措施之一。其次，经营范围及出当客户发生了变化。旧时代的典当业的经营收当范围，以衣物家具等日用品和金银珠宝贵重物品为主，少量为生产工具或生产资料，出当的客户大多是城乡贫民或一时拮据署急的中产阶层；如今则主要收当生产工具、交通工具和生产资料，兼及金银珠宝饰物等贵重物品，一般衣物家具等日用品很少收当，出当的客户以中小企业、私营企业、个体企业或急需资金的贵重物品持有者为主，经常以典当维持生活的贫民客户出当率较低。第三，典当行的经营方式从封建社会的传统小生产的全封闭或半封闭化，转变为开放式、公开化的经营管理。完全淘汰了旧有习用的典当业隐语行话，当字，旧当票样式和用语，以及传统的行帮组织与行规，采用了现代企业会计制度和新当票（契约）。清季曾国藩出任两江总督时曾通令禁用当字，非但行不通还落下了笑柄。如今适应当代金融市场需求的典当业，已将其自然摒弃。

华夏率先诞生了关于当典的学问：中国典当学

"中国典当学"在中华大地诞生，不仅有着深厚的历史渊源，还有现实社会发展的时代背景。

1993年，中国第一部典当史专著，曲彦斌著《中国典当史》在上海出版。

1997年11月，出现了中国历史上第一个、也是国内迄今为止唯一的一个公立的正式典当科研机构——辽宁省社会科学院中国典当研究中心。

1998年7月，中国典当研究中心受当时国家典当行业监管机关中国人民银行非银行金融机构管理司的委托组织编写、出版了第一部《中国典当手册》和《典当研究文献选汇》。

1998年9月，中国典当研究中心会同来自全国各地的数十家典当行成功地举行了中国典当史上的首次盛会："迈向新世纪的中国典当业——典当业复出十年全国理论研讨会"。

2002年6月，曲彦斌主编的第一部《中国典当学》在石家庄出版。

2002年9月15—17日，辽宁省社会科学院中国典当研究中心会同中国典当网在沈阳联合主办了以"纪念中国典当业复出 15 周年（1987—2002）"为主题的"2002 中国典当论坛"。在研讨现代典当业如何健康发展时，有关专家提出了"弘扬传统典当文化，造就现代文明新典当"，倡导通过弘扬传统典当文化，提高行业素质，健康有序发展，正确处理好义与利的关系，规范经营，服务社会，为社会创造更大的效益。

可以预言，随着金融经济体制改革的不断深化和现代市场经济机制的日趋发育成熟与完善，中国的典当业的市场亦必将进一步扩大和活跃，典当业还将向前发展。这一发展态势，是国家经济发展方针和市场经济规律所决定的。一些经济比较发达国家或地区典当业盛衰的经验，已为此提供了借鉴和佐证。

曲彦斌《典当史》一书封面

曲彦斌《中国典当史》的另一版本
《中国典当》封面

曲彦斌主编的《中国典当手册》续编
《典当研究文献选汇》封面

曲彦斌主编的《中国典当学》

《中国典当》创刊号封面

《中国典当》创刊号内封

四、港澳台典当业掠影

由于政治与历史的缘故，在大陆（内地）典当业消失的数十年间，香港、澳门和台湾三地的典当业始终处于连续性存在的状况。而且，伴随着其各自的社会、经济向现代化过渡与发展，典当业都找到了自身应有的市场定位，基本上实现了从传统经营方式向现代经营理念的转轨。其经营现状，既是当地市场经济的场景的一个方面，同时也为中国典当业向现代化市场经济的转轨提供着很有现实意义的借鉴。

从《第八号当铺》说起

近年里，香港和内地分别有两部贴着"典当"标签的流行文学作品风行一时。一部是香港新生代当红女作家深雪推出的《第八号当铺》，另一部是大陆作家杜文和的《六女当铺》。

其中，《第八号当铺》电视剧的大致的剧情是这样的：故事开始于一个流传千百年的传说，相传只要找到第八号当铺，无论任何需求，都能够如愿以偿，但必须付出等值的代价。沿着一张地图，你会找到神秘的第八号当铺，这里可以实现你的所有欲望，只要你肯典当、金银珠宝、地契、楼契，哪怕是你的四肢、内脏，还是运气、智力、理智、快乐、幸福、爱情，甚至价值昂贵的灵魂都可出当……在欲望的驱使下，第八号当铺成了一个人类贪欲的竞逐场，血淋淋、冷森森的交易常常在不动声色中进行。但是最终，当铺那一对俨然主宰着世人命运的男女，放弃了当铺的经营，在火海中获得爱情的永生。第八号当铺其实是黑暗世界的主宰——黑影的阴谋。他利用人类无尽的贪婪和欲望，引诱人们前来交易，最终是想收取人类的灵魂，达成控制世界的目的。当铺老板由黑影亲自挑选，一旦成为当铺老板，除了可以长生不死，更有享之不尽的荣华富贵。明朝年间，当铺老板（周华健饰）因私自将客人的典当物据为己有，被黑影发现，后来惨遭烈火焚身而死。失去老板的第八号当铺因此暂时在人世间销声匿迹，黑影只好重新挑选新任老板。转眼间来到清朝末年。由杜德伟饰演的韩诺，被黑暗势力选中。他虽不愿屈服却遭受黑影接二连三的胁迫。于是，为了家人安危，他被迫典当爱情以换取妻子一生幸福，同时和助手阿精一起成为长生不老的"第八号当铺"主人。他站在人性的尽头、欲望的深渊之间，一手掌管欲望与灵魂的黑暗交易，外表虽冷酷无情，但人性未失的韩诺，最后还是摆脱黑暗势力控制，找回了失去的爱情。

香港开埠之先就有了典当业

　　香港是中国现代经济比较发达、活跃的地区，当地的现代银行业当然也是比较发达的，在主流金融活动中起着十分重要的作用。不过，香港的传统典当业并未因此而消失或衰落。

典当业是香港最古老的行业之一。据历史文献记载，早在香港尚未开埠的 19 世纪 40 年代，当时还是新安县时，这里就已经出现了典当业。《广东通志》记载，清道光元年（1821 年）时，新安县在官府注册的当铺有 16 家，每年共计向官府缴纳税银 80 两。也就是说，每家当铺年课税银仅仅 5 两，显然都是一些规模较小的"当押"。若论迄今有据可证的香港最早的典当行，当属清康熙年间（1622—1722 年），新安县东南元朗（大致相当于如今的新界一带）大王古庙的功德碑上记载的"泰安押"和"普源押"两家当铺。

开埠之初，由于前来参加开发的劳苦民众人数骤增，元朗、大埔等墟市原有的当铺也瞧准商机纷纷来港岛发展业务。此时的香港虽说已在英国殖民者的统治之下，但迅速发展的典当业仍沿用着传统的经营方式开展业务。无论从管理到当票的样式，当铺的门面设计、装饰，以及当铺的招牌等等，都沿用传统习惯未改。直至今日，香港当铺使用的招牌，仍然是蝙蝠图案！门内，仍然有一块大木板作为"照壁"，仍然是高过人头的柜台，开当票仍用毛笔字，仍然使用传统的"当字"符号。

香港开埠之初，作为当时早期的本埠银行业尚不发达，因而传统的典当业并未受到开埠的影响而萧条。反而，由于这个行业同市民生活关系密切，加之港、澳两地的赌博行业都十分活跃，赌徒经常需要到当铺解决赌资一时窘急的问题，于是这里的典当业便在后来本地银行林立的时代，以其融资便捷的优势仍然得以正常发展，历久不衰，并且随着新市镇的出现，有了不断增加的趋势。但从1845 年英商创办的东方银行（金宝银行）登陆香港以来，开始打破了以往香港金融业由典当业一统天下的局面，典当业遭遇到了强大的竞争对手。

换言之，时至今日的香港典当业，仍然保持或部分地沿用着开埠之前本地典当业的行业传统，仍然可以在此看到许多中国传统的典当文化鲜明的遗迹。

"富辉押"风波

开埠之初，在殖民统治者英国人眼里，典当业还只是一般的传统店铺，没有规定当铺必须领取专业牌照。所以，从1841年到1850年这10年当中，香港典当业仍与普通店铺一样交纳一般的牌费和税项。当时有个规定，商店收售贼赃要治罪，当铺既与普通商铺一样，收售贼赃当然也应治罪了。

当香港还处于开埠初期，治安状况十分不好，由于当地典当业在习惯上并不要求当户出具真实姓名、住址之类就可以交易，所以，当铺就自然成了盗贼主要的销赃之处。后来，当警方发现了这一点，就经常到当铺查赃，或借此经常到当铺骚扰，于是，引发了1858年的"富辉押"风波。

1853年1月，为抗议香港警务当局以查案名义对当铺的骚扰，典当业举行了全行业的总罢市。不过，这次罢市的积极参与者，被推举为与官方谈判的代表之一，"富辉押"老板秦阿昌，被殖民当局根据窃贼的供词以收赃罪于同年3月重判充军14年。原本非恶意收了赃物的秦阿昌不服判决，于是当庭据理力争，再次在典当行业引发震动，甚至引发了全港的声援，被视为歧视华人、小题大做，坚决要求予以改判。《香港法制史实》记载了有关于"富辉押"事件的这段历史。其中写道，1858 年，有积匪唐阿善以盗来名表一件质于富辉押，为警探查悉，人赃并获，复以该押当事人秦阿昌擅质贼赃，遂一并加以拘捕，被控盗窃接赃罪。三月一日解高等法院刑事庭审判。结果，经陪审员断定两被告罪名成立。承审官正按察司晓吾以案情重大，应处重刑。其判词有云："本案事关接赃，尤应加重罪行，盖盗窃案层出不穷，实因有接赃者间接助成之，惩一所以警百也。"及援最重刑律之条，选判第一被告唐阿善戍刑 15 年，第二被告秦阿昌戍刑 14 年。第二被告闻判，愤极抗言曰："轻罪重罚，与其流徒千里，毋宁甘受死刑？"坚请改判，屹然不愿行。嗣以警察六人之力，始曳之下庭去。

就这样，在行业自身的愤争之下，在全社会舆论的压力之下，案件由两个半月之后新上任的港督从轻发落，改判为两年有期徒刑。这场风波，促进了香港典当业管理的法制化进程。1858 年 7月 6 日，香港的第一部典当业法规《当押商条例》发布实施。此后的 100 多年里，经过多次修订沿用至今。

这部《当押商条例》总共 10 条，具体规定：（一）凡开设当押，须先领取牌照，牌照以一年为期，上期缴纳，全年五百元。（二）所发牌照，只限于典押生意，不得兼营别业。利息则有如下之规定：甲、一元以内者，第一个月一分息算，下月每月三厘算。乙、一元以外，七元以内者，第一个月八厘息算，下月每月三厘算。丙、七元以外，一十四元以内者，第一个月五厘息算，下月每月三厘算。丁、一十四元以外，二十四元以内者，第一个月三厘算，下月每月二厘算。戊、四十二元以外，一百四十元以内者，第一个月二厘算，下月每月二厘算。巳、一百四十元以外者，第一个月二厘，下月每月一厘半算。庚、如当棉胎、鞋、皮杠、铜、铁、铅、锡、金银质、钟表、玉石，及各种宝石等，息假另议。（三）利息表须悬挂于铺内当眼地方，违者罚款五十元整，并将牌照取消。（四）取赎期限，以一年为期。（五）偶遇有失窃或抢劫案发生，警司有手谕着警察到店查赃时，须将所当物件及数部交出察看。关于当入失窃之物，物主得有裁判官批词在文件之上，有权取回，用银或不用银取赎，由裁判官决定。（六）所当之物，如期内被人偷取亏空，或私行转售，或毁坏有伤价值者，裁判官将损失之价值判定，当铺须照判定之价除还本息，照钱赔偿。（七）如押物期满不赎，当铺有权将所押之货物发卖。如押物人到期能将息项清缴，则可再赎期限。（八）凡所当物未到取赎时期，有接到当物人通告遗失当票者，则该物不可使别人取赎，并须将货物扣存，以便查究。（九）凡见有到当铺当物而形迹可疑者，当铺人员有权将之扣留，并交警察查询。（十）十岁以下之小童，不许当物，每日下午八时至晨早六时不得营业。

典当业危机与脱颖而出的"当铺大王"

20 世纪 30 年代之初，香港典当业出现了一次开埠以来的空前危机。

这次空前的危机，直接的导火索是重新修订的《当押商条例》。这个《当押商条例》自 1858 年出台之后，到此时已经 70 余年。港英当局除了充分肯定了典当业的高利贷，规定了当铺按农历计收月息的办法，同时也特别增加了对典当业牌照费等的课税。而当时，香港正受世界性的经济不景气大背景的影响，经济衰退也已达到了极点，市场价格不稳时常波动，当铺"绝当"物品难以保值。所以，本是"一本万利"的典当业出现了萧条景象，很多当铺出现了亏损，甚至停业、倒闭。于是，形成了香港典当业一次开埠以来的空前危机。

经济危机或是行业危机，虽说对全局、对大多数人来说是一场灾难。但"祸兮福所藏"，由于危急之中同样潜藏着大好的商机，故而也有因祸得福者。危机只能影响资本不足、经营不善者，实力雄厚的公司或个人，并不惧怕"危机"，典当业危机亦如此。在香港典当业的这场空前危机之中，脱颖而出了一位"当铺大王"，那就是著名的成功商人李右泉。

李右泉先生原名李肇源，右泉是他的别字，他十几岁就到香港谋生，学习经商，先后在香港创办了多家工厂，是位杰出的企业家。据说，他最先是在一间当铺当小厨，而后靠勤奋致富。早年，他曾开办了几家当铺，后来便分散投资经营一些其他商业项目，既过做地产、南北行，还开设过冰厂。同时，还热心于公益，先后出任过东华医院经理、华商总会主席等职位。当 1932 年本港出现典当业危机之际，在很多当铺倒闭的情势下，他所经营的当铺仍然坚持继续营业。由于港岛的当铺一时间减少了很多，他坚持继续营业的当铺生意也就格外好。在自己的当铺坚持继续营业的同时，他一方面积极与支撑十分艰难的当铺合作经营，另一方面还收购一些倒闭的当铺。就这样，他几乎拥有全港当铺 80% 的股权，危机促使他成了全港典当业的大股东，被誉为"当铺大王"。

环绕麻雀学校和投注站当铺

麻雀学校是香港赌博场所的别称。《香港赌博史》的作者鲁言说，做出当押业会被淘汰的结论，只是书生之见。因为他们没有研究过现时香港当押店的经营方法，也未深入调查过当押业与赌博业有共生的生存作用。很多人只见到近年来有很多当铺结束营业，却没有注意到也有新开业的当铺。新开设的当铺，多在场外投注站和麻雀馆附近，这一点，已足以证明典当业和赌场有共生性。鲁言经过长期的调查发现，场外投注站开设的地点，附近必有当铺。当铺是早已存在的，投注站是后来才开设的，为什么场外投注站选择的地点，附近必有当铺呢？这是巧合吗？为此，他在撰写《香港赌博史》的时候，曾经深入到很多麻雀学校去调查研究。他经过深入调查发现，是"麻雀学校必须支持当押业的生存"。由于麻雀学校是现金进行赌博的场所，赌徒输光了现金之后，就要离台，但赌徒意犹未尽时，希望赢回所输去的现金，就必须求借。求借的办法是将身上值钱的物品拿出来抵押以换取现金。例如将手上的手表、身上名贵的打火机、墨水笔等物品抵押。在麻雀学校内有一句术语形容此种行为，称为"落码"。"落"乃将身上的东西取出来之意，"码"是"银码"的简称。将身上的东西"落"下来，换取"银码"，就是"落码"。麻雀学校如果不提供现金给赌徒周转，肯定失去很多赌客光顾，收入定受影响。但若提供现金给赌徒抵押物品，则必须有大量的现金周转，同时需要有认识物品的专业人士在场鉴定物品的价值，否则就不能进行"落码"的行动。因此，麻雀学校需要向当押业求取合作，他们要求当押店代理这种业务，使赌客能在麻雀学校内进行"落码"。于是麻雀学校内，设有一间名为"码房"的房间，这间"码房"就是当押店派人长驻于麻雀学校的"办公室"。麻雀学校既要进行"落码"行为，就不能不要求有一位鉴定物品价值的专家长驻工作，更重要的是，要提供现金，这些功能，只有典当业才能胜任。所以，大多数麻雀学校，愿意每月向当押店提供一笔津贴，求它派人到"码房"去，主持此项提供现金周转的功能。通常这笔津贴，每月为15000港元。麻雀学校当它是一种皮费，每日支出500元，作为"码房"的员工的支出。实则是给予当铺的津贴。所以，凡到麻雀学校去"落码"的人，他们输光了，无法即时赎回抵押的物品，他们就会得回一张当票，作为麻雀馆已将他的物品拿去当押店抵押的凭证。事实上，抵押品早已拿去当铺抵押，只是在抵押之初，未给当票，以便赌客赢了钱时，可立即免息赎回。当押店因有麻雀馆的津贴，对于当日供出的利息亦有着落，故能长期合作愉快。明白了这种情形，就知道香港的典当业不会被淘汰。除非全面禁赌，否则典当业仍是会生存下去的。鲁言预言，假如赌风日炽，典当业还会大大地发展起来。

稳定发展着的香港典当业

可以说，香港的典当业的发展，是在与银行业的竞争和反歧视的抗争之中一路走过来的艰难历程。1845年，英国的东方银行（又称金宝银行）作为登陆港岛的第一家现代商业银行正式开业。随后，有利银行（1857年）、渣打银行（1859年）、汇丰银行（1865年）等现代银行纷纷先后登陆港岛，形成了一个强大的香港金融体系，彻底地打破了以典当业等民间金融业一度一统天下的"霸主"

局面，成为港岛典当业多年来首次遭遇到的空前强大的竞争对手和商战劲敌。

如今，在全港银行、担保公司等各类金融机构多达数十家的情况下，1987 年，全港共有当铺 150 家。到了 2000 年时，已经多达 200 多家，作为 600 多万人口的大都市，平均每 3 万人口就有一家当铺。这同北京、上海、南京、沈阳等内地大都市的上百万人口才拥有一家当铺相比，可谓发达得很。是什么使之在非常残酷的金融市场竞争中得以站稳脚跟稳定发展至今的呢？应当说，首先还是典当业为适应生存需要而进行的自身经营理念和经营方式的不断调整，再即市场对这个特别行业的切实需要。平民阶层对当铺便捷解困的市场需求，以及博彩业对当铺便捷融资功能的依赖，都是其保持强劲生命力的基础。即如《香港赌博史》的作者所预言的那样，除非全面禁赌，否则典当业仍是会生存下去的；假如赌风日炽，典当业还会大大地发展起来。

而且，在如此开放、"西化"的地区，香港当铺却有着古香古色的招幌、设施、铺面装饰，通常多为单层建筑，整体面积都不大，当厅也就有 8 至 10 平方米左右，其突出的特点，就是"小门脸儿、高柜台、大屏风"。一如旧时的当铺设施，内厅与当厅成二级阶梯结构，完全由铁栅栏的高 2 米多的高营业柜台隔开，柜台外右侧有一个供员工拾级进出的小小便门。当户进店，仍须仰起头来才能与内厅里的"朝奉"说话、交易。营业厅的入门处，有的还设有一扇书写着当铺商号的木制大屏风。这种格局，可以使人油然联想到鲁迅笔下的传统老当铺。当然，这些当铺的装修比旧时代要考究、气派得多，采用了大理石墙面等许多现代高级建筑装饰材料和工艺技术。

特别是，仍旧使用毛笔和"当字"书写当票不用打印当票等等方面，仍然保持着中国典当业固有的传统特色。香港典当业从业人员仅书写"当字"、辨认"当字"这一功夫，不只非普通人所能，就是内地现今典当业的从业人员也极少有能读写的，除非为数甚少的个别专业学者。这本身也可谓一大景观。大多只会讲广东话的这些"朝奉"，各有自己的一手鉴别金银珠宝等当物特殊的专业才能。一块劳力士手表递上去，只见那"头柜朝奉"麻利地打开表壳后盖，戴上专用眼镜仔细一验看，便可迅速地确定手表真伪，当即报出按市场现值估价以及打折之后的当金数额。同样一块劳力士手表，先后送进几家当铺所报的估价大体相近，足见当地当铺从业人员的鉴定、评估技能等业务水平的整齐和高超与熟练。

因而，港岛的当铺不仅可为世界各地前来旅游的人们便捷地解决一时窘困，同时也是一道可供观赏的历史文化风景线。

在香港，不仅由政府有关部门对典当业依法进行监管，作为香港行业自律组织、位于铜锣湾洛克道上的"香港九龙押业商会"，是依法注册登记的股份制社团法人，通常也代行政部分职能，如在全香港所有当铺中例须悬挂的《政府公告》和《押物人须知》。其更多还是负责处理业内重大事务，如1999年5月1日，人们会发现港岛所有的当铺大门上都贴出了一张粉色告示，"五一劳动节休业一天"，落款正是"港九押业商会"原来，自1997年香港回归中国以来，这一年是香港特别行政区政府首次安排社会各界放五一节公假，"港九押业商会"便特地印制格式化的告示执行政府的决定。

伴随博彩业而繁荣的澳门典当

澳门陆地面积只有 32.8 平方公里，是个很小但很精致的岛。不过，同内地相比，却是个设立当铺的数目最多也最红火的都市。而且，在新马路 396 号，由有着近百年历史的"德成按"改建的澳门"典当业展示馆"，还是全中国为数有限的几座典当博物馆之一。

明代开埠的澳门，清代开始出现了典当业。至清末民初，这里的典当业随着赌博业的发达得以进一步兴盛。为了规范行业的经营，澳门政府于 1903 年 12 月 26 日颁行了《澳门市当按押章程》。特别是到了抗战时期，随着内地居民的涌入，当铺的生意激增。全盛时期的澳门典当业，分为"当""按"和"小押"三种。其中，"当"的经营资金最雄厚、规模最大，当期可长达三年，利息也是最低的；"小押"的资本金和规模最小，当期仅有四个月至一年，但利息却较高；至于"按"，规模、当期和利息等，则居于两者之间。旧时澳门的典当业，以"按"为主流。在澳门的经济生活中，典当业与博彩业曾一度都是澳门的"巨富"行业。在 20 世纪 50 年代，澳门的 30 余家当铺几乎都是当时港澳大富豪高可宁一人的产业。时下已经被澳门文化局收购辟建为"典当业展示馆"的"德成按"，原业主就是向有澳门"押业大王"之誉的富商高可宁。

在作为澳门首富的"第三代赌王"何鸿燊的记忆中，仍然记得他 13 岁时父亲投机破产，依靠母亲每天上当铺典当金饰度日的凄凉情景。说起来，高可宁不仅是"押业大王"，在 20 世纪 30 年代也是澳门的赌王。澳门的典当业一向就同赌业如影相随，至当代，尽管银行业十分发达，但伴随着赌博业的持续发展，交易便捷的当铺仍然是不可替代的融资机构。任何手头一时窘迫的赌徒，都迫不及待地急需用身边能换钱的东西，如名表、金银首饰、名打火机、手提电话等，变现为赌资。于是，赌场周边也就自然而然地造就了一批应运而生的当铺群。赌场 24 小时不歇，"小押"则夜以继日营业。而且，与赌场相伴而生的"小押"群，大小便因赌场的大小而异。由于在此出当的客户人员复杂，出当的物品也千奇百怪，真伪和品质优劣也参差不齐，因而当铺为了避免收当的风险，尤其注意货色的鉴别。通常店主、股东或资深店员担任，本地俗称"二叔公""柜面"的典当鉴定师傅，至少要有 10 多年的经验才行。若是遇到一件价值昂贵的质押物品，总得经过两三位"二叔公"过目方才敢收下。这些当铺在经营上还有一个特点，那就是除了在铺面的当街高悬一个偌大的"押"字招幌，店门的两侧大都写着"昼夜服务，香港起货"字样的广告词。原来，这是为了适应从香港过境来旅游或赌博客户典当之后异地回赎的需要，这些澳门典当大都还在香港设立分号，或是香港典当在此设立的分号。异地回赎起货，只需另行加付一定的手续费即可。至于逾期无人赎回的质押物品，自会有金银珠宝商或旧货商前来上门收购。

澳门现有的 40 余家"按""押"，在赌台数占全城过半的澳门第一大赌场葡京娱乐城的周边就多达十几家，诸如"兴富""洪发""大胜""必胜""永胜""金宝""百顺"等等，其押号的名称，也大多取用赌场的口彩。再如金碧娱乐场附近有"荣丰""利顺""生昌""大荣"等押，皇宫娱乐场附近有"金富""和丰"，回力娱乐场附近有"合成""成发""和生"，金域娱乐场附近有"新安""永发"，等等，名称的寓意无不在"转运""发财"之类口彩上做文章。可以说，有赌场的地方定有当铺，当铺与赌场共生共存，这是当代澳门典当业的一大特点，也是澳门的一个独特的景观。

"德成按"：澳门近代典当业的缩影

　　曾经位居澳门四大当铺之列的"德成按"创设于民国六年（1917年），歇业于1993年。现在的澳门"典当业展示馆"几乎完全保存了"德成按"的原貌，也就是说，是以"德成按"为"标本"设立的。现已改作文化会馆的当铺铺面的隔壁，乃当年当铺老板高可宁的住所。

　　港澳的当铺招牌，大都是采用蝙蝠造型再连缀着一个象征着钱币的圆圈。蝙蝠，取其谐音寓意着"福"，象征着钱币的圆圈寓意着"利"，合而便是"有福有利"之意。这种形制与风格，与广东传统典当业相一致。"德成按"的临街招幌，也是这样，其中西合璧的三层楼的外观，正是清末民初的澳门建筑风格。内地旧时的典当，铺门前面往往是一面影壁墙。临街而设的"德成按"，在营业大厅迎面立有一块大红屏风，屏风后面，则是那种传统的铁栅栏、高柜台。从高柜台一侧的角门进入从前的内部营业厅，"二叔公"的高坐凳，摆设在柜台前的木制高台上面。柜台上，放着账簿、文具、印章和"试金石"等物件。右侧一角挂着取自《千字文》字序的号牌，"当簿"便以此为序编制。高台下，后堂一角是"卷当桌"，上面放着备用的卷当绳和包袱皮。业已卷好的收当物，在包袱皮上系着仍是记有《千字文》字序的号牌，正准备送入库房保管。"卷当桌"的墙壁上，挂着一块长方形红漆木牌，牌上写着"摺货对牌，点明件数"八个颜体黄字。后堂墙上的一块提示牌，上面用中、葡两种文字写道："奉政府谕，按物人必须携备本人有效身份证或其他证件登记。特此通告。大按行启。"这块提示牌，想是原本挂在高柜台外面的厅堂给当客看的。至于另一块红漆黄字木牌，显然原本就是挂在后堂提示伙计们的。上面写的是："东家吩咐规矩：断期衣裳、镶石，不得私自拆看。东家及伙伴与客买回自用，不得在铺议价。倘有违犯规例，立刻免职开除。务求各位遵守。司理人谨启。""司理人"，亦即俗称"二叔公"的"朝奉"，如今所说的经理。不许在铺内商议到期绝当之后处置的衣物价钱，显然由于价钱不会高而避免使柜台外的客户闻之而影响收当生意。

作为当铺的重要组成部分，"德成按"庞大幽深的库房建得非常别致、精巧、牢固。说其"别致"，就在于它是由三层楼包建在当中的一座高耸的多层塔楼。通往塔楼只有一个小门，其内是又窄又陡的木楼梯，每层四周通风用的小铁窗都厚重而狭窄，是狭小类似"枪眼"的铁枝窗口，塔楼的墙基用花岗石砌成，中间还夹着钢板，特厚的塔楼墙身，则用硬度高的青砖砌成，整个塔楼可以防火、防水、防盗、防土匪，就像一座碉堡似的。最为贵重的收当物品，存放在一楼"大夹万"密密麻麻的大小木柜里，其他的就依次存放到上面，塔楼内竖立着一个像图书馆中的书架似的，直达房顶的巨型木制货架。伙计们每天要多次爬上爬下迂回的窄梯，往返送放、查看或提取收当物品。"德成按"的建筑格局、外形风格和内部陈设，既体现着澳门典当业的地方特色、操作程序，也可谓中国近代典当业的一个时代的缩影。

全亚洲第一大赌城澳门的押当

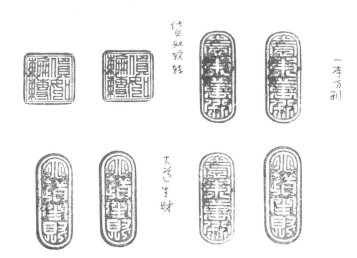

澳门"德成按"收当、赎当的印记

台湾典当业及其五花八门的广告词

　　典当业在大陆曾一度消逝了 20 余年，但在台湾却一直是个长盛不衰的行业。大陆的当铺于 20 世纪 80 年代末复出之后，一度曾发展到 3000 多家。自 90 年代中期开始，经过多次清理整顿至今，则一直保持在 1000 多家。殊不知，这 1000 多家之数，也正与台湾近年来全岛公立和私营当铺数量的总和相当。且不论大陆如此数量的当铺是否适应市场的需求，单说台湾岛内各种商业银行、投资公司林立，金融市场本就竞争激烈的情况面前，这 1000 多家当铺该是怎么样生存的呢？

　　据媒体报道，近几年，受本岛的经济萧条以及银行"抢生意"等多种因素的影响，使典当业出现了经营困境。过去以汽车、摩托车、珠宝、金饰等典当项目为主，如今却扩展到手机、高级皮件、计算机、古董表及 DVD 等电器用品。由于社会经济的不景气，惨淡经营的台湾典当业为经营的长久之计和信誉着想，纷纷打出广告声称"万物皆当"。一些从业者说，早年生意好的时候，有的当铺平均一天有一两辆奔驰或宝马高级轿车典当，金额都在一二百万元（新台币，下同）之间，一般人典当至少也当个数千元。但近来拿低价移动电话典当 300 至 500 元应急者则日增，其中不乏当了一段时日就赎回者，且一当再当，每次周转几百元应急也好，这是经济好时所没有的现象。据了解，这类典当者主要都是年轻人，这些客户的典当原因，要以买毒品及失业急需用钱者居多。由于典当物品及形态也发生了变化，致使有的民众询问当铺收不收宠物猫狗，也有人到当铺问有否卖"流当猫狗"，而且询问的人愈来愈多。但是，猫狗等宠物的"活体典当"，涉及宠物照顾等专业及设备，操作起来并非易事。也就是说，"万物皆当"只能是广告炒作的噱头，并非真的什么东西都可以当。据报道，光是台北市就有270多家当铺。最近的一年当中，就有30多家因资金周转不灵而被迫停业。为了生存，各家当铺都使出浑身的解数苦心经营，且以台湾新竹市"民权"当铺为例，这家当铺网页的广告写道：

在大环境不景气的时机，常常会有现金不足，到处向亲朋好友周转的情形，要低声下气、看人脸色、欠人人情，甚至久而久之还让周遭的人避之唯恐不及。其实不用烦恼，想要灵活运用现有资源，只要您将一些物品，如汽车、机车、黄金、珠宝、钻石、名表、房地产，花少许的利息，就可以马上变成现金，轻轻松松渡过难关，能立即解决您的困难，更重要的是，您还是物品的主人。另外在目前，融资是一种最普遍的理财方式，台湾缺少一种"金融便利商店"的融资管道，有鉴于此，结合传统当铺与现代化科技的金融便利商店是我们的特色，借钱不用看别人脸色，随到随办，轻轻松松渡过难关，中小企业，工商融资，息低保密，马上取款，免除您为调借而面临尴尬的窘境。本公司为政府立案，一贯秉持诚信正派、透明化、制度化的经营理念为工商界、上班族及个人服务，手续简便，放款快速，欢迎来店参观，免费鉴价，网络估价。

本铺由新竹市政府于1992年核准立案；秉持着诚信理念的经营原则，为服务网友特设立此网站。在你急需周转的关键时刻；民权当铺给您最专业的服务。没有银行烦琐的手续；给您快速、简单便利、低利息的典当流程。

　　　　本铺凡是购买珠宝均特别的优惠；相当的便宜喔，而且一律回收，方便您急用时可周转现金。

　　若论台湾典当业的广告词，实在是五花八门、异彩纷呈。

　　台北的"贵人"当铺，向社会公众亮出"政府立案质借处"的招牌以提高市场的信誉度。提高典当企业知名度，为了扩大市场份额，台北的"联光"当铺，连同其在台南、桃园和新竹的几家分支机构，一律使用统一的商业口号，叫作"政府立案，息低保密"。坚持24小时营业的"茂顺"当铺的广告词说："来茂顺，保证给您惊喜！""您最安心的选择！"彰化县"九九"当铺的广告辞称"正大光明的当铺，可信的心腹"，"手续简单，有求必应"，"低额利息、高额贷款"，等等，力图让当户产生温馨的感觉。彰化"嘉泰"当铺则声称"政府立案，专业经营，合法利息，即时放款"，亦在于欲从信誉上给当户吃颗定心丸。"淡海"当铺声称"估价最高，安全保密，金额大小不拘，免费代客鉴定"，显示出一切为当户着想的盛情。"中信"当铺，注意观照当户典当时往往碍于情面的心理状态，于是打出的广告词便是："金钱三不便，皇帝也会欠国库；周转临时失灵的朋友们，不用怕，我们随时会为您解决困难的；既不要背负人债包袱，也免除精神上的压力；何乐而不为呢？"

　　说来说去，其苦心和用意全在于设法招徕客户。甚至，当询问要典当宠物猫狗或要到当铺买"流当猫狗"的讯息渐增之际，有的当铺业则跃跃欲试欲增加"活物典当"业务了。据报道，高雄市当铺公会理事长曾向台湾媒体谈道，高雄市的220余家当铺，因受经济不景气、市场萧条、银行"抢生意"、大作汽车、摩托车贷款业务以及发行现金卡影响，当铺业绩从四五年前就开始走下坡，至今已下滑约 60%。在此情况下，难怪有的业主打出了"万物皆当"的广告招徕客户了，实在是无可奈何。

五、古今典当佚事

风云变幻中的典当业

当铺也是一把"双刃剑"

典当作为社会经济生活中的一种金融活动和金融行业，同市场商品经济有着与生俱来的亲缘关系。明代以来商业的空前发达，尤其明代中叶以来资本主义经济萌芽的出现，成为刺激传统金融行业——典当业进一步发展兴盛的主要因素。

明代政权虽然规定了典当财物的利息每月不得过三分，但实际上一些典当业主却肆意勒取，牟取利息远远超出了政府的规定。而且，有些当铺还往往采取"大戥入，小戥出"的奸商手段盘剥当户。如收当放钱时，"一金轻三四分"，而收取当户的利息时就"每一金昂三四分"了。再如《初刻拍案惊奇》卷一五中有一段写道，"那朝奉平素是个刻薄之人。初到南京时，只是一个小小解铺，他却百般的昧心取利之法。假如别人将东西去解时，他却把那九六七银子充作纹银，又将小小的戥子称出，还要欠几分兑头；后来赎时，却把大大的天平兑将进去，非但要你找足兑头，还要你补够成色，少一丝时，他则不发货，又或有将有金银珠宝首饰来解的，他看得金子有十分成数，便一模一样，暗地里打造来用粗珠换了细珠；低宝换了好石。如此行事，不能细述"。如此这般，明代典商盘剥逐利的情况被描写得淋漓尽致。至于收当时在当票上做手脚，将贵重写作低贱，将完好写成残破，更是家常便饭一般。明杂剧《施仁义刘弘嫁婢》中写洛阳城典商刘弘以"济贫"为名开了家解典铺，在经营中就是用焦赤金化为淡金，将好珍珠写成蚌珠，将未上身穿过的新衣写成"原展污了的旧衣服"，用烂钞支付当款，从而没用多久就赚取了万万贯不义之财。典当业由于采用了这种种不正当手段兼以高利，往往使当户蒙受十分惨重的损失。

在冯梦龙辑注的民歌集《挂枝儿》中，有一首《当铺》歌唱道："典当哥，你犯了个贪财病。挂招牌，每日了接了多少人？有铜钱、有银子、看你日出日进；一时救得急，好一个方便门。再来不把你思量也，怪你戥子儿大得很。"从字面上看，无非是说典当以救人缓急牟利。然而，冯梦龙之所以将《当铺》编入"谑部"之卷的道理，显然是在于他借"当铺"隐喻妓院，亦即元杂剧中所说的"皮解库"。冯梦龙的歌下批注，"讨尽典当哥便宜，应是花报"，一语道破其底，个中隐喻，不言自明。反其意而思，恰也是对当时典当情况的如实描述，反映了时人既需要典当调剂缓急，而又愤怨遭其盘剥的双重心理。救人缓急与高利盘剥之间这种利弊得失和正负效应，正说明了典当也是一把"双刃剑"。

堂堂孔府也开当铺

在举国上下竞相开当之风中，就连封建世袭贵族的山东曲阜衍圣公府——孔府，也开办了当铺。据曲阜县文物管理委员会收藏的孔府档案得知，在清顺治、康熙、道光年间，孔府均开有当铺并兼营放债。例如第0003976之17号档案材料，即是保存的一件发票拘捕淮安府睢宁相礼生陈维新催还债银的文件，这份历史文献记载："本府家人张士瑚启，为恳拘以完当铺银两事，切有睢宁相礼生陈维新央身作保，借到东当铺银十五两，至今本利无还，恳乞老爷天恩差人拘催，以完官银。遮身不敢遗累，合家顶戴。为此叩启。"显然，这是一份中保人的请状。又据第0003923之23档案材料得知，康熙末年，孔府当铺从业人员李国玉，不仅将女儿"进于公爷使唤，一家变卖了人口六口"，来偿还所欠孔府当铺30多两的

孔子像

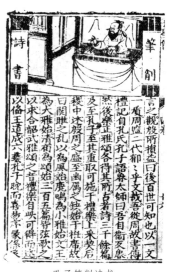

孔子笔削诗书

银债，此外还卖掉了仅有的土地，由购地者直接将钱送到当铺。借当铺 30 两银债落得个家破田无的结果，可见圣人家的当铺同样"难以免俗"。

孔子为中都宰

边疆流犯开典当牟利求生存

清季达官贵族以开当作为生财之道，竞相逐利；商贾开当，是其生计营业；而边疆流犯，有的也以此为生计。据清·陈盛韶《问俗录》卷五所载，他在道光十二年至次年（1832—1833 年）任职邵军厅时发现：在那里，到处是成群的军队发配流犯，这些流犯大都非常贫困，往往在偏僻地区贪得无厌地要这要那，村民们惧怕其强悍和无赖，无人敢与之计较。有些积蓄的流犯，便以开小押当为生。这种小押当，月息四分，当期以三个月为限，对当户盘剥得很厉害。甚至，成了贼盗销赃之所，因而那里的盗贼成风。然而，官府还不敢严厉治理，恐怕治理过严造成这些流犯的逃往外地。就此，这位地方官叹云："岂官威不行哉？恐其相率而逃，故疏纵至此。官避处分，民受重累，天下吏治不修，皆利害之见太明也。何独军流犯乎？例载：老而贫给予孤贫口粮，少壮发驿递当差给予工食。于养育之中原寓约束之术，援例不拘于例，惟求居民与羁犯相安，乃为妥协欤！"事实证明，陈氏所叹尽管有其道理，却全无实施的社会条件。你皇帝都率范开当取利，难道还不允我发配的流犯以此方式谋一碗饭吃吗！这是说不清楚的。

说起来，市井之徒开设典当，亦有其源流可寻。清季边地允许流犯开办小押以谋生计，可为先例。北京地区旧时关于典当业源于狱囚的传说，也算是这一现象在口传文化中的反映。相传罪犯王某被刑部判定终身监禁，竟熬成了一个管理犯人的小头目，于是则借机勒索众囚犯银钱，鼓动犯人赌博，输即以物抵钱，使之从中渔利，积资渐多。后王某遇赦出狱，遂以开小押当为业，那挂出的招牌写道"指物借钱，无论何物均可抵押，物值十而押五，坐扣利息，几月为期，限期不赎，变卖折本"云云。又传说，因典当业始于囚徒，所以当铺铺面的栏柜、门栅等设施，亦仿照监狱式样设置。

寺院质库忽然"蒸发"

明清两代典当业是中国典当史上的兴盛时期，但在寺院经济中的典当活动却锐减或说一下子在历史上消失了，在明代文献中已很少能见到寺库质贷活动的记载了。清代学者俞樾《茶香室丛钞》卷一一很诧异地写道："今之富商大贾往往质钱取利，而寺僧无之，亦古今之异也。"何以如此呢？这是以往向无明确阐释的问题。

明代以来寺院典当业骤衰或消亡的根本原故，首先是同明代以来中国佛教在政治生活所处的地位变化相关。早年曾经有过出家为僧经历的明太祖朱元璋即位后，鉴于农民利用秘密宗教为掩护或招牌举事起义的历史经验，则着手整顿佛教，限制了佛教的发展。清代则继承了明代的宗教政策。明清两代的佛教发展状况，是五代之后的衰微走势中的延续。明清两代实行的比较严格的宗教政策，设立专门机构对佛、道等宗教进行统一严格管理。在此情况下，寺院经济活动受到了限制，成为一向为世人毁誉不一的寺院典当锐减或消亡的直接原因。

其次，也是一个更重要的因素，应是寺院之外的社会典当业的兴盛广泛占有了典当业市场的基本份额。个中，寺库质贷在宋代社会曾经恶名远扬，受到普遍的指责，这也是迫使其逐渐退出典当市场的一个外在因素。

激烈的竞争，机智的典商

平阳亢氏典当传说

清初，山西平阳府（今临汾市）的亢氏家族，据《清稗类钞》记载，其资产有数千万银两，当地人称"亢百万"，堪称当时山西的首富。资产在七、八百万银两到百万银两的侯、曹、乔、渠、常、刘诸姓晋商大户，均排在亢氏之后。在清代的 200 多年里，如此"家运隆盛"，几乎绝无仅有。

关于亢氏家族自清初发迹的缘起，有个传说说是明末李自成农民军在山海关与清军作战失败之后，在经山西退往西安途中，曾经将所携带的金银财宝寄存于亢家。后来，李自成牺牲，寄存的金银财宝遂为亢氏家族所有了。不过，这个传说并无实据，只是一种猜测而已。亢氏家族以经商致富，是闻名遐迩的大盐商、大粮商兼大典商，这才是有据可查的历史事实。

至今，当地还流传着一个亢氏家族运筹帷幄，在其故里开当铺的故事。

清代前期，山西典当商颇多，是当时全国典当业仅次于徽州帮典商的第二大典当行帮。亢氏家族，是晋帮典商之中的一个资本雄厚的大典当商。相传，亢氏在其原籍平阳府就开设有一大当铺。后来，又有人在亢氏当铺邻近处也开设了一家当铺。亢氏眼见自己开办的当铺营利份额要被别人争夺去一部分，很不甘心，下决心要挤垮这家新开业的当铺。于是，他们想出了一条妙计，每天都派人到这家当铺中典当一个金罗汉，典价银 1000 两，连续典当了 3 个月，直至把这家新开张的当铺的资本几乎都占用光了，这家当铺的业主着了慌，赶忙问典当人何以有这么多的金罗汉前来出当？来人不慌不忙地回答说："我家总共有 500 尊金罗汉，现在才仅仅典当了 90 尊，尚有 410 尊金罗汉还要拿过来典当哩！"这家当铺主人听了大吃一惊，急忙向来人施礼，询问来人的主家，才知原来是平阳府巨富亢氏。当铺主人自知不是亢氏的对手，只好托人前去与亢氏家族协商，恳请将金罗汉全部赎回，自己则只好关闭掉当铺，远离他乡另谋生机产业去了。姑且不论这个传说真或假，他都说明亢氏家族是有实力并且擅长经营、擅于市场竞争的大典商。

亢氏家族中率先发迹者，是亢嗣鼎。关于亢嗣鼎的为人，一方面，乾隆《临汾县志》说他不仅孝顺老母，还善待子侄，"笃志力学，至老不倦。居乡尤多义举"。另一方面，据李华先生的《清代山西平阳大商人亢百万》考证，亢嗣鼎大约生于明末，一直到康熙末年仍然健在。他是一个恃富骄横，铿吝贪婪，为富不仁的大商人、大地主。尽管在灾荒之年，他也不得不捐献出一点钱粮，来赈灾施舍，装潢门面。亢氏从清初发迹时的"约计千万"的资产，到清末光绪时已经达到"号称数千万"，仅仅经过 200 多年，资产增加了数倍，显然这是亢氏家族善于经商的结果。

义乌"当典里"掌故

位于浙江省中部，地处金衢盆地东缘，四周分别东与东阳，南和永康市、武义县、金华县、兰溪市、浦江县、诸暨市相邻的义乌市，是个秦嬴政二十五年（公元前 222 年）始置的江南山乡古镇。义乌辖内有个柳村，柳村有个与典当业直接相关的别称，叫作"当典里"。说起这个别名的由来，就自然会引出一段掌故。

相传，清代乾隆年间，柳村有位杨永伸，字舒远，号畅斋。杨永伸膝下有五个儿子。长子杨思堆，20 岁时就到兰溪做佣工谋生，他为人忠厚朴实，颇得客商的信赖。这一年，苏州有位客商到义乌收购大枣，以枣花论价。那年，正值枣子丰收的大年，枣花如雪。谁曾想，签订下契约不久，却一连下了半个月的暴雨，十里八村的枣花几乎落得精光。那位无可奈何怏怏而去的苏州客商途经兰溪时，偏偏又把盘缠给丢了。恰巧，正被忠厚老实、拾金不昧的杨思堆给拣到了，并把银两如数归还了原主。深受感动的那位客商，一时无以回报，便随手把原所签订的买枣契约回赠给了这位杨思堆。巧就巧在没曾想那遭受暴雨的枣树花开二度，当年的"枣秋"之季，仍然是硕果累累，大丰收。结果，杨思堆喜出望外地发了一大笔意外之财。为此，他还特地带了数船加工后的成品南枣到苏州，答谢那位客商。通过在苏州一时传为佳话这件事，杨思堆的为人品格赢得了许多大客商的出资扶持。

有了雄厚的资本支持，他开始改做典当生意。到清乾隆四十九年（1784 年）时，杨思堆先后在义乌的柳村、稠城、佛堂、东阳县城、浦江黄宅等地开设了数家当铺。传说，他设在浦江黄宅的典当行，由于经营得当，曾经一度抢占了浦江典当生意的相当份额，并由此而引起了当地一些当铺老板的忌恨。他们暗地里串通起来，采取用自己铺里收当的他人财物转当到杨思堆的当铺，企图挤兑杨思堆的当铺，使其因为付不出当金而下不了台。果然，短短几天之内，杨思堆当铺的日经营额迅速暴涨，一时间库存银两告罄。当地的典商们于是就鼓动一些人上门闹事，雇了一些地痞无赖起哄："没钱做生意就滚回义乌去！"并扬言要砸当铺。杨思堆接到急报之后，火速筹集了40筐银两，分载了20辆手推车押往浦江黄宅当铺。不料，车子行到浦江城区街头，一位车夫不慎绊倒，车上的银子洒落一地。押送的伙计们只好纷纷去拾，无形中也就耽误了行程。这时，骑着高头大马走在车队前面的杨思堆传话下来，说："黄宅那边催得很紧，洒落的银子让别人拾去一些没有关系，还是赶路要紧！"这信息立即就传到了一直在密切关注事态的浦江黄宅当地当铺老板们的耳中，不觉惊叹杨思堆竟有如此雄厚的财力，恐怕继续弄下去难免会弄巧成拙，"偷鸡不成反蚀米"，于是赶紧纷纷前去赎当。事实上，他们正是弄巧成拙了。因为，这样一来，足足让杨思堆的黄宅当铺大大地赚了一把。直到事情过去多年之后，当年那些挤兑他的当铺老板们方才醒过腔儿来，当时，杨思堆只不过略施了一点小计而已。原来，那40筐银子当中，只是洒落的那两筐真正是装满了银两，其余的38筐都只是在大半筐的石块上面铺了一些碎银子作为伪装。

发迹了的杨思堆，从乾隆至道光的数十年间，先后出资在家乡柳村建了花厅、东山家塾以及桂馨堂、攸芋堂、慎余堂、存厚堂、厅奖堂、锄经堂、漱润堂等设施，形成了一个颇具规模的宏大建筑群落。由于他是做典当生意发的迹，后来，人们就把柳村称作了"当典里"。

诈骗、抢劫：典当业的古今劫难

如果从五代时奸民用"铁胎银"诈骗镇宁军节度使慕容彦超开的质库算起，历代诈骗乃至抢劫典当行的历史可谓久远了。可以说，无论古今，富有当典当行一直是诈骗、抢劫犯罪的首选作案对象，特别是明清以来，这种趋向就更为明显。

利欲熏心收贼赃，开门揖盗反遭劫

明代张应俞编了一部《杜骗新书》，专门辑录社会中形形色色的诈骗案例。其中，有一篇题为《诈脱货物劫当铺》的事例，说的正是当时某县一家典当行受骗上当的故事。

故事说，某县的衙边上有一大典当铺，贮积货物巨万。由于其资本雄厚，所以一般不管当值大小都能收当，买卖大，生意火，库房收存的货如山积。一日，来了一位容貌雄伟的客人。伙计把他让进店堂，那人神秘兮兮地说，"实不相瞒，我是外地人，做的是君子生意（做贼的），多年来积得许多器物。上个月劫持了某赃官的七个杠，里面大都是些珠宝器玩。如今有幸躲藏到贵县，一时难以变卖。规典当若能收当，愿意现场看物估价，只要求先付我十分之一的价钱，余下的就等你们出手之后再均分就是了。比如说卖得一千两，就各得五百，明年对月来支"。典当老板见利心动，就说，"那得先看看都是些什么东西"。那来人说，"货物极多，总共九大杠，在外面难以打开来看。今夜就看的话，需要吩咐守城门的要留门，待夜深人静之后，请你雇上 18 个人到船上来，当场估定价值，按约定付我那十分之一，我急用现金，其余的明年找完就可以了。然后，就把这九大杠东西抬回当铺"。于是双方一拍即合。

到了夜里，当铺老板让人吩咐守城者留门，雇了 18 个杠夫前往江边扛货，果不其然抬回来九杠货物。打发走了杠夫，关上店门，只见那贼用锁匙把九杠箱笼的锁一一打开，随即大喝一声："快出来！"不想那每杠箱笼里都爬出两个手执短刀的贼人，先把当铺老板绑了，用刀逼他不许作声，作声就杀头。然后，这 19 个贼人进入内室，把其他人等也一一绑了起来。就这样，全当铺的人眼睁睁地看着他们把铺内货物尽数收入九杠之内。19 个贼人抬着九杠货物大摇大摆、从容出了城。在城门口，还告诉守门人，"这下可以关城门啦"。

到了后半夜，当铺里才有人逐渐挣脱开绑，等把大家都松了绑，赶到城门口，城门已经关闭。再问守门人："看到扛杠的出城没有？"守城的说，"早就出城多时了"。直等到鼓楼敲过五鼓开了城门，再追到江边，那贼船已经连夜开走不知去向。这就是典当行利欲熏心欲收贼赃，到头来开门揖盗、引狼入室落得个钱物两空。

"径寸珠"的故事与古今当铺受骗

清代乾隆年间王椷《秋灯丛话》第十三卷里有一个题为《径寸珠》的故事。故事说，有位叶某，苏州人，是位鉴赏珠宝古玩的高手，百不失一，被都门某典商慕名重金聘去。一日，有人手持一颗"径寸珠"——直径一寸许的宝珠，前来出当，索要当价五百金，叶某当即按他的要价收下了。稍后再仔细一看，那"径寸珠"竟然是赝品。这可怎么是好？他设酒宴请来城里的各位同行吃饭。酒席宴上，他把看走眼吃亏上当这事儿向大家一说，恳请各位帮忙再弄一颗同样的宝珠，以便当主来赎，大家表示尽力相助。同时，还取过那赝品"径寸珠"请诸位传看一番。传看之后，叶某握着那颗赝品"径寸珠"说，"承蒙诸位肯于帮忙，再把这颗赝品珠子留在手里也就没什么用场了"。说罢，当场就把那颗"径寸珠"摔碎了。

第二天，那位当户就持赎金前来赎取"径寸珠"。叶某如数收下赎金，递上那颗"径寸珠"。当户当即仔细一看，仍然是自己当初出当的那颗赝品"径寸珠"，一点都没变样，不觉瞠目结舌、悻悻而去。

这是怎么回事儿？那颗赝品"径寸珠"不是已经在头一天当众毁掉了吗？原来，其间，头一天叶某当众毁掉了的是一颗"依样画葫芦"仿造的赝品"径寸珠"。当众毁掉，是其一计，意思正是使之传出去，从而诱使骗当的人闻讯回来赎当时讹诈当铺，索要赝品"径寸珠"。不曾想，果真中了叶某的计，无言以对。

《秋灯丛话》之后，清代嘉庆年间还有一部署名为"慵讷居士"的《咫闻录》，其卷九《嫁祸自言》中，也记载了两个用赝品或假货诈骗当铺的故事。其一，说是嘉兴某家当铺不小心收当了假金器，就想嫁祸于人，结果却是赔了夫人又折兵，破了产。再一个，说是金陵（今南京）某家当铺，误收了假金器之后，则采用了以诈制诈、以假治假的方法，"以其人之道，还治其人之身"，巧妙地收回了赎金，避免了经营损失。

其实，像这类当铺收当上当受骗的故事，古今均不乏其例。甚至，今天也会不时发生。当代作家邓友梅有一篇民族化、大众化的京味通俗小说，名叫《寻访"画儿韩"》。这篇小说描写一位书画古玩鉴别专家"画儿韩"，当年在当铺里当副经理的时候，误收了一幅甘子千仿造的张择端《寒食图》。当他发觉上当之后，又自己仿造了一幅，并且当众烧掉，从而诱使出当假画的那位来赎当，于是就把那损失的 600 块大洋当金收了回来。

北京土豪欺诈徽籍典商

清人潘水因《续书堂明稗类钞》卷一六，记载了明季某一位北京土豪欺诈徽籍典商的事。

> 北京城外某街，有土豪张姓者，能以财致人死力，凡京中无赖皆归之。忽思乞儿一种未收，乃于隙地创土室，招群丐以居，时其缓急而周之。群丐感思次骨，思一报而无地。久之，先用以征债，债家畏丐嬲，无不立偿者。已而洞人有营干之事，辄往拜，自请居间，或不从，则密谕群丐嬲之。阴使人为之画策，谓非张某不解，乃张至，嗔目一喝，群乞骇散。人服其才，因请营干，任意笼络，得钱不赀。尝以小嫌怒一徽人开质者。张遣人伪以龙袍数事质银，意似匆遽。嘱云："有急用，故且不索票，为我姑留外架，晚即来取也。"别使人首之法司，指为违禁，袍尚存架，而藉无质银者姓名，遂不能直，立枷而死。逾年，张坐他事系狱。徽人子讼父冤，尽发其奸状，且大出金钱为费，张亦问立枷。而所取枷，即上年所用以杀徽人者，封识姓名尚存，人咸异之。张竟死。

事虽因所具有的传奇色彩而受到作者的注意，收载入书，却提供了当时乞丐为虎作伥欺诈典商并致使蒙冤毙命的一个案例。

乞丐出当假金镯

清末雷君曜编的《绘图骗术奇谈》卷一，记述了乞丐合伙谋骗当铺的又一案例，题为《质库受骗》。

《绘图骗术奇谈》卷一《质库受骗》插图

　　说是有位衣着华丽的人，带着仆佣，坐着车子，来到了一家当
铺。他脱下两腕上的金手镯，交给典当的掌柜的要当些钱。掌柜的
反复仔细查验，黄赤无伪，称一下，两只金镯各重五两。就问他要
当多少钱，说要京钱五百贯。掌柜的一听，就还给他了。经过简单
的讨价还价，来人让到了三百贯。北方习惯使用钱帖，就如数给他
拿去了。这时，旁边站着的一个乞丐也脱下了破袄，要求当二十贯
钱。那乞丐见掌柜的嗤之以鼻，就笑道："连假金镯子都能当钱三

百贯，我的袄虽说破烂一点，但绝不是赝品，怎么就不值二十贯呢？"于是，掌柜的开始对那对金镯起了疑心，再仔细地反复查验，发现竟然已经被换成了包金的镯子了。便询问乞丐是怎么知道的？乞丐说，这是个有名的骗子手，我连他的住处都知道。掌柜的表示，愿意给乞丐钱两贯，条件是一同前往骗子的住处去找。到了地方，果然看见他来时坐的那车还在外面停着。乞丐在很远处指出那个人，拿过两贯钱，脱身离去。掌柜的进了门，只见那人正在同一位看上去很有身份地位的人一起饮酒，则未敢喧哗。便到外面让仆佣唤他出来，与之理论。那人说："你既然说试赝品，为何还给当那么多钱呢，明明是你给掉了包。"互相争执不已。这时，房子里面那位看似很有身份地位的人闻声，邀请两人到屋子里去，笑着对出当的人说："我辈宁肯吃亏，也不能占人便宜，不可与市井之徒较量，有失官体。如果足下钱还未用，不如就还给他算啦。"那人似乎很不得已，很不情愿地用当得的钱帖赎回了两只金镯，掌柜的欣然而归。傍晚时，掌柜再拿那钱贴去钱局取钱，不想钱已经被取走了，请钱局出示取走钱的钱帖比对一下，这才又发现，要回来的后一份钱帖竟然是高手描摹而成，急忙再赶到那人的住处，则人去房空了，回过头来再寻觅那个乞丐，竟然也没了踪影。

六旬当铺老掌柜痛悔"走眼"

旧时上海有一位年逾六旬、有四五十年经营经验的当铺老掌柜，先后带过上百徒弟，同行都尊称他为老前辈，每逢遇到求当珠宝而真伪难辨时，都来向他请教。然而智者千虑，亦难疏于一时。就是这么一位经验丰富的老掌柜，亦曾被市井之徒骗当得手。事情是这样的，一天午后，老前辈端坐柜中，有人持一颗东珠求当。老前辈细看这颗大小如豆的珍珠，精滑光润，真乃千金珍品。于是，当即将来人邀请入室，商议质价，给他三百元，不允；增至四百，仍不干，坚持要五百。不成，拿回珠子要走，旋又止步说道："请您再仔细看看，这颗宝珠的价值实在千金以外。我经营珠宝，您经营典当，大家都是内行，不会不知时价。我因急需用钱，非五百不当。您若给价到四百五，我可另取 20 颗小珠凑到五百之数，怎么样？"说罢，当即拿出一颗小珠说："其他 19 颗在店里，我回去取来。"老掌柜表示同意。不多会儿，那人回来，先把东珠交给老掌柜，然后取出一盒 50 颗小珍珠让他从中挑选 20 颗。当老掌柜全神贯注地精选小珍珠时，来人在一旁斜视着嘲笑道："您真可谓缜密到家了！还是先收好东珠，莫光在小珠上面斤斤计较，要知道一周之后我就要赎回去的。"于是，说得老掌柜面带愧色地收起大小珠子藏至内室，然后如数点交了钞票。待当客离去，老掌柜又将大小珠子分装两盒，亲自送交首饰房。这时再重一审视，那颗所谓的"东珠"，竟然是赝品，不觉大惊失色。经他静坐回忆方才成交过程，一时顿悟：那当客先拿来的那颗东珠的确是真的，只是借老掌柜聚精会神挑选小珠之际，巧妙地以假珠调换去了。

　　老掌柜经此一骗，赔本为次，更重要的是考虑到已使"老前辈"的名声扫地，无颜继续再操此业了。于是，他向典东请求辞职还乡，典东再三挽留不得，只得听之。老掌柜临行前一天，下帖遍邀同行和珠宝业代表至一家大餐馆设宴话别。席间，老掌柜当着这百多宾客的面，又拿出那颗假东珠给众人传看，说明辞职缘由。然后，他又说："为不让这颗制造精巧、真假难辨的伪珠流传于世，难免使人继续上当受骗，现我就把它捣碎，以永绝后患。"说罢，要侍者拿来铁锤，猛将伪珠击碎，客人掌声四起，大家尽欢而散。然而，老掌柜因身体不适未能即于次日起程返乡。这天中午时，有人持当票和钞票来赎取东珠。店员一看正是老掌柜为之失手的那笔生意，并要求立即办理，但原物却被老掌柜在昨天就毁掉了。怎么办，店员无奈只得结算收款，然后持票回里面找老掌柜。老掌柜闻听大喜："果然不出所料，他真的来了。"当即取出当初的那颗假珠，交店员还给当客。赎者持假珠端详再三，默无一语地怏怏而去。原来，老掌柜所毁是另颗与之相似的假珠，设宴话别、当众砸碎，均在于制造假象和舆论，以诱使骗子重来持票敲诈。结果，骗子正中圈套，自食其果；既为当铺补回了损失，也为老掌柜挽回了"老前辈"的声誉。

赎金三万元的一笔"大胡珠"生意

然而，像上述那样能智挽被骗损失的当铺，毕竟很少，更多的则是一骗即亏。

仍是上海的一家当铺，掌柜的结交了一位姓祝的珠宝商。两人今天喝酒，明日看戏，过从甚密，但所有花费开销均由祝某慷慨解囊，不要掌柜的破费分文。祝某交往的，或买办，或经理，大都是一时富商巨贾。一天晚上，祝某向当铺掌柜提出，因时届月结而缺少万元资金，愿以数十颗大胡珠暂抵贷一万元，因该珠已有买主，一周左右即可来赎取。掌柜视其珠果然罕见，未敢决其真假而碍于平日友谊只好应允。经珠宝店鉴别估价，果然不错，祝某亦如期取赎，致使掌柜对祝某深信无疑。此后，祝某时或以脂珠来质贷，习以为常，颇有信誉。然而，这一次到了祝某的取赎期满，却不见来赎取。这是一笔赎金三万元的大生意，过期多天仍未见祝某露面。于是，即按惯例将抵押的脂珠往别处转抵，一验竟是赝品。再转至别处，亦同样结论。掌柜的急了，即往祝某经常出入的菜馆、妓院寻访，终杳无踪影，就连平时与祝某一起经常遇到的那些商界朋友，也都看不见了。这天遇到一位同是祝某好友的某银行执事，听掌柜述说自己如何遭骗事，他竟说："别说了，你我彼此彼此！"原来他也同样上了当，真是同病相怜。

天津卫"庆德当"烧珍珠

清末民初，天津老城厢有家叫"庆德当"的当铺。

那是民国二年（1913年）的冬月的一天。这天，柜上以400元的当价收当了两串看似十分高级的珍珠。收当后打包时，收当的掌柜的发现这两串珍珠竟然是原本并不值几个钱的假货，一时懊悔不迭。不过，"庆德当"的经理金云樨见状却是不动声色，还好言好语地安慰他不必介意。

大约一个月之后的一天，金云樨备了四桌酒席，下帖子邀请一些当铺同业以及古玩商、珠宝商等朋友们前来一聚。酒过三巡菜过五味之后，他取过那两串假珍珠出示给众人说，"今后各位千万留点神，别像我这儿受骗上当才是"。说罢，当众把那两串珍珠就扔到火炉里烧掉了，众来宾一时愕然。

又过了大约10天，当初那位用假珍珠冒充高级珍珠当了大价钱的当主，持当票前来赎当时，柜上竟然又把当初的那两串假珍珠还给了他。原来，金云樨宴席间当众扔到炉子里烧毁的，是所收当物的替代品。当下，那位当主一看此计的结局竟是"完璧归赵""物还原主"，已经没有了借机敲诈的可能，全无二话，连连认输说"栽了，我算栽了"。

旧京天桥：假当票坑骗无辜

市井之徒不但向当铺行骗，还不时利用假当票坑骗无辜市民。民国年间京、沪等地的当票贩子，即不时以过期当票或伪造的当票骗人。例如旧北京天桥一带，常有人干这种骗人勾当。骗子手持一张当票拉住位行人述说苦情，如家有高龄老母而衣食无着，能当的都当光了，这件当有皮袄、皮裤、皮坎肩等物的当票行将满期，却已无力赎取了，请你随便给几个钱就转让给你吧。行人一看，他说的那当铺不远，就在珠市口，再看当票也是真的，既可怜了别人又得了便宜。于是接过当票，给了他几元钱打发走了。等回家取钱按字号到那当铺去赎，结果不是过期的当票，就是涂改或伪造的，吃了个哑巴亏。

清末怪现状：知县的账房敲诈当铺

吴趼人《二十年目睹之怪现状》第 54 回《告冒饷把弟卖把兄，戕委员乃侄陷乃叔》中，写了一位朱某用出卖把兄弟换得个峄县知县现职的缺。结果，却因为他充当账房的侄儿冒用齐名敲诈当铺和杀人，在他所出卖的朋友死后第三年，也于同一个地方被砍了头。这里，且看书中所描写的清末诸怪现状之一：知县的账房敲诈当铺。关于敲诈当铺的情节，书里写道：

> 朱某用把兄弟的项上人头换得个峄县知县现职的缺，便高高兴兴地带了两个侍妾去到任，又带了一个侄儿去做账房。做到年底下，他那侄少爷嫌出息少，要想法子在外面弄几文，无奈峄县是个苦地方，想遍了城里城外各家店铺，都没有下手的去处。只有一家当铺，资本富足，可以诈得出的。便和稿案门丁商量，拿一个皮箱子，装满了砖头瓦石之类，锁上了，加了

本县的封条，叫人抬了，门丁跟着到当铺里去要当八百银子。当铺的人见了，便说道："当是可以当的，只是箱子里是什么东西，总得要看看。"门丁道："这是本县太爷亲手加封的，哪个敢开！"当铺里人见不肯开看，也就不肯当。那门丁便叫人抬了回去。当铺里的伙计，大家商量，县太爷来当东西，如何好不应酬他；不过他那箱子封锁住了，不知是什么东西，怎好胡乱当他的，倒是借给他点银子，也没甚要紧。我们在他治下，总有求他的时候，不如到衙门里探探口气，借给他几百银子罢。商量妥当，等到晚上关门之后，当铺的当事便到衙门里来，先寻见了门丁，说明来意。门丁道："这件事要到账房里和佟少爷商量。"当事的便到账房里去。那佟少爷听见说是当铺里来的，登时翻转脸皮，大骂门上人都到哪里去了，"可是瞎了眼睛，黉夜里放人闯到衙门里来！还不快点给我拿下！"左右的人听了这话，便七手八脚，把当事拿了，交给差役，往班房里一送。当铺里的人知道了，着急地了不得；又是年关在即，如何少得了一个当事的人。便连夜打了电报给东家讨主意。这东家是黄县姓丁的，是山东著名的富户，所有阖山东省里的当铺，十居六七是他开的。得了电报，便马上回了个电，说只要设法把人放出来，无论用多少钱都使得。当铺里人得了主意，便寻出两个绅士，去和佟少爷说情，到底被他诈了八百银子，方才把当事的放了出来。

在此，个中当铺的"当事"，显然不是"当事人"之谓，而是当时当地对当铺"朝奉"或是伙计的又一种习惯叫法。这种叫法，在这本书里是首次见到。

名人与典当的故事

柳宗元"出私钱"帮穷人赎回被典当的子女

祖籍山西永济的唐代文坛巨匠柳宗元，人称"柳河东""柳柳州"。其所作的雄沉雅健、洋洋大观的《封建论》，足可与西汉政治家、文学家贾谊的《过秦论》相媲美；《黔之驴》寓言，托物寓愤，精悍犀利，含蓄隽永；尤其是《段太尉逸事状》《捕蛇者说》，于抑郁幽愤之中寄托了对贫苦百姓的深切同情；《永州八记》等山水游记，犹如一幅幅丹青长卷似的展现了湘桂交界地山水胜景，表达了作者以及与之有同样感受者对自然美的切身感受。这些，使柳宗元在中国文学史上独占一席之地，被后人奉为楷模，赢得了后人的景仰。

柳宗元像

也正是这位"柳河东"，在贬谪柳州任上，传播儒学，改革弊政，解放奴婢，开荒挖井，发展生产，为他赢得了诗文成就以外的盛誉。特别是废除典当人口陋俗，解放奴婢，是柳宗元在柳州刺史任上进行的一项有着重大社会意义的改革。当时，柳州地方以男女质钱是相沿已久的一种"土俗"。贫苦的农民每当交不起地租或是难以偿还高利贷的时候，不得已只好把自己的子女送到债主家作为抵押，超期而又无力赎回，便利上加利，直到利息与债款相等，被作为"抵押品"的子女则终身沦为失去人身自由的奴婢。因而，这里曾经一度出现了"豪家婢妾百余，男仆数百"的现象，严重地影响了当地社会经济的稳定和发展。一向主张"以生人（民）为己任"的柳宗元见状，下决心要废除这种典当人口陋俗。于是，柳宗元根据朝廷颁布的"不许典贴良人男女作奴婢驱"律例"革其乡法"，下令债主按时间给抵押在其家服役的奴婢计算工钱，一当工钱与债款和利息的数目相当，就必须放还人质回家。同时，柳宗元还拿出部分自己的钱财"出私钱"帮助一些无力还清债务的人家赎回被典质的穷人子女。大约一年的时间，就使上千被典质的穷人子女获得了自由，解除了痛苦。柳宗元这一废除典当人口陋俗之举，不仅受到了直接上司桂管观察使裴行立的赞许和推广，更使柳州众多穷苦百姓感恩戴德。据说，当时在袁州（今江西省宜春市）刺史任上韩愈，也仿照柳宗元的举措，革除典当人口陋俗陋俗，使得袁州的数百名沦为奴婢的穷家子女也解除了惨受奴役失去自由的痛苦。柳宗元死后三年，柳州人在罗池兴建了庙宇"柳侯祠"，内设衣冠冢，纪念他的德政和功绩。

施耐庵的女儿典当嫁妆书稿

元末明初的施耐庵，随着一部《水浒传》的传世而流芳千古，成为世界文学史上的著名经典作家。在民间，流传着一个"施耐庵的女儿典当嫁妆书稿"故事。

相传，施耐庵的独养女儿要出嫁了，但是他没有钱为女儿置办什么像样的嫁妆，很是苦恼。当他女儿婚礼那天临上轿之前，就把自己写的一部书稿交给女儿，叮嘱说："将来如果一旦生活中遇到了困难，那就把这书稿拿到当铺里，相信会当个高价。"

女儿过门之后，女婿则时常叹息没沾着岳父家的什么光。施耐庵的女儿心里清楚，无非也就是嫌家里陪送的嫁妆少了一些，干脆就把爸爸送我的书稿拿去当回点银子来，也好封住婆家的口。第二天，她拿着书稿去了当铺，声称要当一百两银子。当铺的朝奉赶紧把书稿送给老板查看，老板看了书稿便爱不释手。当他听说来出当的是位小娘子，眼睛一眨计上心来。他让朝奉告诉当书稿的，就说老板现在不在家，稿子先放在这里，等两天老板回来再当面讲价。施耐庵的女儿不知是计，便把书稿留在了当铺。两天之后，她再去当铺找老板时，不曾想那当铺老板就把书稿朝她一丢，说："这书稿我看过了，不值几个钱儿，要当的话，就给你一两银子；若不愿当，你就拿回去吧！"原来，狡猾的当铺老板已经暗地里叫人把书稿全部抄了下来。

当施耐庵听罢又羞又气的女儿跑回娘家，把当书稿的经过学了一遍，他笑了笑说："女儿，你上了那当铺老板的当了，就是这两天的时间里，书稿已经被他偷着抄下来。"女儿一听，恍然大悟。施耐庵忙劝慰女儿说："你也别为这事儿懊恼，我会有办法收拾他。"说着，又从书箱里拿出一部书稿，让她再拿到那个当铺里去典当，叮嘱她，"这回，要当二百两，少了不当。不过，你一定要书稿不离手，一手交钱，一手交书稿"。女儿惊诧地问："哪能有这么贵的书啊？"施耐庵说："我的这部书稿总共写的是一百单八将，上次给你的是书的上半部，只写了三十六天罡；这次交给你的是下部，又写了七十二地煞，上下部合起来才是完整的一部书哇。别看那老板偷着抄去了上部，如果没有这下部，就等于是一堆废纸。"

第二天，施耐庵的女儿再次拿书稿拿去当，那当铺的老板果然还先要留下来看看再议。施耐庵的女儿就按照父亲嘱咐的说："这一回不行，必须是一手交银子，一手交书稿，价钱吗，也必须是二百两，不当就拉倒。"已经看过书稿上部的当铺老板实在是舍不得这部奇书，也没法再要滑头了，只好乖乖地送过二百两银子，收当下这后半部书稿。这回，施耐庵的女儿高高兴兴地回了婆家。

原来，施耐庵这部《水浒传》在未付印流通公诸于世之前，还有过两进当铺的传奇经历呢。

鲁迅记忆中当铺的高大柜台

日本学者宫尾茂，在其所著《支那街头风俗集》的《支那看板集·质屋（当铺）》里，介绍到中国当铺时，他注意到，那当铺的店堂前，是七八尺高、带围板的大柜台，当当客举起手往里递送当物时，还仅仅伸到距离柜台上沿一尺多远的地方。显然，在外国人

鲁迅诞辰 100 周年纪念邮票

眼里，实在感其高而不便，令之惊讶怪异。因为，他们尚未看惯这种柜台设施。

　　鲁迅生于清末光绪六年（1880 年），1902 年去日本留学，时年22 岁。1922 年他撰《呐喊·自序》，当时回忆的少年时代其父病殁前，出入当铺的感受，已相去 20 多年，那还是清季末年的事。也就是说，据鲁迅少年时代的经历所见得知，典当铺面设置高柜台之制，至迟于晚清即已存在了，民国以来仍沿行其制。这里不妨顺便说及的是，鲁迅出身的绍兴周氏家族，本身也曾主要以经商，特别是靠经营当铺发家。当时浙江典当业主要为安徽帮和绍兴帮所把持，周家典业显系绍兴帮。所以，鲁迅研究专家彭定安先生在《突破与超越——论鲁迅和他的同时代人》中写道，"在周氏家族子弟身上，流着商人与士大夫两种血液，遗传着这样两种不同的气质基因"。对此，其族叔周冠五写的《回忆鲁迅房族和社会环境 35 年间（1902—1936）的演变》，在述及周氏家族各色人等时，亦持此说。他写道：宗祠中所接触的是哪些人物呢？粗率地观察分析，可说是行行皆有，色色俱全，薰莸同器，良莠互见。有官绅胥幕，地主奸商，有衙役地保，乞丐小偷，有媚富傲贫的钱猢狲（绍俗呼庄中人为钱猢狲，以其手腕敏活，动即为其攫去），有剥蚀贫民的镴夜壶［镴夜壶即绍人呼当（铺）"朝奉"的鄙称，绍人呼"尿壶"为"夜壶"，呼"锡"为"镴"，意味用锡制夜壶，锡即等于废料，不能改制他物，以其臭不可闻也］……

　　时去若干年代之后，少年鲁迅所出入的当地当铺之时，其家族业已败落，那当铺恐已未必是周家所有。当然，即或是同宗族人所有的当铺，恐亦是朝奉高居大柜之前，认钱认物不认人的。

"借当"的"王定保"并非著《唐摭言》的"王定保"

古代汉语里，有个出自五代时王定保所著的《唐摭言》的成语"入吾彀中"。据《唐摭言》书中记载，说是有一次，唐太宗李世民微服私往御史府（考试进士的地方）视察，看到许多新录取的进士鱼贯而出，喜出望外，便很得意地叹道："天下英雄，入吾彀中矣！"大意是说："满天下的有为青年，都已圈进了我这儿！"辑录这则掌故的"王定保"（870—940年），江西南昌人，唐代翰林学士、著名诗人吴融之婿，唐昭宗光化三年（900年）进士及第。所著《唐摭言》，是记述唐代科举制度掌故的唯一专著。书中，不仅记述了不少唐代诗人文士的遗闻佚事，可以窥见当时文人风貌之一斑；还保存了许多唐人别集所失载的断章零句，可以作为唐诗辑佚的重要依据。

山东吕剧有出著名的传统保留剧目，叫作《王定保借当》。剧情大意是，王定保初涉赌场输了钱，无力偿还，于是只好到张家湾舅舅家里去借钱。表姐张春兰与王定保已有婚约。王在表妹张秋兰的帮助下，借得包裹到当铺去当钱。不曾想，当铺的掌柜的李武举乘人之危要霸占春兰，把个王定保诉之衙门。王定保一时说不清包内之物，结果被押到了南监。张春兰姐妹闻讯，连夜赶往衙门作证，同当铺掌柜的李武举当堂对质，真相大白，王定保被当堂释放，李武举被罚。

这个故事，在山东等地广为流传。除了吕剧、民间故事之外，还见于民间说唱艺术"鼓子词"。鼓词《绣鞋记——王定保借当》和另篇《王定保借当》的故事情节，与吕剧情节大同小异。据赵景深先生辑录的《鼓词选》所收录的鼓子词《王定保借当》中写道，"借当"的"王定保"是河南云墨县王家滩人氏，"王定保"乃其乳名，而"大号王伶安"。

一个南昌人氏，一个"大号王伶安"者河南云墨县王家滩人氏；一个以所著的《唐摭言》留香史册，一个以"借当"故事传名民间；显然，"借当"的"王定保"并非著作《唐摭言》的"王定保"。

文天祥典当金碗以及典当唯利是图

> 辛苦遭逢起一经，干戈寥落四周星。
>
> 山河破碎风飘絮，身世沉浮雨打萍。
>
> 惶恐滩头说惶恐，零丁洋里叹零丁。
>
> 人生自古谁无死，留取丹心照汗青。

这首有如黄钟大吕的绝响、光射千古的著名诗章，是南宋爱国名臣、文学家文天祥的《过零丁洋》。1278 年春末，端宗病死，陆秀夫等再拥立 6 岁的小皇帝，朝廷迁至距广东新会县 50 多里的海中弹丸之地。这年冬天，已经被加封为信国公的文天祥率军进驻潮州潮阳县，欲凭山海之险屯粮招兵，寻机再起。然而元军水陆猛进，发起猛攻。年底时，文天祥在海丰北五坡岭遭到元军突然袭击，兵败被俘，立即服冰片自杀，但被抢救了过来。这时，已经投降元军的张弘范前来劝降，遭文天祥严词拒绝。于是，他就写下了这首壮怀激烈的《过零丁洋》来表明自己的心志。

恐怕很多人想不到，就是这位著

文天祥像

名的民族英雄，当年也曾迫于经济窘困而有过到当铺去典当的经历。其中有据可查的一次，则是把一只金碗送进了当铺却一时无力赎回来，足见他当时的窘困程度。据知，这只金碗原系文天祥担任景献太子府教授时所获得的赏赐，后因急等钱用，只好用作抵押物送进了质库贷款。这件事，史籍未载，但可见于收入文天祥的《文山全集》卷五的一封书信《回秘书巽斋欧阳先生》。信中写道："金碗在质库某处约之，甚恨未能自取之，乃劳先生厚费如此！山林中亦无用此物，先生倘乏支遣，不妨更支钱用，弟常使可赎。"这位借给文天祥"当头"的"巽斋欧阳先生"，即曾经官至"著作郎"兼"崇政殿说书"之职的欧阳守道。"巽斋先生"一向敬重文天祥的为人，当他得知这位忠烈英雄窘困得连当年太子府赏赐的金碗都送进了当铺，却又一时无力赎出，于是就解囊相助。同时，也就有了收录在《文山全集》里的这封《回秘书巽斋欧阳先生》书信。

如同任何商业活动一样，开设典当牟取利润，无可非议。无论是谁，即或是文天祥这样的人物出当，也理应遵守典当规则。不过，历代许多典当唯利是图，千方百计逐利，却为之赢得了可恶名声。宋代无名氏（旧题元代著名戏曲大师关汉卿撰）的《鬼董》中，有则鬼董对此做了生动描写。故事说，南宋年间，在杭州西湖赤山，有位军人把衣服典当给了当铺。当他到当铺去赎的时候，手里只有四个钱，还差六个钱，当铺掌柜的就说什么也不让他赎。于是，双方争讲中吵骂起来。这时候，有位过路的好心行人要代军人补足那六个钱，不巧他却也仅有五文，还差一文钱。当铺掌柜的则非要凑足那一文钱不可。对于质库业主如此苛刻行为，作者以"恨不脍其肉"之语表达了愤怨之情。这个故事，也从另一角度反映了时人对质库等高利贷行业的积怨情绪。

茅盾笔下的故乡典当

现代著名作家茅盾的故里，是浙江省桐乡市的乌镇。有着1000多年历史的乌镇，是江南众多古镇之一。在茅盾的作品中，多次描写过家乡的人文历史和水乡风光，也多次写到过家乡的当铺。例如，在《故乡杂记》里，他写道：天气骤然很暖和，简直可以穿"夹"。乡下人感谢了天公的美意，看看米缸里只剩得几粒，不够一餐粥，就赶快脱下了身上的棉衣，往当铺里送。在我的故乡，本来有四个当铺；他们的主顾最大多数是乡下人。但现在只剩了一家当铺了。其余的三家，都因连年的营业连"官利都打不到"，就乘着大前年大保阿书部下抢劫了一回的借口，相继关了门了。仅存的一家，本也"无意营业"，但因那东家素来"乐善好施"，加以省里的民政厅长（据说）曾经和他商量"维持农民生计"，所以竟巍然独存。然而今年的情形也只等于"半关门"了。

紧接着，又就乡民出当的情景，作了一幅速写：早晨七点钟，街上还是冷清清的时候，那当铺前早已挤满了乡下人，等候开门。这伙人中间，有许多是天还没亮足，就守候在那里了。他们并没有什么值钱的东西。身上刚剥下来的棉衣，或者预备秋天嫁女儿的几丈土布，再不然，——那是绝无仅有的了，去年直到今年卖来卖去总是大亏本因而留下来的半车丝。他们带着的这些东西，已经是他们财产的全部了，不是因为锅里等着米去煮饭，他们未必就肯送进当铺，永远不能再见面。（他们当了以后永远不能取赎，也许就是当铺营业没有利益的一个原因罢？）好容易等到九点钟光景，当铺开门营业了，这一队在饥饿线上挣扎的人们就拼命地挤轧。当铺到十二点钟就要"停当"，而且即使还没到十二点钟，却已当满了一百二十块钱，那也就要"停当"的；等候当了钱去买米吃的乡下人，因此不能不拼命挤上前。挤了上去，抖抖索索地接了钱又挤出来的人们就坐在沿街的石阶上喘气，苦着脸。是"运气好"，当得了钱了；然而看着手里的钱，不知是去买什么好。米是顶要紧，然而油也没有了，盐也没有了；盐是不能少的，可是那些黑滋滋像黄沙一样的盐却得五百多块钱一斤，比生活程度最高的上海还要贵些。这是"官"盐；乡村里有时也会到贩私盐的小船，那就卖一块钱五斤，还是二十四两的大秤。可是缉私营厉害，乡下人这种吃便宜盐的运气，一年内碰不到一两回的。

这里记述的，是他 1932 年回故乡乌镇时的见闻实录。

乌镇的当铺和"汇源当"

茅盾说，"在我的故乡，本来有四个当铺"。其实，这个地处两省三府七县交接之地，由于交通便利、商业发达的水乡古镇，商铺林立，曾经很是繁华。在历史上，乌镇曾经不止有过 4 家当铺。据宋代末年隐士沈东皋编写，之后又多次续修的中国历史上第一部镇志《乌青镇志》的记载，这个小小的江南古镇，最多时，当铺多达 13 家。太平天国之前还有 7 家。清咸丰十年（1860 年），乌镇成了太平军与清兵的一处交战的战场，战争过程中，街市大半被毁，典当也未幸免于难。同治、光绪年间，开始陆续有葆昌、宝生、汇源、丰泰、淳泰 5 家当铺得到恢复。民国以来，由于兵乱、湖匪劫镇、经济萧条等缘故，加之南栅大火，使得镇上的典当损失惨重，除了汇源典当还在勉强支撑外，其余四当相继歇业。抗战爆发后的民国二十八年（1939 年）汇源当当房中弹起火，连续烧了数日，除柜房、铺面之外，其他几乎全部焚毁。从此，乌镇的典当也就绝迹了。

汇源当位于乌镇中市传统商铺林立的常丰街，处于应家桥与南花桥之间。2002 年春，笔者曾经借讲学之便前往乌镇一游，特别考察了茅盾笔下所说的当时"仅存的一家"而且也已经处于"半关门"样子的当铺，亦即"汇源当"的旧址。我现在所见到的，是桐乡市乌镇镇保护与旅游开发管委会为保护古镇风貌，于一年之前刚刚在汇源当幸存的铺面、柜房原址基础上，按原貌修复的供人参观的古镇典当博物馆。

"汇源当"的铺面，是座上下两层、四周油封火墙围绕的五开间营业大厅。入得典当博物馆门来，是个过道，只见一个高约 3 米的繁体大"当"字格外醒目。迈进数米高的封火墙——乌镇第一高墙的院门，越过天井，迎面的便是汇源当的营业铺面——"柜房"了。像其他传统典当营业设施一样，铺面高达 1.8 米居高临下、压人一头的柜台，柜台上面是留有营业窗孔的木栅栏。柜房的后面，是"暗房"；再后面，是正厅、客房和后厅。正厅的东面，是厨房和客房。整个的二楼，都是"号房"，亦即盛放当物的库房。在当铺柜房通往二楼的门口供着两个神位，一个是"火神"，另一个是"号神"。当地传说，清代以前镇上的当铺是不能养猫的，原因在于猫是"耗子"亦即"号神"的克星。进入柜房和大厅，房子里按照原样陈设着"朝奉"验货、收当等营业时坐的高木凳。由于柜台太高，那木凳较比普通凳子高出十多厘米，"朝奉"坐在上面脚沾不着地板。再就是挂着卷包绳儿的"卷包床"，收当后在床上卷包、编号之后就送到楼上的"号房"保管起来了。"卷包床"一边的墙上，挂的是用《千字文》为序的"号板"。上的二楼"号房"，里面除了一排置放贵重当物的"首饰柜"，更多的则是按编号有序存放当物的货架子。

说起上海的"乌镇路"的由来，还同这家"汇源号"典当直接相关。典当一向是个高回报的行当。汇源当铺的铺主徐东号在乌镇最盛期发了财之后，便于1923年在上海的苏州河北岸买下了一条不起眼的小路，命名为"乌镇路"，在这条路上开设了乌镇商人在沪上的第一家典当"汇源号"。

乌镇"汇源当"门首封火墙上的"当"字招牌

乌镇"汇源当"首饰柜

《红楼梦》的"当事"

红楼"当事"之一：从"曹府当事"到"红楼当事"

曹雪芹在《红楼梦》中多处写及典当、典当活动、当业物事，虽散在于诸回零星情节之中，却无形中构成了一系列的"红楼当事"，作为其导演、铺叙红楼故事的一件别有其妙的小"道具"。明清以来，尤其是清季，中国典当业发展至极盛阶段，皇当、官当、民当，遍布京城内外、全国各地。据《广东通志》卷一六七《政略十》载，仅广州府即有当铺 1243 家，堪见一时之盛。在此社会背景中，《红楼梦》中出现一系列的"当事"，悉属自然。运用寻常事物，构织深刻的内容，恰是一种高超的艺术手段。

不过，作家笔下的人物、故事，多出自其自身生活、阅历的积累，或与之相关。据清末乃至当代红学家们的考证，《红楼梦》中贾、王、史、薛四大家族的兴衰，非仅一时巨室豪门之缩影，亦有曹氏家族兴衰的写照。康熙年间，曹雪芹祖父曹寅与其妻兄李煦，曹寅之母孙氏的亲属孙文成，分别把持江宁、苏州、杭州织造之业达几十年，三家相互扶持，休戚相关，一荣俱荣，一损皆损，与《红楼梦》中四大家族的荣衰恰相映照。曹雪芹在书中融入一系列的"当事"，亦可从其家族经营活动中寻得轨迹。如果说他出生在中国典当发源地的南京与写及典当并无必然联系，而其父辈即经营典业，则应是其后来写及"当事"的基本生活积累的一部分。

雍正六年（1728 年）曹家被抄没后举家迁居北京，雪芹时年五岁或十四岁。其之所以回京居住，是因京中有房屋产业。据继任江宁织造郎中隋赫德奏折称："曹府家属，蒙恩谕少留房屋，以资养赡，今其家属不久回京，奴才应将在京房屋人口，酌量拨给。"

而曹家原在京产业中除房屋外，尚有一家当铺。据康熙五十四年（1715 年）七月十六日曹俯奉谕奏报家产情况的奏折中称："……所有遗存产业，惟京中住房二所，外城鲜鱼口空房一所；通州典地六百亩，张家湾当铺一所，本银七千两。"他们回京后这家当铺是否拨归作养赡之用，还是先已抄没，未见史料记载。又据隋赫德奏折称："及奴才到后，细查其房屋并家人住房十三处，共计四百八十三间，地八处，共十九顷零六十七亩，家人大小男女共一百十四口，余则桌椅床杌旧衣零星等件，及当票百余张外，并无别项，与总督所查册内仿佛。"是知其父辈在南京家产中，尚有当票多张，当是显贵人家典当活动的存证。凡此说明，曹雪芹早年的家庭经济生活，即与典当业发生着多种直接关系。他晚年生活穷愁潦倒，甚至达到举家食粥境地，其间是否也不得已亲身出入当铺当当呢，不无可能，然无文献记载。

从曹雪芹家庭出身、阅历中与当业的联系，及其《红楼梦》有关"当事"的一系列运用，均同有清以来中国典当业的一时空前发达这个大的社会经济、历史文化背景息息相关，有机地联系着。中国典当业起源于中国佛教文化、寺院经济，是经济与文化相结合的综合结果。当其逐渐传入寺院之外更广泛的世俗社会成为一种纯商业形态之后，仍然未游离于社会文化范畴之外，总是同各种文化现象，尤其是同民间文化密切地联系、交织着。《红楼梦》中穿插的一系列"当事"，亦显示了这种属性特点。由于中国典当业源于民间，发展于民间，又主要以中、下层社会的人们为基本往来对象；尽管后来时有皇商、官商插足其间，但其自身经营活动、行业内部规制，均以民族传统文化为本形成并传承着本行业特有的习俗惯制，具有特定的民间文化色彩。这种色彩，几乎渗透和制约着中国典当业的全部内部经营活动，以及与外部社会的联系。从某种意义上说，中国典当业的本身，即为一种特定的文化现象，或说民间文化现象。

红楼"当事"之二："林妹妹不认得当票——废纸一张"

在《红楼梦》广泛流传过程中，产生了许多以其人物、故事为题材的民间俗语。"林妹妹不认得当票——废纸一张"，便是其中取材于岫烟那张当票而引出的一个民间歇后语。如第57回写道：一语来了，忽见湘云走来，手里拿着一张当票，口内笑道："这是个账篇子？"黛玉瞧了，也不认得。地下婆子们都笑道："这可是一件奇货，这个乖可不是白教人的。"宝钗忙一把接了，看时，就是岫烟才说的当票，忙折了起来。薛姨妈忙说："那必定是哪个妈妈的当票子失落了，回来急的她们找。哪里得的？"湘云道："什么是当票子？"众人都笑道："真真是个呆子，连个当票子也不知道。"薛姨妈叹道："怨不得她，真真是侯门千金，而且又小，哪里知道这个？那里去有这个？便是家下人有这个，她如何得见？别笑她呆子，若给你们家小姐们看了，也都成了呆子。"众婆子笑道："林姑娘方才也不认得，别说姑娘们。此刻宝玉他倒是外头常走出去的，只怕也还没见过呢。"薛姨妈忙将缘故讲明。湘云黛玉二人听了方笑道："原来为此。人也太会想钱了，姨妈家的当铺也有这个不成？"众人笑道："这又呆了。'天下老鸹一般黑'，岂有两样的？"薛姨妈因又问是那里拾的？湘云方欲说时，宝钗忙说："是一张死了没用的，不知那年勾了账的，香菱拿着哄她们玩的。"薛姨妈听了此话是真，也就不问了。……这里屋内无人时，宝钗方问湘云何处拾的。湘云笑道："我见你令弟媳的丫头篆儿悄悄地递与莺儿。莺儿便随手夹在书里，只当我没看见。我等她们出去了，我偷着看，竟不认得。知道你们都在这里，所以拿来大家认认。"黛玉忙问："怎么，她也当衣裳不成？既当了，怎么又给你去？"宝钗见问，不好隐瞒她两个，遂将方才之事都告诉了她二人。

事实上，首先是史湘云不认识当票，出于好奇拿给人问，才引出关于林妹妹的歇后语。之所以不说"史湘云不认得当票——废纸一张"，显然是因为林黛玉形象给读者的影响远远大于史湘云之故，一部《红楼梦》在民间影响最广泛的莫过于其中的宝黛爱情悲剧故事。

无论"林黛玉不认得当票——废纸一张"，还是"史湘云不认得当票——废纸一张"，在红楼女流中，能认识当票的，首先是因经济地位低下而不得不时常当当使钱的丫头、婆子或岫烟之流，其次是像王熙凤这样以当物障眼而又私下放债取利蓄财之辈，再即薛姨妈、宝钗者流则是由于自家经营典当，余者当是经多识广、世故较深的妇女。至于史湘云，林黛玉之辈不识当票，一方面是因其经济地位、社会地位因素决定的，难与当铺发生较直接的联系；另一方面她们虽都通得文墨，却不识当票上面的特定的行业书体——"当字"。当票是当铺收当后付给当户的专用凭证，除铺号等格式说明文字外，由当铺填写的当物名称、成色、数量、银钱数额、编号之类内容，悉用"当字"书写，既防伪造、涂改，又兼具欺骗当客的用途，非当行中人，一般人多是不能辨识的，更何况湘云、黛玉这样与当当无缘的贵族闺秀了。薛姨妈讲的"原故"，即当票的当字及其特有功能，所以湘、黛二人听了笑道："原来为此。人也太会想钱了，姨妈家的当铺也有这个不成？"至于众人所代答的，"这又呆了。'天下老鸹一般黑'，岂有两样的？"一方面道破了典当业竞相盘剥、渔利当户的实情，另一方面也发泄着人们对当商的愤怨。典当业在助人解脱拮据的过程中酌取其利，势所必然，亦无可非议，互利互惠。然而，趁人之急以盘剥或各种非法、不正当手段牟取厚利，则必积人怨，不得已求之亦同时恨之。

红楼"当事"之三：邢岫烟进当铺——"人没过来，衣裳先过来了"

典当业融资调剂缓急的这种社会功利性，在着重描写清代贵族生活的《红楼梦》中得以多处反映，并成为其铺叙情节、刻画人物的有机组成部分。而且，在曹雪芹原著的前 80 回之内写及典当活动、物事多达 10 数处；在传为高鹗续作的后 40 回里，则极少出现有关字样。或许，这也是情节发展所致。

据说，清代康熙年间鼓楼西大街有一家"典当王"开设的"天顺当"，可能就是《红楼梦》第 57 回里面所说的那个"恒舒当"。说来有趣，《红楼梦》第 4 回"护官符"上所谓"丰年好大雪，珍珠如土金如铁"的薛家，就在"鼓楼西大街"开着一家以"恒舒"为铺号的当铺，这事儿，是在第 57 回借邢岫烟之口说明的。邢岫烟本系贫寒家女儿，但因是荣国公长孙贾赦的妻侄女而得以跻身于贾府，与姨娘所生的贾迎春同住，后由贾母作保许给了贾政妻妹薛姨妈之侄薛蝌为妻。尽管如此，仍然未改其经济拮据状况，不时接受探春赠送的首饰或薛宝钗的暗中接济，又不得不时与当铺打交道，以缓解客寓荣府间身边应酬费用的窘困。书中这段是这么写的：这日宝钗因来瞧黛玉，恰值岫烟也来瞧黛玉，二人在半路相遇。宝钗含笑唤到跟前，二人同走至一块石壁后，宝钗笑问她："这天还冷的很，你怎么倒全换了夹的了？"岫烟见问，低头不答。宝钗便知道又有了缘故，因又笑问道："必定是这个月的月钱又没得。凤丫头如今也这样没心没计了。"岫烟道："她倒想着不错日子给，因姑妈打发人和我说：一个月用不了二两银子，叫我省一两给爹妈送出去，要使什么，横竖有二姐姐的东西，能着些儿搭着就使了。姐姐想，二姐姐也是个老实人，也不大留心。我使她的东西，她虽不说什么，她那些妈妈丫头，哪一个是省享的，哪一个是嘴里不尖的？我虽在那屋里，却不敢很使她们。过三天五天，我倒得拿些钱出来给她们打酒买点心吃才好。因一月二两银子还不够使，如今又去了一两。前儿我悄悄地把棉衣服叫人当了几吊钱盘缠。"宝钗听了，愁眉叹道："偏梅家又合家在任上，后年才进来。若是在这里，琴儿过去了，好再商议你的事。离了这里就完了。如今不先定了她妹妹的事，也断不敢先娶亲的。如今倒是一件难事。再迟两年，又怕你熬煎出病来。等我和妈再商议，有人欺负你，你只管耐些烦儿，千万别自己熬煎出病来。不如把那一两银子明儿也索性给了她们，倒都歇心。你以后也不用白给那些人东西吃，她尖刺让她们去尖刺，很听不过了，各人走开。倘或短了什么，你别存那小家儿女气，只管找我去。并不是作亲后方如此，你一来时咱们就好的。便怕人闲话，你打发小丫头悄悄的和我说去就是了。"岫烟低头答应了。……宝钗道："我去潇湘馆去。你且回去把那当票叫丫头送来，我那里悄悄地取出来，晚上再悄悄地送给你去，早晚穿好，不然风扇了事大。但不知当在那里了？"岫烟道："叫作'恒舒典'，是鼓楼西大街的。"宝钗笑道："这闹在一家去了。伙计们倘或知道了，好说'人没过来，衣裳先过来了'。"岫烟听说，便知是她家的本钱，也不觉红了脸一笑，二人走开。

　　原来，薛家这位尚未过门的媳妇，因一时手头拮据而将御寒棉衣当进了由未婚夫本家堂兄薛蟠开的"恒舒典"，无怪乎薛宝钗戏言"闹到一家去了"。据《护官符》"丰年好大雪，珍珠如土金如铁"之注称："紫薇舍人薛公之后，现领内府帑银行商，共八房分。"年幼丧父的薛蟠，"虽是皇商，一应经纪世事，全然不知，不过赖祖父之旧情分，户部挂虚名，支领钱粮，其余事体，自有伙计老家人等措办"。可知，"恒舒典"系其承继的祖上产业之一。他虽无经营本事，却是典东，因而不仅说了算，铺中从业者亦惟东家是从。对此，书中间或有例可证。如第 37 回，湘云与宝钗灯下计议设东拟题开诗社时，宝钗说："这个我已经有个主意。我们当铺里有个伙计，他家田上出的很好的肥螃蟹，前儿送了几斤来。……我和我哥哥说，要几篓极肥极大的螃蟹来，再往铺子里取上几坛好酒，再备上四五桌果碟，岂不又省事又大家热闹了。"随即便叫过一个婆子来吩咐道："出去和大爷说，依前日的大螃蟹要几篓来，明日饭后请老太太姨娘赏桂花。你说大爷好歹别忘了，我今儿已请下人了。"若非是自家当铺的伙计，如何这般随意应手！再如第 79 回，先被买入给薛姨妈当使女而后被收为薛蟠之妾的香菱，向宝玉谈到即过门的薛妻夏金桂时说："谁知这姑娘出落得花朵似的了，在家里也读书写字，所以你哥哥当时就一心看准了。连当铺里老朝奉伙计们一群人糟扰了人家三四日，他们还留多住几日，好容易苦辞才放回家。"是知金桂过门前，恒舒典的朝奉、伙计曾随同典主薛蟠受到夏家的盛情款待。

在清代，"一切皇当均是交由内务府衙门具体经营"的。同时，又"对于官吏开当问题，采取了一条既鼓励默许，又严加防范并视为'利窟'的双重政策"。在此情况下，"不仅正印职官敢于恃势开当，连一些佐贰杂职、书吏，甚至长随门丁之类职位低微的人，也往往开设有当铺"。从书中得知，薛蟠虽"现领内府帑银行商"，但其所经营的恒舒典却不属"皇当"，而是自家百万产业中的一部分，故宝钗称之"我们当铺"。究其实，属"官当"之列。原因在于，其本是祖上紫薇舍人（即中书舍人）薛公的基业，至薛蟠虽无官位，却也是袭享内务府国库银钱的皇商。有鉴于斯，又显然有别于由民间市商经营的"民当"。至于"恒舒典"更具体的本、息、经营活动状况等，书中未有详尽描述，或是无此必要。

然而，通过对邢岫烟迫于手头拮据而忍寒悄悄当衣的细节描写，却生动、深刻地表现了她寄人篱下的窘困处境。同时，大观园中的人情心态、时事冷暖亦尽在其中了。当其必须当当的时候，只能偷偷进行，原因亦是多方面的。主要是碍于身份，不好露出寒酸之相，同时又恐招惹猜嫌造成人际关系的节外生枝。而这些，更都是极易引来飞短流长诸般非议的，使之不好做人。既要维护体面，又得避免招致一些麻烦，惟有悄然当当以缓解一时之难。至于宝钗亦为之"悄悄地取""悄悄地送"，显然也是鉴于上述种种而维护岫烟利益，而维护岫烟更是维护其自家、自身利益。假如"闹在一家去了"的消息传出，亦绝非仅仅是"人没过来，衣裳先过来"的轻松笑谈，尤将有伤薛家体面。真是人事冷暖需样样小心，窘困境遇步步艰难。

红楼"当事"之四：凤姐"借当头"——"大有大的难处"

那么，是不是大观园中唯有岫烟当过当呢？否。且看《红楼梦》第 74 回的描写：一语未了，只见贾琏进来，拍手叹气道："好好的又生事，前儿我和鸳鸯借当，那边太太怎么知道了。才刚太太叫过我去，叫我不管那里先迁挪二百两银子，做八月十五节间使用。我回没处迁挪。太太就说：'你没有钱就有地方迁挪，我白和你商量，你就搪塞我，你就说没地方。前儿一千两银子的当是那里的？连老太太的东西你都有神通弄出来，这会子二百两银子，你就这样。幸亏我没和别人说去。'我想太太分明不短，何苦来要寻事奈何人。"
凤姐儿道："那日并没一个外人，谁走了这个消息。"平儿听了，也
细想那日有谁在此，想了半日，笑道："是了。那日说话时没一个
外人，但晚上送东西来的时节，老太太那边傻大姐的娘也可巧来送
浆洗衣服。她在下房里坐了一会子，见一大箱子东西，自然要问，
必是小丫头们不知道，说了出来，也未可知。"因此便唤了几个小
丫头来问，那日谁告诉呆大姐的娘。众小丫头慌了，都跪下赌咒发
誓，说："自来也不敢多说一句话。有人凡问什么，都答应不知道。
这事如何敢多说。"凤姐详情说："她们必不敢，倒别委屈了她们。
如今且把这事靠后，且把太太打发了去要紧。宁可咱们短些，又别
讨没意思。"因叫平儿："把我的金项圈拿来，且去暂押二百两银子
来送去完事。"贾琏道："索性多押二百两，咱们也要使呢。"凤姐
道："很不必，我没处使钱。这一去还不知指哪一天赎呢。"平儿拿
去，吩咐一个人唤了旺儿媳妇来领去，不一时拿了银子来。贾琏亲
自送去，不在话下。

原来，贾琏夫妇这一桩恐怕人知的隐秘，竟是打通贾母身边侍
女鸳鸯的关节，私自运出一箱"金银家伙"作当头押钱，以应付几
项礼金开销。同岫烟当当的处境相比，真可谓"大有大的难处，小
有小的难处"。凤姐一边暗中放债蓄财，一边又明里用金项圈当钱
掩人耳目、绝人口实，连丈夫也不放过。但机关算尽太聪明，仍被
太太抓住了偷用当头的把柄，敲去了200两银的竹杠。所谓"借当
头"，当是借用别人的东西作当头押钱，而贾琏干的却是私自盗用
当头的苟且勾当。前后有关描写，把个贾琏、凤姐的形象、品格均
刻画得入木三分。至于他们到哪家典当铺去押钱，书中未说，也实
在无关紧要，即或送到"恒舒典"去也无所谓，何况当时"京城

内外，官民大小当铺共六七百家"，皆可利用。关于这件龌龊勾当，凤姐说："知道这事还是小事，怕的是小人趁便又造非言，生出别的事来。当紧那边正和鸳鸯结下仇了，如今听得他私自借给琏二爷东西，那起小人眼馋肚饱，连没缝儿的鸡蛋还要下蛆呢，如今有了这个因由，恐怕又造出些没天理的话来也定不得。连你琏二爷还无妨，只是鸳鸯正经女儿，带累了她受屈，岂不是咱们的过失。"倒还是平儿这奴才会为之解嘲："鸳鸯借东西看的是奶奶，并不为的是二爷。一则鸳鸯虽应名是她私情，其实她是回过老太太的。老太太因怕孙男弟女多，这个也借，那个也要，到跟前撒个娇儿，和谁要去，因此只装不知道。纵闹了出来，究竟那也无碍。"虽为解嘲，倒也道破了大观园中以贾母为轴心的潜在亲疏关系。凡此可见，贾琏、凤姐当当，与岫烟之当当，各有其难，关键还在于身份、地位的差别。一为大观园生活漩涡中的显要人物，一为勉强跻身不能把握自家命运的陪衬者。

贾府嫡派孙贾璜之妻金氏，虽称璜大奶奶，却是个虚伪、苟安的人物。她和丈夫"时常到宁荣二府里去请安，又会奉承凤姐儿并尤氏，所以凤姐儿尤氏也时常资助资助他"。第十回写当她听寡嫂说侄儿金荣在学房受了宝玉、秦钟欺负之后，本来是怒冲冲地到宁府评理去的，见了面却"未敢气高"，饰演了虚伪、苟安的角色。事实上，这一人物形象，已在第9回末尾借宝玉的小厮茗烟之口作了刻画性的生动铺垫。而且，亦与"借当头"相关。那情节就是：

> 茗烟在窗外道："他（金荣）是东胡同子里璜大奶奶的侄儿。那是什么硬正仗腰子的，也来唬我们。璜大奶奶是他姑娘。你那姑妈只会打旋磨子，给我们琏二奶奶跪着借当头。我眼里

就看不起他那样的主子奶奶！"

读者先有了这么一个跪着借当头的形象烙印，再读至下回她那苟且求安的故事，亦即见怪不怪了。对照后来关于岫烟忍寒当衣解窘之例，这位璜大奶奶就格外令人生厌、作呕了。

璜大奶奶要跪着向琏二奶奶王熙凤借当票，如果同琏二爷央求妻子帮忙从鸳鸯手里偷借贾母的当头，还要被妻子揩油比起来，也就算不得奇闻了。

> 贾琏笑道："好人，你若说定了，我谢你如何？"凤姐笑道："你说，谢我什么？"贾琏笑道："你说要什么就给你什么。"平儿一旁笑道："奶奶倒不要谢的。昨儿正说，要作一件什么事，恰少一二百银子使，不如借了来，奶奶拿一二百银子，岂不两全其美。"凤姐笑道："幸亏提起我来，就是这样也罢。"贾琏笑道："你们太也狠了。你们这会子别说一千两的当头，就是现银子要三五千，只怕也难不倒。我不和你们借就罢了。这会子烦你说一句话，还要个利钱，真真了不得。"（第72回）

平儿这兼妾、奴于一身的陪嫁丫头，实在深知主母雁过拔毛、唯利是图的秉性，一个提醒，正中下怀。王熙凤连帮助丈夫借当头的机会也不放过，亦要取利，其刻毒品格与夫妻关系所在跃然纸上，无须赘言矣。结发夫妇尚且如此，对其他人不得而知，这不正是贾府内部人际关系的写照或缩影吗！

小跋：从《中国典当史话》说起

就写作兴趣而言，本人非常喜欢学术随笔、文史小品体裁。虽道自知为文一向缺乏文采，但又非常羡慕有文采的作品和作家。同时还倡导过学术著作亦当讲求文采，在《文化学刊》组织过专题讨论，还受到《光明日报》《中华读书报》的关注。得暇则捉笔为之，算是练习，发表、出版的类似文章、著作有限，总不能令自己满意，长进颇慢。

基于如此兴致，我很早就在学术专著的撰写中形成了"俗题雅作，雅题俗作"的思想。"俗题"是指与世俗生活密切相关的题材，"雅作"，则指以学术视野、学术规范进行叙事和评议阐释学术见解。作为实验性开步，其最初的作品，是《中国乞丐史》。所幸出师顺利，获得了佳评。据知，在当时的情况下，此类图书凤毛麟角，因此，出版后一炮打响，成为读书界共同关注的焦点。一时间，新华社、《解放日报》、《新民晚报》、《浙江学刊》等相继刊文评介，反响热烈。《文汇读书周报》不仅列入《每周一书》栏目向读者推介，还于同年七月二十一日发表上海文艺出版社原社长江曾培先生题为《开拓补缺，亦庄亦谐——读〈中国乞丐史〉》的评论，认为："这是一本补缺的书，一本别致的书，一本颇富价值的书……有益于对整个社会文化作全面而深入的把握，表明我国社会文化专史的研究，明显地拓展到江湖下层社会了。"同时，徐华龙先生也有评论："后来，曲彦斌先生又将其新著《典当史》拿来出版社，笔者当时作为编辑部主任，感觉到可以打造成为一套有社会影响力的丛书，按照曲彦斌先生开拓的这样的思路，继续走下去，一定会有意想不到的收获，而且《中国乞丐史》一出版就受到读者的热烈欢迎，除了民俗学界的人之外，大多数是其他社会科学的研究者和爱好者，不断有人来购买，还有的通过领导关系来索要，一时间成为炙手可热的图书。"① 获此佳评，无疑是对此探索的佳许认可和鼓励。于是乎，进而感悟到："雅俗相间得高趣，跌宕起伏是文章。"所谓"跌宕起伏"，则指从那些"雅俗相间"的"冷学问"中所疏理、总结出的一点新见解，提供给人的新视野。

《中国典当史话》这本小书，亦属这类习作。

此书原本是上海文艺出版社一位老编辑为"大可堂"策划并约稿的一本小书。当年由于正值奉命创办辽宁省社会科学院民俗学文化学研究所，一时诸事冗杂，而且还有其他稿债压案，不能专注此书的撰写，只能断续捉笔。几年后书稿才杀青，则交给了沈阳出版社，并于 2007 年列入"木鱼石书屋·学术史话"的一种得以出版。据典当业内人士反映，他们读这本小书，相较于本人早先出版并多次再版的《中国典当史》，感到好读、有趣。或许，以文史小品的轻松笔调撰写通俗读物的效果。

《中国典当史话》十几年未获再版，这次承九州出版社编辑不

---

① 徐华龙《具有探索社会生活专门史研究方法意义的一套丛书——〈中国社会民俗史丛书〉的策划与编辑出版历程评述》，《文化学刊》2016 年第 10 期

弃，将我三十余年的散在典当文章结集出版，其中既有长篇专题论文，也包括一些普通的学术文章。于是，便将十几年前曾经作为单行本的这部小书视为我典当学研究札记的一种，收了进来殿后，使之再度面世。题材一致，而体裁不同，亦正合书名副题之"杂俎"。请读者在阅读前面所辑学术篇什之后，或同时读读这本小书，似乎亦别有情趣。

　　是为小跋。

　　邺雅夫子壬寅正月二十二适值"八九"春来冬去之时作于雅俗轩